재개발 모르면
부자될 수 없다

3년 만에 150억대로 부의 퀀텀 점프

재개발 모르면
부자될 수 없다

최진성(아이언키) 지음

한국경제신문

일러두기

이 책은 2021년 7월 출간일 현재의 부동산 정책을 기준으로 하여 집필되었다.
부동산 정책은 바뀔 수 있으므로, 실제로 내용을 참조할 시 바뀐 내용을 확인할 필요가 있다.

재개발을 모르면 진짜 부자될 수 없을까?

평범한 직장인이었던 나는 진정한 자유를 얻기 위해서는 근로소득이 아닌 자본소득을 늘려야겠다고 마음먹고 2013년부터 본격적으로 부동산 투자를 시작했다.

회사가 주는 월급에만 의존해서 살지 않아도 되는 것, 하고 싶은 것도 이루고 싶은 것도 많은 내가 그 도전의 과정마다 돈 걱정 없이 오로지 꿈에만 집중하면 되는 것, 사랑하는 가족과 지인들에게 먼저 베풀 수 있는 여유를 갖게 된 것, '희망퇴직' '퇴직연금' '노후준비'라는 단어들로부터 자유로워진 것, 하기 싫은 일은 하지 않아도 되는 자유를 얻게 된 것, 오랜 버킷 리스트였던 베스트셀러 작가의 꿈을 이룬 것, 투자 멘토로서 수강생들과 독자들이 경제적 자유로 가는 길에 동반자가 돼줄 수 있는 것, 이 모든 걸 가능하게 해준 것은 모두 부동산 투자 덕분이다.

12년의 직장생활을 통해 근로소득만으로, 절약과 저축만으로는 절대 부자가 될 수 없음을 깨닫고 부동산 경매 투자에 푹 빠져 하루에 3~4시간만 자면서 5년을 지냈다. 그 시간을 통해 부동산을 모르면 부자가 될 수 없다는 사실을 스스로 깨닫고 증명했다. 그래서 5년간의 투자 경험을 담은 첫 번째 책 제목은 《부동산 모르면 부자될 수 없다》였다.

서울과 수도권의 역세권 중소형 아파트를 중심으로 경매와 일반매매 투자를 병행해 최소한의 경제적 자유를 이루고 나서는 재개발 투자를 시작했다. 처음엔 주먹만 하던 눈덩이가 굴릴수록 커지고 속도도 빨라지는 스노볼 효과처럼, 서울 핵심지역에 집중한 재개발 투자는 자산을 눈덩이처럼 더 크고 빠르게 키워줬다.

이미 5년간의 경매 투자로 서울에 한강이 보이는 아파트를 마련하고 매달 생활비가 들어오는 수익 구조를 구축한 터였다. 더 이상 일하지 않아도 될 만큼 경제적 자유를 이뤘지만, 재개발 투자를 하면서부터 생각지도 못했던 자산을 형성하게 됐다. 그래서 이 두 번째 책 제목도 《재개발 모르면 부자될 수 없다》로 정했다.

재개발 투자를 처음 시작할 때, 시중에 나와 있는 관련 도서를 모조리 읽고 유명하다는 강의도 전부 수강했다. 책과 강의를 통해 재개발 용어·단계·수익 실현 과정 등을 배웠지만 세부적인 투자전략은 몸으로 부딪쳐가며 직접 익혀야 했다. 수많은 재개발구역을 방문하고, 해당 조합과 관청을 방문하며 많은 이들로부터 배우면서 소중한 경험을 쌓았다. 지금은 그 생생한 경험을 담은 강의를 진행하고 있고 이렇게 책도 내게 됐다.

시중에 나온 재개발 관련 책들을 읽으며 가장 아쉬웠던 부분은, 이론보다는 실전에 도움이 될 만한 내용이 담겼으면 하는 것이었다. 그래서 이 책에는 실제 투자 과정에서 터득한 전략과 팁을 모두 담고자 노력했다. 이 책 한 권만 읽으면 재개발에 관한 한 이론은 물론 투자전략까지 마스터할 수 있도록 구성했다.

처음부터 의도하고 다양한 투자를 한 것은 아니지만, 결과적으로는 모든 종류의 재개발 투자를 했다고 해도 과언이 아닐 만큼 여러 투자 경험을 쌓았다. 투자금을 기준으로 하면 인천에서는 4,000만 원대, 서울 영등포구와 노원구에서는 1~2억 원대, 송파구와 동작구에서는 7~10억 원대의 재개발 투자를 했고, 투자기간을 기준으로 하면 인천은 단기투자, 다른 지역은 중장기투자를 했으며, 매수시기를 기준으로 하면 영등포구는 조합설립 직전, 노원구는 건축심의 직전, 인천·송파구·동작구는 관리처분인가 이후에 투자했다.

물건 종류도 다양해서 인천은 빌라, 노원구는 다가구주택, 영등포는 상가, 송파구는 상가주택, 동작구는 상가건물에 투자했고, 지역도 수도권부터 서울 외곽, 핵심지역, 반포 바로 옆 준강남지역인 동작구의 최상급지까지 모두 경험했다. 결과적으로 나의 재개발 투자는 수도권 빌라에서 시작해 준강남지역의 상가건물로 이어졌다.

이렇듯 다양한 경험이 녹아 있는 투자 스토리를 통해, 독자 여러분이 더욱 자연스럽게 재개발 투자에 대해 공부하실 수 있으리라 생각한다.

재개발 투자는 단순히 투자의 영역만은 아니다. 새 아파트에서 사랑하는 가족들과 행복한 보금자리를 이루고 싶은 바람을 충족시켜줄 가장 효과적이고 명쾌한 해답이다. 이 책이 내 집 마련의 꿈을 이루고 자산을 키우는 데 도움이 된다면, 저자로서 그보다 더 큰 기쁨과 보람은 없을 것이다.

최진성(아이언키)

재개발
모르면
부자될 수
없다

프롤로그 – 재개발을 모르면 진짜 부자될 수 없을까?　　　　　　　005

STEP 1

재개발 투자 감 잡기

1　수익률보다 수익의 크기가 중요하다　　　　　　　014

2　재개발 투자, 오해와 편견　　　　　　　020

3　재개발 투자를 해야 하는 이유　　　　　　　025

　　아이언키의 꿀팁　재건축과 재개발, 헷갈리지 말자　　　　　　　032

STEP 2

재개발 용어부터 따라잡기

1　재개발 용어를 알면 길이 보인다　　　　　　　036

　　아이언키의 꿀팁　전용면적, 공급면적, 계약면적의 차이　　　　　　　045

2　사업 과정 이해하기　　　　　　　047

3　사업 단계별 매수 · 매도 타이밍　　　　　　　063

　　아이언키의 꿀팁　재개발구역 빌라 투자의 장단점　　　　　　　071

　　아이언키의 투자 사례　인천 재개발 빌라　　　　　　　073

STEP 3   내게 딱 맞는 투자지역 찾기

1 어떻게 찾아야 할까   078

2 사전 조사 및 임장 방법   086

3 능력 있는 중개사 찾는 법   097

4 프리미엄 계산하기   101

5 매물 분석하기   106

6 감정평가액 추정하기   114

    아이언키의 꿀팁 재개발 단독주택·다가구주택 투자의 장단점   129

    아이언키의 투자 사례 서울 노원구 다가구주택   134

STEP 4   안전한 투자법 배우기

1 리스크를 최소화하는 법   142

2 안전투자를 위해 꼭 확인해야 할 세 가지   160

STEP 5   수익률 분석 연습하기

1 초기투자금은 얼마나 들까   176

2 감정평가 전 수익률 분석하기   188

3 이주비대출 활용 시 수익률 분석　　　　　　　　199

4 적재적소 대출 활용법　　　　　　　　　　　　214

　　아이언키의 꿀팁 ｜ 평형 변경 신청을 활용한 투자법　　223

STEP 6　　　　　　　**상가·도로·무허가 주택 투자법 알기**

1 오래된 상가로 새 아파트 받기　　　　　　　　232

　　아이언키의 투자 사례 ｜ 서울 영등포구 재개발구역 상가　240

2 무허가 주택 · 도로로 새 아파트 받기　　　　　　242

3 헌 집 한 채로 새 집 두 채 받기　　　　　　　　251

　　아이언키의 꿀팁 ｜ 헌 상가로 새 아파트 단지 상가 받는 법　262

　　아이언키의 투자 사례 ｜ 송파구 주택재건축사업 1+1 매물 투자　265

4 이주 수요를 활용한 재개발 투자　　　　　　　267

　　아이언키의 꿀팁 ｜ 세금 아껴 투자수익 높이는 법　　273

STEP 7　　　　　　**경매 + 재개발 콤비네이션 투자법 알기**

1 경매 + 재개발 투자로 시너지 극대화　　　　　284

2 상급지를 싸게 사는 획기적인 방법　　　　　　287

3 상급지로 올라가야 하는 이유　　　　　　　　294

아이언키의 투자 사례 서울시 동작구 상가건물　　　　　298

4 투자금액별 유망 지역　　　　　301

STEP 8　　　　　　　　　　　서울 로또 지역 뽀개기

1 성수전략정비구역　　　　　310

2 노량진뉴타운　　　　　318

3 상계뉴타운　　　　　328

4 영등포뉴타운　　　　　335

5 문정동 136 주택재건축　　　　　341

6 장위 14구역　　　　　346

7 돈암 6구역　　　　　349

에필로그 – 내 인생을 완전히 바꾼 재개발 투자　　　　　352

부록 – 아이언키의 실전 투자 분석표 양식 3종　　　　　355

재개발 투자
감 잡기

수익률보다
수익의 크기가 중요하다

01

대부분의 사람은 번듯한 직장에 취업해 안정된 삶을 살기를 원한다. 그래서 열심히 공부해 좋은 대학에 진학하고 대기업이나 공기업에 취업하기 위해 애쓴다. 좋은 직장에서 착실하게 돈을 모아 내 집 마련을 하고 남부럽지 않은 가정을 이루며 안정적인 인생을 살아가는 것은 거의 모든 사람의 희망사항일 것이다.

나 역시 다르지 않았다. 누구보다 열심히 공부해서 원하는 대학을 나와 모두가 부러워하는 회사에 입사했을 때만 해도 인생에 꽃길만 펼쳐질 것 같았다. 언제쯤 내 집 마련을 할 수 있을지, 몇 년 정도가 지나야 경제적 안정을 이루게 될지 생각하면서 꿈에 부풀기도 했다.

그러나 그 꿈은 오래가지 못했다. 10년 이상 직장생활을 한 회사 선배들을 보면서 10년 후의 내 모습을 예상하는 것은 어렵지 않았기 때문이다. 주택담보대출 이자와 자녀들 사교육비를 걱정하는 '평범한 삶'

을 보면서 직장생활만으로는 경제적 자유를 이룰 수 없다는 생각을 하게 됐다. 연봉도 높고 업무 만족도도 컸지만 경제적 자유를 얻기 위한 나만의 방법이 필요하다고 판단했다.

그래서 부동산 투자를 시작했다. 2013년부터 2018년까지 5년간 잠을 포기하고 시간을 쪼개가며 노력한 끝에 회사에 의존하지 않아도 될 만큼 경제적 자유를 이뤘고,《부동산 모르면 부자될 수 없다》도 출간해 많은 독자들의 사랑을 받는 행운도 누렸다.

그렇게 주로 경매를 통해 서울 역세권 중소형 아파트에 투자하다가, 2016년부터 시작된 서울 부동산 상승기를 거치면서 늘어난 자산을 재개발과 재건축에 투자하기 시작했다. 지인의 추천으로 인천의 한 재개발구역에 투자하면서 관심을 갖게 됐는데, 관리처분인가 이후 이주가 진행되던 단계라 4,000만 원 정도의 소액으로 빌라 하나를 매수해서 18개월 후 일반분양 직전에 팔았다. 짧은 기간에 투자금 대비 100%에 가까운 수익을 얻었다. 재개발 투자는 오래 걸리고, 어렵고, 위험하고, 투자금도 많이 드는 줄만 알았던 나로 하여금 재개발 투자에 대해 다시 생각하게끔 해준 계기였다. 처음부터 차근차근 공부해서 제대로 해봐야겠다는 의욕이 생겼다.

그때부터 관련 책을 읽고 강의를 들으며 재개발구역들을 방문해 현장 경험을 쌓았다. 특히 서울의 유망한 재개발구역에 대해서는 하나하나 세밀하게 파악하면서 이 지역을 정복하겠다는 마음으로 공부했다.

지식을 쌓고 임장을 하면서 투자를 진행하는 동안 자산도 함께 불어났다. 그런데 그 속도가 경매 투자와는 달랐다. 자산의 '퀀텀 점프'를 경험한 것이다. 경매와는 또 다른 신세계를 맛보고 그 열매를 확인한 셈이다.

요즘 나는 주변 사람들에게 꼭 재개발 투자를 해보라고 권한다. 부동산에 관심이 있다면 재개발 투자는 반드시 공부할 필요가 있다. 나는 경매와 재개발 투자를 통해 자산을 키웠는데, 두 방법은 투자 과정과 결과가 서로 달랐다.

◀◀ 100만 원으로 1,000만 원 vs 1억 원으로 1억 원

투자자 A와 B가 있다고 치자. A는 100만 원을 투자해 2년 만에 1,000만 원을, B는 1억 원을 투자해 2년 만에 1억 원을 벌었다. 두 사람 중 더 성공적인 투자를 한 사람은 누구일까? 1,000%의 수익률을 올린 A일까, 1억 원이라는 큰 수익을 낸 B일까?

대부분은 A가 더 투자를 잘했다고 대답한다. 수익률이 B보다 10배나 높다는 이유를 들면서 말이다. 이론적으로는 A가 했던 투자를 100번 반복하면 1억 원을 투자해 10억 원을 벌 수 있다. 소액투자자라면 A에게 더욱 공감이 갈 것이다. B가 한 투자는 1억 원이라는 종잣돈이 없다면 시도조차 할 수 없기 때문이다.

나는 두 가지 투자를 모두 경험했다. 다음은 나의 투자 사례다.

● **투자 사례 1**

2014년 인천 서구 검암동의 시세 1억 3,000만 원짜리 빌라를 1

억 2,000만 원에 낙찰받았다. 경락잔금대출을 1억 원 받고 명도 후 보증금 2,000만 원, 월세 50만 원에 임대를 놓았다. 월세로 받는 50만 원에서 1억 원에 대한 대출이자 22만 원을 내고 남은 28만 원은 고스란히 임대수익이 됐다. 1년에 336만 원(28만 원×12개월), 2년이면 672만 원이다. 2년이 지나 낙찰받은 금액보다 1,500만 원 많은 1억 3,500만 원에 팔았다.

투자금은 취득세·등록세로 낸 200만 원이 전부인데, 2년 후 매도수익과 그동안의 임대수익을 합하면 2,000만 원이 넘는다. 수익률 1,000% 이상을 달성한 투자였다.

- **투자 사례 2**

2018년 서울 양천구 목동의 한 아파트에 입찰했다가 2등으로 아깝게 낙찰을 못 받았다. 당시는 서울 아파트 가격 상승세가 가파르던 시기여서 시세와 비슷하게 낙찰되는 사례가 많았다. 시세가 약 5억 3,000만 원이던 이 아파트 역시 5억 원에 낙찰됐다.

이 물건에 입찰하기 전 해당 아파트에 대해 조사했을 때 비슷한 층의 다른 물건이 낙찰가보다 2,000만 원 높은 가격에 급매물로 나와 있었다. 입지가 좋은 데다 서울의 아파트 가격 상승세가 강해서 더 오르리라 판단했고, 전세가율도 비교적 높았기 때문에 낙찰에 실패하자마자 이 급매물을 샀다. 매매가는 5억 2,000만 원이었지만 전세보증금이 4억 원이라 실제 투자금액은 1억 2,000만 원이었다.

전세 만기 시점인 1년 후 6억 5,000만 원에 팔았으니 투자수익은

1년에 1억 3,000만 원이었다. 1억 2,000만 원으로 1억 3,000만 원을 벌었으니 수익률 100%가 넘는 투자였다.

- **투자 사례 3**

2019년에는 투자금 2억 원에 맞춰 서울의 한 재개발구역에서 매물을 샀는데, 채 1년도 안 돼 프리미엄이 2억 원 가까이 붙었다. 수많은 현장을 발로 뛰는 동안 적절한 급매물을 제때 잘 만난 결과다. 이 물건이 새 아파트로 준공될 5년 후에는 최소 5억 원 이상의 프리미엄이 붙지 않을까 추측한다.

다시 질문으로 돌아가서, 100만 원으로 1,000만 원을 버는 투자와 1억 원으로 1억 원을 버는 투자 중 어느 쪽이 더 잘한 투자일까?

답은 투자자의 상황에 따라서 다르다는 것이다. 나도 처음엔 투자금이 적었다. 그때는 100만 원을 투자해 1,000만 원을 버는 투자가 정답이었다. 그래서 적은 돈을 크게 불릴 수 있는 수익률 높은 투자를 추구했다. 사례 1과 같은 투자를 수십 차례 반복하면서 자산이 커지자 사례 2와 같은 투자가 가능해졌다. 이런 경험을 통해 자산 크기가 커질수록 수익률보다는 투자수익의 크기가 중요하다는 점을 알게 됐다.

이론적으로는 100만 원으로 1,000만 원을 버는 투자를 100번 반복하면 1억 원을 투자해서 10억 원을 벌 수 있다. 하지만 이런 투자를 100번 반복하는 데 들어가는 시간과 노력을 돈으로 환산하면 비효율적이라는 결론에 도달한다. 더 정확히 말하면 100번의 투자 모두 1,000%의 수익률을 달성한다는 전제 자체가 비현실적이다.

2014년부터 2016년까지 1년에 100번 가까이 임장을 하고 60번 이상 입찰을 했다. 그때 들인 노력과 시간이 내 자산을 키워줬다. 물론 성공한 투자도 있지만 들인 노력과 시간에 비해 만족스럽지 않은 투자도 있었다. 그런 투자 경험을 토대로 자산을 좀 더 효율적으로 키우는 방법을 찾을 수 있었다. 지금은 100만 원으로 1,000만 원을 버는 투자보다는 1억 원으로 1억 원을 버는 투자, 5억 원으로 5억 원 이상을 버는 투자를 하고 있다.

투자자는 수익률의 함정에 빠지면 안 된다. 수익률만큼 중요한 것이 자산을 빠르게 증식시킬 수 있는 수익의 절대적인 크기다. 초보투자자, 소액투자자는 우선 100만 원을 투자해서 1,000만 원을 버는 데 집중하는 것이 좋다. 적은 돈으로 보다 많은 수익을 내는 투자에 초점을 맞춰야 한다. 이런 투자는 확정수익을 안고 갈 수 있고 레버리지 활용이 쉬운 경매가 최고의 방법이다. 나 역시 처음엔 소액 경매 투자로 자산을 키웠다.

이런 과정을 거쳐 자산이 늘어나면 수익률보다는 수익의 크기에 집중해야 한다. 그래서 나는 경매에서 재개발로 투자의 방향을 바꿨다. 초보투자자든, 어느 정도 경험이 쌓인 투자자든, 소액투자자든, 투자금이 많은 투자자든 재개발이라는 무기를 빨리 장착할수록 자산의 퀀텀점프를 이루는 시기가 앞당겨질 것이다.

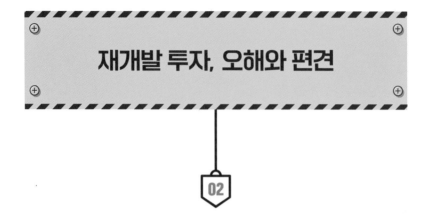

재개발 투자, 오해와 편견

나는 재개발 투자는 어렵고 시간이 오래 걸린다는 생각을 갖고 있었다. 직접 부딪쳐 경험하고 나서야 비로소 편견을 지울 수 있었다. 그렇다면 재개발 투자에 대한 편견에는 어떤 것들이 있을까? 대표적으로 다음과 같은 것들이 있다.

- 재개발 투자는 시간이 오래 걸린다.
- 재개발 투자는 돈이 많이 필요하다.
- 재개발 투자는 위험하다.
- 재개발 투자는 어렵다.

정말 그럴까?

◀◀ 재개발 투자는 시간이 오래 걸린다?

재개발 투자는 수익을 내기까지 얼마나 시간이 걸릴까? 재개발사업의 초기 단계, 즉 정비구역 지정, 추진위원회 설립, 조합 설립 단계에서 투자한다면 새 아파트를 취득할 때까지 시간이 오래 걸린다. 그러나 꼭 초기 단계에 투자해야 하는 것은 아니다.

입지가 좋고 사업성이 보장된 곳이라면, 사업의 수익성을 정확하게 파악할 수 있는 관리처분인가 이후에도 충분히 투자할 수 있다. 서울과 수도권에는 재개발사업이 반 이상 진행되고 있는 단계에서 2~3억 원씩 확정수익을 안고 투자할 수 있는 곳이 아직 많다.

또한 정비구역 내의 오래된 부동산을 구입해 새 아파트에 입주할 때까지 계속 보유해야 한다고 생각하는 사람이 있는데, 이 또한 편견이다. 재개발사업은 진행 단계별로 가격이 상승하는 구간들이 있다. 그 단계별로 적절한 시기에 사고파는 단기투자도 가능하다. 초기 단계에 사서 프리미엄의 상승분만 취하고 팔아도 되고, 어느 정도 진행된 단계에 사서 새 아파트에 입주할 수도 있는 게 재개발 투자다.

즉 본인의 선택에 따라 단기투자를 할 수도, 장기투자를 할 수도 있다. 최적의 시기에 사서 진행 단계를 보며 팔아 시세차익을 얻거나, 시간이 걸리더라도 새 아파트가 된 후 더 높은 수익을 내고 매도하는 것이 재개발 투자의 핵심이다.

◀◀ 재개발 투자는 돈이 많이 필요하다?

재개발 투자에는 돈이 얼마나 들까? 이 또한 투자자의 선택에 달렸다. 물론 서울의 한남뉴타운, 성수전략정비구역, 흑석뉴타운 등 누가 봐도 훌륭한 입지는 투자금이 많이 필요하지만, 상계뉴타운 같은 곳은 3억 원대로도 가능하다. 서울 외곽이지만 창동역 일대 개발과 동북선 개통 등의 호재가 가득한 투자처다.

수도권으로 눈을 돌리면 성남이나 광명에도 입지가 훌륭하고 사업성이 좋은 곳이 많다.

1억 원 미만, 5,000만 원 미만을 가진 투자자들은 지방(인천, 부산, 대구, 대전, 포항 등)의 알짜배기 재개발 투자처에 관심을 가져볼 만하다. 나도 인천의 재개발지역에 4,000만 원 정도를 투자해 쏠쏠한 이익을 남겼다. 재개발 투자는 돈이 많이 든다는 것도 편견이다.

시간이 흐르면서 도시는 필연적으로 노후되고 재개발구역은 끊임없이 생겨나니 투자금에 맞게 사업성 좋은 매물을 선별하는 것이 중요하다.

◀◀ 재개발 투자는 위험하다?

공부하지 않고 귀동냥만으로 하는 재개발 투자는 위험하다. 모든 투자가 마찬가지다. 충분히 공부하고 분석한다면 투자 과정에서 생길 수 있는 여러 가지 위험을 피할 수 있다.

그런데 재개발 투자가 위험하다는 말은 왜 나왔을까? 투자기간이 길어지거나 금전적으로 손해를 봤다면 재개발 투자는 위험하다는 생각이 들 것이다. 재개발 투자가 위험해지는 대표적인 경우를 살펴보자.

- 재개발사업이 지연돼 오랫동안 투자금을 회수하지 못할 때
- 예상한 금액보다 감정평가금액이 낮게 나왔을 때
- 조합원분양가가 예상보다 비싸거나 추가분담금이 지나치게 많이 나올 때

이런 위험 부담을 모두 없애는 방법이 바로 관리처분인가 이후 투자하는 것이다. 관리처분인가가 났다는 것은 사업이 80% 이상 진행됐다는 의미로, 이 단계에서는 조합원 개개인의 감정평가금액, 조합원분양가, 추가분담금 등이 명확해지기 때문에 앞서 언급한 위험 부담은 거의 없다. 그래서 초보투자자는 관리처분인가 이후에 투자하면 좀 더 안전할 것이다.

관리처분인가 단계에서 필요한 투자금과 입주 시 예상되는 새 아파트 가격을 비교해 투자하면, 확정수익을 안고 가는 안전한 투자가 가능하다. 물론 철저한 공부와 꼼꼼한 임장, 수많은 매물을 비교, 분석해서 옥석을 가려내는 작업이 수반돼야 한다.

◀◀ 재개발 투자는 어렵다?

재개발 투자를 하려면 먼저 사업 진행 단계와 기본 이론을 이해해야
한다. 이 과정을 모르면 재개발 투자는 어려운 게 맞다. 요즘은 인터넷
검색 몇 번만으로도 재개발 진행 방식의 기본을 알 수 있고, 친절하게
설명해놓은 블로그도 아주 많다. 독학을 하든 강의를 듣든 공부를 하고
나서 투자 포인트를 익히고 사업지를 검색해 매물을 비교한 후 투자해
야 한다.

　이 책에서는 내 경험을 바탕으로 재개발 진행 과정·용어·가격 흐
름·매수 및 매도 포인트·투자전략까지 차근차근 설명한다. 알아야 할
것들을 익히고 접근하면 재개발 투자는 절대 어렵지 않다.

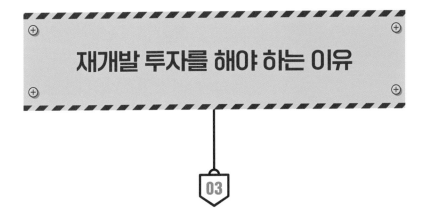

재개발 투자를 해야 하는 이유

03

'마래푸'로 불리는 마포래미안푸르지오와 '경자'로 불리는 경희궁자이는 서울 강북의 대장주 아파트로, 재개발을 통해 새로 태어났다는 공통점이 있다. 마포래미안푸르지오는 아현뉴타운 3구역, 경희궁자이는 돈의문뉴타운 1구역 재개발로 환골탈태한 아파트다.

아현뉴타운 3구역은 2005년 12월 정비구역으로 지정됐다. 2006년 9월 조합설립인가를 받고 2008년 5월 관리처분인가를 거쳐 2012년 4월 일반분양했다. 당시는 금융위기의 여파도 남아 있고 부동산 시장 분위기가 좋지 않아 고가분양이라는 논란 속에 미분양도 있었다. 2014년 9월 입주를 시작한 마포래미안푸르지오 84m² 시세는 6억 원이었지만 현재는 18억 원에 달한다. 6년 만에 12억 원이 올랐다. 돈의문뉴타운 1구역 경희궁자이 역시 일반분양에서 미분양이 발생했고, 2017년 입주 시 8억 원이던 84m² 시세는 현재 19억 원을 넘는다.

이처럼 재개발사업은 낙후된 지역을 새롭게 탈바꿈시키는 사업이다. 재개발사업에 투자해야 하는 가장 큰 이유다.

◀◀ 새 아파트에 대한 끊임없는 수요

최근 몇 년간 정부는 부동산 규제 정책을 끊임없이 내놓았고, 이로 인해 부동산 시장은 상승과 정체, 다시 상승을 반복했다. 많은 전문가들이 정책은 시장을 이길 수 없다고 말하지만 정부는 지금까지 경험하지 못한 강력한 규제를 내놓으며 시장을 억누르고 있다.

모든 현상에는 이유가 있다. 최근 몇 년간 서울 아파트 가격이 가파르게 오른 가장 큰 이유는 무엇일까? 부동산 가격에 영향을 미치는 요인은 무수히 많기 때문에 특정 요인 하나만 꼽기는 무리지만, 그중 가장 큰 이유를 하나만 꼽는다면 서울 아파트에 대한 수요다. 더 정확히 말하면, 서울의 '새 아파트'에 대한 수그러들지 않는 수요에 비해 공급은 너무 제한적이라는 점이다.

정부는 전국의 주택보급률이 100%를 넘었다고 주장하며, 이를 근거로 주택 공급은 충분하다고 한다. 하지만 서울의 주택보급률은 100%가 안 된다. 더군다나 주택보급률 통계에는 두 가지 한계가 있다. 첫 번째는 지역별 정확도가 낮다는 것이고, 두 번째는 양질의 주택과 그렇지 않은 경우를 모두 합해 통계를 낸다는 것이다.

그렇다면 양질의 주택이란 무엇일까? 바로 사람들이 선호하는 주택이다. 많은 이들이 빌라보다는 아파트를 선호하고, 낡은 아파트보다는 새 아파트를 좋아한다. 서울 안에서도 변두리보다는 지하철역이 가까운 곳, 편의시설이 많은 곳, 학군이 좋은 곳, 직장까지 가는 데 시간이 오래 걸리지 않는 곳 등 입지가 뛰어난 곳에 살고 싶어 한다. 그러므로 전체 주택보급률이 아니라 사람들이 원하는 양질의 주택이 얼마나 공급되느냐가 중요하다.

서울에는 지어진 지 20~30년 이상 된 아파트들이 많다. 현재 재개발이나 재건축, 리모델링 등으로 개발되고 있거나 향후 개발될 수밖에 없는 곳들이다. 서울뿐 아니라 수도권에도 재개발지역은 계속 생길 것이다. 이것이 우리가 재개발을 공부하고 관심을 가져야 하는 첫 번째 이유다. 하루라도 빨리 재개발에 대해 공부하고 재개발이 진행되는 지역에 관심을 가져야 조금이라도 저렴한 가격으로 미래의 새 아파트를 살 수 있다.

◀◀ 확정수익을 안고 가는 안전한 투자

부동산 투자라고 하면 '갭투자'를 많이 떠올린다. 한동안 갭투자로 자산을 늘린 사람들이 많았고, 나 역시 적잖은 이익을 얻었다. 그렇다면 갭투자와 재개발 투자는 무엇이 다를까? 갭투자와 재개발 투자를 비교해보자.

개발 호재도 있고 많은 이들이 선호하는 아파트가 있다고 치자. 시세를 조사해보니 매매가 8억 원, 전세가는 4억 원이다. 전세보증금 4억 원을 안고 8억 원에 매수한다면 투자금은 4억 원. 보통 4억 원을 투자하면 2억 원 이상의 가격 상승을 기대하는데, 4억 원으로 2억 원의 수익을 내려면 이 아파트의 가격은 10억 원이 넘어야 한다. 그러나 8억 원에 산 아파트가 2년 안에 10억 원이 된다는 보장은 어디에도 없다. 갭투자는 미래의 불확실성에 투자하는 것이어서 어느 정도의 위험 부담은 안고 가야 한다.

그렇다면 재개발 투자는 어떨까? 여기 재개발구역 빌라가 있다. 5년 후 재개발이 되면 32평 아파트를 받을 수 있는 매물이다. 매매가는 4억 원이고 권리가액(감정평가액)은 2억 원이니 프리미엄이 2억 원인 물건이다. 아파트가 지어지면서 32평 아파트의 조합원분양가는 6억 원으로 정해졌다. 권리가액이 2억 원이니 32평 아파트를 받으려면 입주할 때까지 추가로 4억 원의 분담금을 내야 한다. 분담금은 조합원분양가에서 권리가액을 뺀 금액이다.

그렇다면 빌라를 살 때 4억 원이 필요하고 분담금 4억 원이 또 들어가기 때문에 결국 새 아파트를 사는 데 들어가는 비용은 총 8억 원이다. 그런데 빌라를 매입할 당시 인근에 있는 입주 1년차 32평 신축 아파트 가격이 13억 원이었다. 그렇다면 빌라를 사서 새로 분양받는 32평 아파트는 최소 13억 원이 되리라고 예상할 수 있다. 5억 원을 확정수익으로 안고 가는 투자인 것이다. 빌라 매입 후 새 아파트가 지어질 때까지 5년이 걸린다고 했으니 이 투자는 5년이라는 시간이 확정수익 5억 원으로 바뀌는 셈이다.

이렇듯 재개발 투자는 확정수익을 안고 가는 것이기도 하고, 시간에 투자하는 것이기도 하다. 갭투자가 미래의 불확실성에 투자하는 것이라면, 재개발 투자는 미래의 확정수익에 투자하기 때문에 보다 안전하고 확실한 방법이다.

◀◀ 재개발 투자의 장점

앞서 언급한 내용 외에도 재개발 투자는 장점이 많다. 정리하면 다음과 같다.

투자할 시기를 다양하게 선택할 수 있다

부동산 투자는 오랜 기간 기다려야 하는 토지 투자, 전세보증금을 레버리지로 하여 전세 만기일까지 2년이나 4년을 기다리는 갭투자, 짧은 시간에 사고팔 수 있는 분양권 투자 등 여러 방법이 있다. 이런 투자들은 분야별로 단기투자나 장기투자가 정해져 있지만, 재개발 투자는 시기별로 다양하게 전략을 짤 수 있다.

조합설립인가, 사업시행인가, 관리처분인가 직후 프리미엄이 단계적으로 상승하기 때문에 그 전에 매수해서 프리미엄의 상승분만 취하고 매도하는 단기투자나 중기투자도 할 수 있다. 조합설립 전후나 사업시행인가 전후에 매수해서 입주까지 또는 입주 후에도 실거주하며 시세 상승을 누리는 장기투자도 가능하다. 재개발사업 단계에 따른 프리미엄 상승 원리를 잘 이해하고 이를 활용한다면 단기·중기·장기 투자 모두 성공적으로 할 수 있는 것이 재개발 투자다.

투자 대상을 다양하게 선택할 수 있다

재건축 투자는 아파트로 대상이 한정돼 있다. 하지만 재개발 투자는 빌라, 단독주택, 무허가 주택, 상가, 심지어 도로나 나대지를 구입해도 입주권을 받을 수 있다. 투자 금액이나 기간, 보유 주택 수, 세금 등을 고려해서 알맞은 유형의 매물을 선택할 수 있다.

갭투자·분양권 투자보다 유리하다

먼저 갭투자와 재개발 투자를 비교해보면, 전자는 전세보증금이라는 레버리지를 활용하기 때문에 임차인 관리가 필요하다. 집의 보일러가 고장 나거나 윗집에서 물이 새거나 하면 이를 해결해줘야 한다. 또 2년마다 전세계약을 새로 해야 하는데 전세가가 하락해서 '역전세'가 된다면 투자금이 더 필요할 수도 있다. 새 임차인을 구해야 하는 수고로움도 감수해야 한다.

반면 재개발 투자는 이런 관리를 하지 않을 수도 있다. 첫 재개발 투자에서 나는 관리처분인가 후 이주기간에 매수했고 임차인이 이미 이주하고 난 후였다. 그래서 임차인이나 집 관리를 할 필요가 없었다(물론 이주기간 전에 매수하면 갭투자와 마찬가지로 임차인 관리가 필요하다). 매도인이 신청한 이주비대출도 승계가 가능했다.

또한 갭투자는 미래의 불확실한 수익을 기대하는 투자지만, 재개발 투자는 입주 시점의 시세를 예상하여 일정 부분 확정수익(안전마진이라고도 한다)을 안고 가는 투자여서 보다 안전하다.

이번에는 분양권 투자와 재개발 투자를 비교해보자. 분양권 투자란 일반분양에서 청약에 당첨되어 새 아파트에 입주할 권리를 사는 것이다. 그런데 분양권은 동과 호수를 추첨할 때 선호도가 낮은 저층을 배정받을 수 있고, 발코니 확장이나 선택 품목 등에 대한 추가비용이 들어간다. 그러나 입주권은 재개발사업 조합원이 새 아파트를 분양받는 권리로, 동과 호수를 추첨할 때 로열층을 배정받을 수 있고(조합원은 몇 층 이상으로만 배정받는다는 전제로 추첨하는 경우가 많다) 발코니 확장이나 시스템 에어컨 등 가전제품도 대부분 무상이다. 이처럼 분양권 투자와 비교해도 입주권을 얻는 재개발 투자가 더 유리한 부분이 많다.

재건축과 재개발, 헷갈리지 말자!

많은 이들이 낡은 주택을 허물고 아파트를 새로 지으면 재개발, 낡은 아파트를 허물고 아파트를 새로 지으면 재건축으로 알고 있다. 하지만 재개발과 재건축을 구분하는 정확한 기준은 주변 정비기반시설이 양호한가 양호하지 않은가다.

정비기반시설이란 도로, 상하수도, 가스공급시설, 공용주차장, 공원, 녹지, 하천 등을 말한다. 다시 말해 재건축은 주변 정비기반시설은 양호하나 아파트만 낡아서 새로 짓는 것을 말하고, 재개발은 주변 정비기반시설이 낙후되어 주택뿐만 아니라 주변 정비기반시설까지 새로 짓는 것을 말한다.

재개발은 토지등소유자 75%의 동의와 재개발구역 내 토지면적의 50% 이상이 동의해야 조합을 설립할 있다. 극단적인 예로, 재개발구역 내 토지 50%를 한 사람이 소유하고 있고 그가 동의하지 않으면 나머지 토지등소유자 75%가 동의해도 조합설립인가를 받을 수 없다. 실제로 상계 6구역의 경우 한 사람이 재개발구역 내 시장 전체의 토지를 소유하고 있어서 이슈가 됐던 적도 있다.

반면 재건축은 토지등소유자 75%의 동의를 받고 동시에 동별로 과반수 이상의 동의를 얻어야 한다. 예를 들어 101~105동까지 5개 동이 있는 아파트를 재건축

하는 데 101~104동은 모두 50% 이상 동의했으나 105동 소유자 50%가 동의하지 않으면 조합설립이 안 된다. 실제로 반포의 한 아파트 단지 재건축에서 한강 조망이 잘 되는 동 주민들과 그렇지 않은 동 주민들 사이에 이해관계가 충돌해서 오랫동안 조합을 설립하지 못한 사례가 있다.

재개발은 건물과 토지 중 하나만 소유해도 조합원 자격을 준다. 심지어 지상권만 갖고 있어도 조합원 자격을 준다. 하지만 재건축은 건물과 토지를 모두 소유해야만 조합원 자격이 주어진다.

표 1-1 재개발 vs 재건축

	재개발	재건축
사업 대상	건축물 : 노후된 단독주택 정비기반시설 : 열악함	건축물 : 노후된 공동주택 정비기반시설 : 양호함
조합설립 동의	토지등소유자 75% 이상 토지면적 50% 이상	토지등소유자 75%이상 동별 과반수 이상
조합원	토지 소유자 건축물 소유자 지상권자 조합설립 동의에 상관없이 조합원 자격 부여	건물과 그 부속토지의 소유자 조합설립에 동의한 자만 조합원 자격 부여
안전진단	필요 없음	필요함 (단, 단독주택 재건축은 제외)
임대주택 건설 의무	전체 세대 수의 15% 이상 (시·도 조례에 따라 다름)	상한 용적률과 법정 상한 용적률 차이의 50% (시·도 조례에 따라 다름)
매도 청구	없음(토지수용법 적용)	있음(민사소송법 적용)
조합원 지위 양도 (투기과열지구)	관리처분인가 이후 조합원 지위 양도 금지	조합설립 이후 조합원 지위 양도 금지
실거주 요건	해당 사항 없음	해당 사항 없음
재건축초과 이익환수제	해당 사항 없음	해당

*재건축초과이익환수제 : 재건축으로 조합원이 얻은 이익이 인근 집값 상승분과 비용 등을 제외하고 1인당 평균 3,000만 원을 넘을 경우, 초과금액의 최고 50%를 부담금으로 환수하는 제도

재개발은 만약 내가 조합설립에 동의하지 않는다 해도 전체 조합원의 75%가 동의하면 조합이 설립되고 나 역시 자동으로 조합원이 된다. 하지만 재건축은 조합설립에 동의해야 조합원이 된다. 동의하지 않으면 청산 대상이 된다(처음엔 동의하지 않았다 해도 조합설립 후 다시 동의하면 조합원으로 인정해주긴 한다).

또한 재개발은 안전진단 과정이 불필요하지만 재건축은 반드시 필요하다. 의무적으로 공급해야 하는 소형 임대주택 비율도 다르다. 서울시 재개발의 경우 임대주택 비율을 전 세대의 15% 이하로 정해놓고 있지만 시장·도지사가 결정할 수 있도록 법이 개정됐다.

반면 재건축의 경우 용적률을 법정 상한까지 올리려면 늘어나는 용적률의 50%를 소형 임대주택으로 공급해야 한다. 이 비율은 시·도 조례에 따라 다르니 따로 확인하는 게 좋다.

재개발은 이주 단계에서 매도 청구를 할 수 없지만, 재건축은 할 수 있다.

투기과열지구 내에서 재개발은 관리처분인가 이후에 조합원 지위 양도가 금지되지만 재건축은 조합설립 이후 조합원 지위 양도가 금지된다.

재개발은 재건축초과이익환수제를 적용받지 않지만, 재건축은 재건축초과이익환수제를 적용받기 때문에 개발이익에 대한 부담금을 납부해야 한다.

이처럼 재개발 투자가 재건축 투자보다 유리한 면이 많다.

STEP
2

재개발 용어부터
따라잡기

재개발 용어를 알면
길이 보인다

2018년 어느 날 투자 과정에서 만난 지인으로부터 재개발 투자 경험 담을 듣게 됐다. 인천의 한 재개발구역 빌라를 매수했는데 투자금은 3,500만 원밖에 들지 않았고 이주가 진행되고 있기 때문에 임차 걱정 도 없다고 했다. 일반분양이 이뤄질 1년 6개월 후 매도하면 투자자뿐 아니라 일반분양으로 인한 실수요자의 수요까지 몰려 매도도 쉬울 것 이라고 귀띔해줬다.

2018년은 서울과 수도권 아파트의 가격 상승이 두드러진 해였다. 특 히 인천의 재개발사업이 활발했다. 나는 그날로 해당 구역과 재개발사 업에 대해 공부하기 시작했다. 경매와 아파트 일반매매에 집중했던 내 게 재개발 투자는 새로운 도전이자 자극제였다. 낡은 빌라가 재개발사 업을 거쳐 번듯한 새 아파트로 바뀌는 과정이 드라마틱하기도 했고, 그 과정에서 얻는 수익에서 경매 투자와는 또 다른 매력을 느꼈다.

인터넷 검색을 통해 지인이 투자한 인천 재개발구역에 대해 조사하고 해당 구역 매물에 대해 블로그를 운영하는 중개사에 연락해서 약속을 잡고 임장을 진행했다. 조사 범위를 인근 구역까지 확장하면서 일주일 넘게 현장을 누볐다. 처음에는 중개사들이 쓰는 재개발 용어를 알아듣지 못해 애를 먹었다.

"이 물건은 **P(프리미엄)**가 얼마라서 시세보다 저렴하다."

"이 빌라의 **감정평가액**은 얼마이고, 59㎡를 신청했는데 **조합원분양가**가 얼마이기 때문에 **분담금** 얼마만 내면 새 아파트를 받을 수 있다."

"이 구역은 **비례율**이 좋기 때문에 나중에 **권리가액**이 잘 나올 것이다."

"이 구역은 **관리처분인가**를 받았기 때문에 **이주비대출**을 승계하면 투자금을 줄일 수 있다."

용어를 못 알아들으니 설명도 이해하기 어려웠다. 재개발 투자를 하려면 기본적인 용어나 사업 절차에 대해 공부해야겠다고 느끼고, 집으로 돌아와 다시 관련 책들을 읽고 강의도 들었다. 동시에 매물들을 비교하고 선별하는 작업을 했다. 공부를 하고 나니 중개사들의 설명이 이해됐고 어떤 매물이 더 투자가치가 있는지도 보이기 시작했다. 그렇게 꾸준한 분석을 통해 투자금이 가장 적게 들면서 리스크는 적은 빌라를 매수했다. 나의 첫 번째 재개발 투자였다.

재개발 투자를 어렵게 느끼는 이유 중 하나는 개념이나 용어를 잘 모르기 때문이다. 재개발 관련 용어를 알아야 재개발사업에 대해 정확히 이해하고 좋은 기회가 왔을 때 놓치지 않는다.

시간이 흐르면 집이나 건물은 오래되어 낡고 정비기반시설도 점점 노후화된다. 다닥다닥 붙어 지은 오래된 주택들과 좁은 도로 때문에 불이 나도 소방차 진입이 어려운 곳도 많다. 이렇게 건물도 낡고 도로, 학교, 공원 등 정비기반시설까지 제대로 갖춰지지 않은 곳을 새롭게 정비하는 것이 재개발사업이다.

재개발사업은 그곳에 부동산을 소유한 이들이 동의해야 진행할 수 있다. 그리고 재개발사업을 진행하기 위해 구성하는 협의체가 '조합'인데, 조합설립을 위한 전 단계인 추진위원회를 설립하고 조합을 설립하기 전까지는 해당구역 내 부동산 소유자들을 '토지등소유자'라고 한다. 조합이 설립된 이후에는 '조합원'이라고 부른다.

조합원들은 본인이 소유하고 있는 부동산을 재개발사업 주체에 내놓고 새로 지어지는 아파트에 입주할 수 있는 권리인 '입주권'을 받는다. 이때 본인이 소유한 부동산의 가치보다 조합원분양가가 높으면 그 차이만큼 '분담금'을 내야 하고 반대일 때는 '환급금'을 받는다.

이런 과정을 거쳐 새 아파트가 지어지고 주변 환경이 깨끗하게 정리되면 조합원은 입주를 할 수 있고, 남은 아파트에 대해서는 일반분양을 한다. 재개발 투자를 시작하는 분들을 위해 기본적인 재개발 용어들을 정리하면 다음과 같다.

조합원

재개발구역 내 토지나 건축물을 소유한 사람을 조합원이라고 한다. 조합원은 소유한 부동산을 재개발사업에 내놓는 대신 새로 짓는 아파트를 저렴한 가격(조합원분양가)에 분양받을 권리를 얻는다.

토지등소유자

조합이 설립되기 전까지의 조합원을 토지등소유자라고 한다. 재건축사업은 토지와 건축물 모두 소유해야 조합원 자격이 생긴다. 그러나 재개발사업은 토지 또는 건축물 중 하나만 소유하고 있거나, 지상권만 소유해도 조합원 자격이 생긴다. 그래서 예비 조합원을 토지등소유자라고 한다.

프리미엄

조합원이 소유한 부동산의 감정평가액보다 더 높은 가치를 인정해주는 금액을 말한다. 프리미엄에는 재개발 물건이 새 아파트로 바뀐다는 전제 하에 미래수익에 대한 기대가 반영된다.

프리미엄은 매매가에서 감정평가액을 뺀 금액으로 알 수 있으며, 입지가 좋을수록, 재개발사업의 후반부로 갈수록 프리미엄도 높아진다.

감정평가액

조합원의 개별 부동산에 대한 평가금액이다. 사업시행인가가 고시된 해(연도) 기준으로 평가한다.

조합원분양가, 일반분양가

조합원분양가는 조합원이 새 아파트를 받기 위해 내는 금액이다. 대개 일반분양가보다 10~20% 정도 저렴하다. 조합원에게 분양하고 남은 아파트를 일반에게 분양할 때 가격은 일반분양가라고 한다.

권리가액

조합원이 자신의 부동산에 대해 권리를 주장할 수 있는 실제 금액이다. 권리가액은 감정평가액에 비례율을 곱해 산출한다. 예를 들어 감정평가액 1억 원, 비례율 100%면 권리가액은 1억 원이다. 감정평가액 1억 원, 비례율 110%면 권리가액은 1억 1,000만 원이다. 감정평가액 1억 원, 비례율이 90%면 권리가액은 9,000만 원이다.

조합원은 새 아파트를 받을 때 조합원분양가에서 권리가액을 뺀 금액만큼 추가로 부담해야 하므로 재개발 투자에서 권리가액은 중요하다.

종전자산평가액

재개발사업이 시행되기 전 조합원들이 소유한 토지 및 건축물의 감정평가액을 모두 합한 금액이다.

종후자산평가액

재개발사업 완료 후 갖게 되는 자산 총액이다. 조합원분양 수입과 일반분양 수입을 합한 금액이다.

비례율

비례율은 재개발 사업성을 알려주는 기준이다. 100% 이상이면 사업성을 높게, 100% 이하면 낮게 본다. 사업성이 높을수록 조합원에게 이익이 돌아가고 낮을수록 그만큼 조합원에게 부담으로 돌아간다.

종후자산평가액에서 총사업비를 뺀 다음 종전자산평가액으로 나누면 비례율을 구할 수 있다. 비례율은 재개발사업을 이해하는 데 아주 중요한 개념이기 때문에 반드시 알아야 한다.

분담금

조합원분양가에서 권리가액을 뺀 것으로, 조합원이 새 아파트를 받기 위해 조합에 추가로 납부해야 하는 금액이다. 이 분담금도 일반분양처럼 계약금 10%, 중도금 60%, 잔금 30% 형식으로 납부한다.

$59m^2$ 아파트 조합원분양가가 2억 원인 경우 분담금을 계산해보면 다음과 같다.

① **감정평가액 1억 원, 비례율 100%, 권리가액 1억 원일 때**

2억 원(조합원분양가)−1억 원(권리가액)=1억 원(분담금)

② **감정평가액 1억 원, 비례율 110%, 권리가액 1억 1,000만 원일 때**

2억 원(조합원분양가)−1억 1,000만 원(권리가액)=9,000만 원(분담금)

③ **감정평가액 1억 원, 비례율 90%, 권리가액 9,000만 원일 때**

2억 원(조합원분양가)−9,000만 원(권리가액)=1억 1,000만 원(분담금)

총사업비

재개발사업에 투입된 총비용이다. 공사비(시공비)와 기타 사업비(금융비용, 보상비, 기타 비용 등)의 합으로 이루어진다. 대개 총사업비에서 공사비가 차지하는 비중은 75% 내외다.

이주비

새 집을 짓기 위해서는 노후화된 집을 철거해야 하고, 이때 조합원들이 이주할 집을 구할 수 있도록 빌려주는 돈이 이주비다. 이주비는 보통 조합원 부동산 가치의 40~60%를 무이자로 대출해준다. 최근 정부가 투기과열지구의 이주비를 포함한 금융권 대출을 주택담보대출비율(LTV) 40% 미만으로 제한해서 사업장마다 이주비대출 금액이 다르다.

이사비

이주를 촉진하기 위한 이사비는 대부분 무상이지만 상환해야 하는 곳도 있다. 이사비는 재개발구역 부동산에 사는 임차인이 받는 것이 아니라 소유자(조합원)가 받는 것이다. 이사비 지급 시기에 재개발 물건을 매매할 때는 매도자가 아닌 매수자가 이사비를 받는 것이 관례다.

현금청산

재개발사업에 동의하지 않는 소유자도 있다. 이때 새 아파트를 받을 권리인 조합원 자격을 포기하고 현금으로 보상받는 것을 현금청산이라고 한다. 조합원이라도 정해진 분양 신청 기간에 분양 신청을 하지 않거나 신청을 취소하는 경우에도 현금으로 보상받게 된다.

개발예정구역

자치구의 구청장 또는 광역시 군수는 노후화된 지역을 계획적으로 정비하기 위한 주민설명회나 공람을 통해 재개발이나 재건축을 할 정비구역을 지정한다. 정비구역으로 지정된 후 개발계획이 수립돼 개발구역으로 지정되면 재개발 및 재건축이 가능하다.

지구단위계획

지구단위계획이란 도시를 체계적으로 개발하기 위해 기반시설의 배치와 규모, 가구의 규모, 건축물의 용도, 건폐율, 용적률 등을 제한하거나 유도하는 계획을 말한다. 지구단위계획을 보면 도시가 향후 어떻게 개발될지 예상할 수 있다. 지구단위계획구역으로 지정된 후 3년 안에 해당 구역에 지구단위계획을 세우지 않으면 지구단위계획구역의 효력을 상실한다.

기부채납

재개발사업을 진행할 때 도로, 공원, 공용주차장, 공공시설물, 녹지, 광장 등 정비기반시설을 만들기 위해 지방자치단체에 기부하는 땅을 말한다.

정비구역일몰제

사업 추진이 지지부진한 정비구역의 지정을 해제하는 제도다. 일몰제를 피하려면 정비구역 추진위원회 승인 후 2년 안에 주민 75% 이상의 동의를 얻어 조합설립인가를 받아야 한다. 조합설립인가 후에는 3년 안에 사업시행인가를 받아야 한다.

전용면적, 공급면적, 계약면적의 차이

우리가 흔히 말하는 25평, 34평은 공급면적이다. 정부에서는 주택의 면적을 '전용면적'으로 지칭하도록 권고하고 있다. 25평의 전용면적은 59m²이고 34평의 전용면적은 84m²다. 하지만 아파트 입주자 모집 공고나 매물 광고에는 전용면적을 사용하고, 일상적인 대화에서는 공급면적을 사용하는 경우가 많다. 따라서 전용면적과 공급면적 그리고 계약면적의 차이를 알고 구분해야 한다.

전용면적은 아파트 등 공동주택에서 소유자가 독점해 사용하는 부분의 면적이다. 거실, 주방, 욕실, 화장실, 현관 등이다. 공급면적은 전용면적에 계단, 복도, 엘리베이터 등의 공용면적을 합한 면적이다. 계약면적은 공급면적에 주차장, 관

🔽 표 2-1 전용면적에 따른 일반적인 공급면적과 계약면적

전용면적	공급면적	계약면적
49m²	21평형	약 35평
59m²	25평형	약 40평
74m²	30평형	약 45평
84m²	34평형	약 55평

▣ 그림 2-1 전용면적, 공급면적, 계약면적 한눈에 알아보기

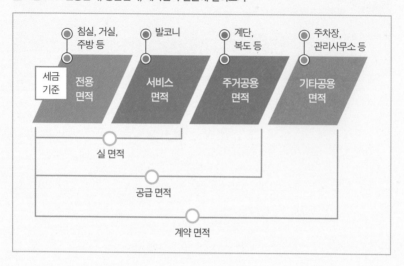

리사무소, 놀이터, 커뮤니티 시설 등의 기타 공용면적을 합한 면적이다. 발코니

공간은 서비스면적이라고 한다.

분양 공고는 전용면적으로 표기해야 하는 의무가 있으므로 아파트의 입주자 모

집 공고문에는 '25평'이나 '34평' 대신 '전용면적 59m²' 또는 '전용면적 84m²'

등을 사용한다.

조합원분양 신청을 하거나 관리처분계획총회의 책자 등을 분석할 때 면적 관련

용어를 잘 이해하기 바란다.

사업 과정 이해하기

초보투자자라면 사업 단계로는 관리처분인가 이후에, 물건 유형은 자금이 적게 들어 진입장벽이 낮은 빌라에 투자하는 것이 유리하다. 관리처분인가를 받았다는 것은 재개발사업이 80% 이상 진행된 것이라고 보면 된다. 이후에는 이주, 철거, 착공을 거쳐 준공 후 입주하는 단계만 남기 때문이다. 이때는 재개발사업의 리스크가 대부분 해소된 상태이기 때문에 안정적인 투자가 가능하다. 나 역시 인천 재개발구역의 빌라에 투자할 때 이주시기에 매수해서 이주비대출로 투자금을 줄였고 임대관리를 할 필요도 없었다.

그렇게 첫 번째 재개발 투자를 관리처분인가 이후의 단계에 매수해서 성공적으로 마치고 나자 재개발사업 초기 단계에도 투자해보고 싶었고, 빌라가 아닌 다른 유형의 매물에도 투자해보고 싶었다. 그러려면 재개발사업이 어떻게 진행되는지 그 과정부터 철저히 알아야 했기에

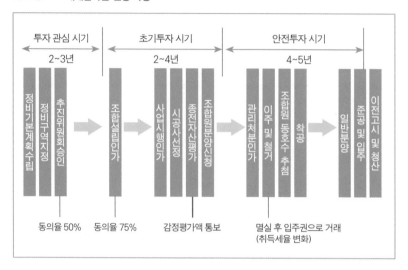

다시 공부에 박차를 가했다. 관리처분인가가 아닌 다른 단계에서 투자하기 위해서는 재개발사업의 진행 과정부터 철저히 공부해야 했다.

◀◀ 재개발사업의 단계

재개발사업은 정비구역 지정부터 새 아파트 입주까지 보통 10년 이상이 걸리기 때문에 사업 과정을 제대로 알아야 한다.

노후화된 구역을 재개발하려면 정비기본계획을 수립하고 정비구역으로 지정돼야 한다. 그리고 이 시기를 전후해서 해당 지역 주민들의 의견을 모아 추진위원회를 설립한다. 추진위원회에서 주민 4분의 3이 동의해 조합을 설립하게 되면 본격적으로 재개발사업을 할 주체인 조합이 생긴다.

이때부터 사업시행인가, 관리처분인가 등의 단계를 거쳐 이주와 철거를 한 후 공사에 들어간다. 보통은 철거 전후나 착공 전 단계에서 조합원 동호수 추첨과 일반분양을 한다. 준공 후 입주하면 이전고시와 청산 과정을 거쳐 재개발사업이 마무리된다.

이제부터 재개발사업의 단계별 과정을 자세히 알아보겠다.

1단계 정비기본계획 수립, 정비구역 지정, 추진위원회 설립

재개발사업의 시작은 지방자치단체(이하 지자체)가 수립하는 정비기본계획이다. 지자체에서 정비기본계획을 수립하기 위해 주민설명회를 하고 정비기본계획안에 대해 주민공람을 한다.

정비구역으로 지정됐다는 것은 주택재개발사업이 필요하다고 지자체가 인정했다는 의미다. 하지만 정비기본계획이 수립됐다고 바로 재개발 투자를 해도 된다는 뜻은 아니다. 정비기본계획이 수립됐어도 사업이 진행되지 않는 경우가 있기 때문이다. 이 단계에서는 '아, 이곳에 정비기본계획이 수립됐구나. 관심 있게 봐야지' 정도의 생각으로 접근하는 것이 좋다.

정비구역으로 지정되면 재개발을 진행하기 위해 사업의 주체인 조합을 설립해야 하고, 조합을 설립하려면 먼저 추진위원회를 만들어 지자체 승인을 받아야 한다. 지자체로부터 추진위원회 구성을 승인받기 위해서는 해당 지역에 부동산을 소유한 예비조합원인 '토지등소유자' 중 과반수의 동의를 얻어야 한다.

토지등소유자의 동의를 얻으려면 해당 구역이 재개발을 통해 얼마나 멋지게 바뀔지를 알려야 한다. 이 단계에서는 개략적인 사업성을 판단할 수 있는 용적률, 조합원 수, 건축 내용(조감도, 배치도, 세대수, 분양 등)에 관해 계획해야 한다. 정비기본계획 수립부터 추진위원회 설립까지는 1~3년 정도 소요되지만, 추진위원회 설립부터 마찰이 있는 구역은 시간이 더 오래 걸리거나 아예 추진위원회가 설립되지 못해 재개발 사업이 좌초되기도 한다.

재개발구역 내에는 재개발사업의 주체가 되기 위해 추진위원회를 설립하려는 여러 세력(?)이 존재하는데, 토지등소유자 50%의 동의를 받는 세력이 추진위원회가 되고 향후 조합 설립의 주체가 된다. 추진위원장이 조합장이 되는 경우가 대부분으로, 경쟁에서 밀려난 세력들이 조합 설립 이후 비상대책위원회(비대위)가 되거나 조합의 반대 세력이 되는 경우도 있다. 그렇기 때문에 정비구역 지정이나 추진위원회 설립 단계에서는 투자를 결정하기보다 관심을 갖고 지켜보는 게 좋다.

2단계 조합 설립

지방자치단체장(구청장)으로부터 조합 설립을 위한 추진위원회 구성을 승인받았다면 이제 조합을 설립해야 한다. 주택재개발사업 조합을 설립하고 인가를 받기 위해서는 토지등소유자 75% 이상의 동의를 받아야 하고, 동의한 이들이 소유한 토지 면적의 합이 사업장 전체 토지 면적의 50% 이상이어야 한다. 추진위원회를 설립할 때 이미 동의한 사람은 조합 설립에도 동의한 것으로 간주하고 추가로 받은 동의서를 합해 위 요건을 갖추면 된다.

낙후된 지역을 개발해서 주변 환경이 좋아지고 새 아파트가 들어오면 지역 내 모든 주민이 찬성할 것 같지만 꼭 그렇지는 않다. 각자의 상황이나 이해관계가 다르기 때문이다. 재개발을 통해 아파트 한 채 받는 것보다 본인의 집을 허물고 다세대주택을 지어 분양하면 더 큰 이익을 얻는 사람도 있고, 새로 다가구주택을 지어 월세를 받으려는 사람도 있다.

또 상가주택에 살면서 안정적인 주거와 임대수익을 동시에 누리고 있는 사람은 재개발사업에 적극적으로 반대할 가능성이 높다. 이런 이유로 토지등소유자 75% 이상의 동의를 얻는 것이 쉽지 않다.

토지등소유자의 동의를 받아 지자체에 조합설립승인을 요청하고, 지자체장으로부터 조합설립인가를 받아 법인설립등기를 마치면 비로소 추진위원회는 재개발사업 시행 주체인 조합이 된다. 조합설립인가를 받았다는 것은, 사업을 본격적으로 추진할 수 있는 주체가 생겼다는 것이고 조합이 법적 지위를 확보했다는 것이다. 또한 조합원들의 갈등이 어느 정도 해소되고 이해관계가 정리된 것으로 볼 수 있다. 이제부터 조합은 조합원을 대표해 시공사와 계약할 수 있고, 아파트를 지어 분양할 수 있다.

따라서 조합 설립 전에 투자를 생각한다면 조합원들의 동의율이 얼마나 되는지 파악하는 것이 중요하다. 토지등소유자의 동의율이 70%가 넘었다고 섣불리 투자했다가 남은 5%가 동의할 때까지 오랜 시간 기다려야 할 수도 있다.

그리고 간신히 75%를 넘은 구역보다는 여유롭게 75%를 넘은 구역을 선택하는 것이 좋다. 주민 동의율이 압도적으로 높으면 조합 설립 이후 단계에서도 사업이 순조롭게 진행될 확률이 높기 때문이다.

3단계 사업시행인가

조합 설립 다음으로 해야 할 일은 그 지역을 어떻게 바꿀지 설계하는 것, 즉 아파트를 어떻게 지을지 결정하는 것이다. 정비구역지정 단계에서 개략적인 건축계획(조감도, 배치도, 세대수, 분양 등)을 세웠다면, 사업시행인가 단계는 이를 더욱 구체화하는 과정이다.

아파트를 어떻게 지을지 조감도, 배치도, 평면도, 공급세대수 등 구체적인 건축계획을 세우고 총 대지 면적, 용적률, 건폐율, 기부채납 면적, 건축 면적, 평형 구성, 총세대수, 임대아파트 세대수 등 세부적인 내용을 정한다.

사업시행인가는 건축을 해도 된다는 허가를 받는 것으로, 조합과 지자체의 관계를 정리하는 단계라고 볼 수 있다. 조합이 재개발사업을 어떻게 시행할지 계획을 신청하면 해당 지자체는 건축, 교통, 환경 등 사업 내용을 검토한 후 인가 여부를 결정한다. 사업시행인가가 나면 재개발사업이 50% 정도 진행된 것으로 볼 수 있다.

이 시기부터는 재개발사업의 불확실성이 일정 부분 제거되고 시공사 선정이 진행되면서 대내외적으로 홍보되기 때문에 투자자와 실수요자가 몰리면서 가격 상승이 이뤄진다. 재개발 물건이 가장 많이 매매되는 단계다.

사업시행인가 후에는 종전자산평가, 시공사 선정, 조합원분양 신청 등의 절차가 이어진다.

4단계 종전자산평가

사업시행인가를 받고 나면 조합에서는 곧바로 종전자산평가를 진행한다. 조합원들이 소유한 자산의 가치를 수치화해서 평가하는 것이다. 부동산 거래 현장에서는 감정평가라고 하고, 줄여서 '감평'이라고도 한다. 감정평가액은 조합원에게 매우 중요하다. 이 금액을 기준으로 새 아파트를 받는 데 필요한 조합원 분담금이 결정되기 때문이다.

조합원 분담금이란 뭘까? 재개발구역에 새 아파트가 지어지면 조합원은 입주할 수 있는 권리가 생기는데, 새로 지어지는 아파트의 분양가는 기존에 있던 집의 가치보다 높은 게 일반적이다. 따라서 그 차이만큼의 금액을 더 내야 새 아파트에 입주할 수 있다. 이때 부담하게 되는 돈을 분담금이라고 한다.

더 정확하게 말하면 '조합원분양가에서 권리가액을 뺀 금액'이 분담금이다. 권리가액은 감정평가액에 비례율을 곱해서 산출한다. 그런데 비례율은 대개 100%에 수렴하기 때문에 정확한 비례율이 나오는 재개발사업 후기(관리처분인가 후) 전에는 '조합원분양가에서 감정평가액을 뺀 금액'으로 계산한다.

예를 들어 조합원 김씨가 소유한 빌라의 감정평가액이 1억 원이고 25평짜리 새 아파트의 조합원분양가가 4억 원이라면, 감정평가액 1억 원을 제외하고 3억 원을 더 내야 한다. 이 3억 원이 분담금이다. 만약 이 빌라의 감정평가를 1억 5,000만 원으로 받으면 분담금이 3억 원에서 2억 5,000만 원으로 줄어든다. 따라서 감정평가는 조합원에게 무척 예민한 사안이다. 감정평가 결과가 생각보다 적게 나오면 실망하는 이들이 생기고, 이런 이들이 많으면 재개발을 반대하는 세력인 '비대위'의 활동이 활발해지기도 한다.

실제로 조합원들이 본인의 감정평가 결과에 불만을 느끼는 경우가 많다. 감정평가액이 기대치보다 적게 나오는 데는 여러 이유가 있다. 첫째, 감정평가액은 재개발이 진행되지 않는 인근지역의 조건이 비슷한 물건보다 액수가 적게 나오기 때문이다. 조합에서는 조합원의 감정평가액을 높이면 일반분양가나 조합원분양가를 같이 올려야 하는 부담이 있다. 이는 비례율을 구하는 산식에서 답을 찾을 수 있다. 비례율을 구하는 산식을 간단하게 알아보자.

$$비례율 = \frac{(종후자산평가액 - 총사업비)}{종전자산평가액} \times 100$$

* 종후자산평가액 : 일반분양 수입 + 조합원분양 수입
* 종전자산평가액 : 조합원자산평가의 합

비례율은 종후자산평가액에서 총사업비를 뺀 금액을 종전자산평가액으로 나눈 후 100을 곱한 값이다. 앞서 설명한 것과 같이 종후자산평가액은 일반분양 수입과 조합원분양 수입을 더한 것이고, 종전자산평가액은 조합원자산평가의 합이다. 조합원 개개인의 자산을 높게 책정하면 종전자산평가액이 커진다.

전체 조합원의 감정평가액 총합을 말하는 종전자산평가액은 조합의

사업성을 결정하기 때문에 아주 중요하다. 비례율이 높을수록 조합의 이익이 늘어나고 사업성을 높게 판단한다. 종전자산평가액이 적고 종후자산평가액이 커야 비례율이 높다.

분모가 커지면 당연히 분자도 키워야 하는데 분자인 종후자산평가액에 영향을 미치는 일반분양가는 각종 변수가 있기 때문에 예측이 어려워서 일단 조합원분양가를 올려야 한다. 그래서 조합은 분모인 종전자산평가액은 작게, 분자인 종후자산평가액은 크게 해서 비례율을 100%에 수렴하도록 하려는 것이다.

따라서 단기적으로 보면 조합원 본인의 자산이 낮게 평가되는 것이 억울하고 섭섭할 수 있지만, 좀 더 멀리 보면 개인의 감정평가액이 낮아지면 조합원분양가도 낮아지고 반대의 경우 조합원분양가도 커지므로 추가분담금의 변화는 크지 않다. 단순히 자산평가를 높게 받았는지 낮게 받았는지가 아니라 조합 내 다른 구성원보다 높게 받았는지 낮게 받았는지가 더욱 중요하다.

이번에는 조합원 입장이 아니라 재개발사업을 진행하는 주체인 조합 입장에서 생각해보자. 전체 조합원들의 감정평가를 높게 하면 어떤 일이 벌어질까? 예를 들어 인근 시세가 1억 원인 빌라의 감정평가를 1억 원으로 하지 않고 1억 1,000만 원으로 한다면, 조합원 입장에서는 새 아파트를 받지 않고 이 빌라를 현금청산하는 게 유리할 수 있다. 현금청산을 해서 1억 1,000만 원을 받고 인근의 1억 원짜리 빌라를 사면 1,000만 원의 이익이 생기기 때문이다. 이것은 가정이고 실제 현장에서 이런 일은 거의 없다. 일반분양가보다 조합원분양가가 훨씬 싸기 때문에 조합원 물건에 프리미엄을 붙여 파는 것이 현금청산을 하는 것보다 이익이기 때문이다. 만약 조합 내에 현금청산자가 많아지면 조합이 지출해야 하는 비용이 늘어나고 수익이 떨어져서 사업성이 악화된다. 이런 이유로 조합에서는 조합원의 감정평가를 낮게 하려 한다.

둘째, 감정평가는 사업시행인가가 고시된 날을 기준으로 이뤄지는데 시세는 재개발에 대한 기대감이 커지는 사업시행인가 후에 올라간다. 그러면 시간이 흐를수록 감정평가액의 기준이 되는 공시지가와 시세와의 차이가 커진다. 감정평가는 과거 시점을 기준으로 했는데 현재 시세는 그보다 높으니 조합원 입장에서는 감정평가액이 만족스럽지 않은 것이다.

그렇지만 감정평가액이 주변 시세보다 1,000~2,000만 원 낮게 나왔다고 실망할 필요는 없다. 앞서 설명한 것처럼 낮게 측정된 만큼 분담금도 비례해서 줄어들고, 일반분양가와 조합원분양가의 차이만큼 프리미엄이 형성되기 때문이다. 보통 조합원분양가는 일반분양가보다 20% 정도 저렴하다. 일반분양가가 5억 원이라면 조합원분양가는 4억 원 정도다. 따라서 감정평가를 1,000~2,000만 원 낮게 받았다 해도 실질적으로는 8,000~9,000만 원 정도의 이익을 안고 가는 것이다.

5단계 시공사 선정

사업시행인가를 받았다는 것은 아파트를 어떻게 지을지 결정했다는 것을 의미한다. 이제 아파트를 지을 시공사를 선정해야 한다. 이때부터 본격적인 시공 수주 전쟁이 시작된다. 건설사들은 시공사로 선정되기 위해 최고의 아파트를 지어주겠다며 치열한 홍보를 한다. 조합원들 역시 새 아파트에 대한 청사진을 그리며 고무된다. 조합은 여러 건설사의 입찰을 받고 조합원들의 투표를 거쳐 시공사를 선정한다.

보통은 조합설립 이후 시공사를 선정하는데 서울시는 사업시행인가 이후에 하도록 하고 있다. 이유가 뭘까? 재개발사업에는 많은 돈이 들어간다. 그런데 재개발이 90% 정도 진행됐다고 볼 수 있는 시기까지 조합원들은 재개발사업에 필요한 돈을 내지 않는다. 관리처분인가 이후 조합원 동호수 추첨이 끝나고 분담금을 내기 전까지 시공사로부터 돈을 빌려서 사업을 진행한다. 그래서 조합은 조합이 설립되자마자 시공사를 선정하려고 하는 것이다.

조합과 시공사가 협의해 원활하게 재개발사업을 하는 것이 원칙이지만, 사업 초기부터 건설사로부터 돈을 빌려 진행하면 시공사가 조합보다 우위에 있는 구도가 형성될 수 있다. 결과적으로는 공사비용이 증가하고 조합원들의 부담도 늘어날 수 있다. 그래서 서울시는 2010년 공공관리자제도를 도입했고, 조합설립 이후가 아닌 사업시행인가 후에 시공사를 선정하게 했다.

공공관리자제도는 서울시에서 돈을 빌려줄 테니 사업시행인가를 받은 후에 아파트를 어떻게 지을지 결정되면 경쟁입찰 방식으로 가장 좋은 조건을 제시하는 건설사를 시공사로 선정하라는 취지다.

6단계 조합원분양 신청

조합은 조합원들에게 사업시행인가가 고시된 날로부터 60일 이내에 감정평가액, 개략적인 분담금 내역, 조합원분양 신청 기간 등을 통지해야 한다. 서울시처럼 사업시행인가가 고시된 이후에 시공사를 선정할 경우, 시공사와 계약을 체결한 날로부터 60일 이내에 분양 신청을 받아야 한다. 이때 조합원들은 본인들이 원하는 동이나 호수 등을 선택해 신청하는 것이 아니라 희망하는 평형만 신청한다. 이때 신청한 평형은 조합의 사정에 따라 나중에 바뀔 수도 있다. 계약은 추후에 진행된다.

신청한 평형이 확정된 것이 아니듯 조합원에게 공지되는 분담금이나 조합원분양가 역시 확정된 금액이 아닌 대략적인 것이다. 조합원들의 분양 신청이 완료된 후에 조합원분양 세대수, 일반분양 세대수, 임대아파트 세대수가 개략적으로 정해진다.

이 단계에서 특히 조심할 것이 있다. 새 아파트를 받으려는 조합원은 분양 신청 기간 안에 꼭 신청해야 한다. 기간 안에 분양 신청을 못하면 현금청산자가 된다. 분양 신청 기간에 해외에 있었거나 상속이 진행되는 등 피치 못할 사정이 있어도 분양 신청을 하지 않으면 입주권을 받지 못하고 현금으로 받아야 한다.

7단계 관리처분인가

사업시행인가가 조합과 지자체의 관계를 정리하는 단계라면, 관리처분인가는 조합과 조합원의 관계를 정리하는 단계라고 할 수 있다. 관리처분계획은 향후 조합에 들어올 돈에 대해 집행계획을 세우고, 조합원들이 납부해야 할 돈을 정하며, 조합의 수익을 조합원들에게 어떻게 분배할 것인지 정하는 것이다.

이 시기에 조합원은 본인의 부동산을 조합에 위임하고, 조합은 위임받은 부동산을 처분하고 신축으로 거듭나게 할 사업계획을 세운다. 사업시행인가를 받을 때의 불확실한 계획들이 구체적으로 자리 잡는 단계다. 일반분양 세대수 및 일반분양가, 조합원분양 세대수 및 조합원분양가가 정해지고 시공사의 예상 공사비용, 예상 분양수익 등이 나오기 때문에 조합원의 분담금을 구체적으로 계산할 수 있다.

이 단계에서 가장 주목할 부분은 재개발의 사업성을 나타내는 비례율의 윤곽이 뚜렷해진다는 것이다. 이로 인해 조합원들끼리 분쟁이 발생하는 시기이기도 하다. 비례율이 대략 정해지면 조합원들의 권리가액을 알 수 있고 이 권리가액을 기준으로 분담금이 확정된다. 그래서 비례율의 결과에 따라 조합원의 이해관계가 충돌하면서 분쟁이 일어나기도 하는 것이다.

관리처분인가를 받았다는 것은 재개발사업이 80% 정도 진행된 것이다. 관리처분인가 이후에는 여러 가지 리스크가 해소되고 예상 수익, 예상 투자금이 확실히 정해진다. 또 이주비대출을 활용해 투자금을 줄일 수 있기 때문에 투자자와 실수요자가 가장 많이 매수하는 시기이기도 하다.

8단계 이주 및 철거

공사를 시작하려면 재개발구역에 사는 사람들이 이주해야 한다. 재개발구역에서 살고 있는 부동산 소유자는 이사 갈 집의 임대보증금을 마련해야 하고, 임대를 하고 있다면 임차인에게 돌려줄 임대보증금이 필요하다. 이때 조합은 조합원들에게 감정평가액의 40~60% 수준에서 이주비를 대출해준다.

이주에는 6개월에서 1년 정도의 시간이 소요된다. 조합이 정한 이주기간 내에 이사하지 않으면 무상으로 지급하는 이사비를 받을 수 없고, 이주비대출을 받는 데도 제약이 따를 수 있기 때문에 이 시기에 대부분의 조합원과 임차인이 이주한다. 이주기간이 지났는데도 이주하지 않는 세대는 조합에서 명도소송을 집행한다. 모든 세대의 이주가 마무리되면 철거작업이 시작된다. 비로소 착공에 들어가는 것이다.

9단계 조합원 동호수 추첨

철거가 완료되면 본격적으로 새 아파트를 짓기 위한 단계로 접어든다. 조합은 착공신고를 한 후 일반분양을 한다. 조합원 동호수 추첨을 일반분양 전에 하는 경우도 있고 일반분양 이후에 하는 경우도 있다. 하지만 관리처분인가를 받을 때 조합원분양을 위한 동호수를 미리 정해두고 일반분양을 진행하기 때문에 큰 의미는 없다.

대개는 조합원에게 가장 좋은 동과 층을 배정하려 하지만, 동호수 추첨 결과에 따라 조합원들의 희비가 엇갈린다. 같은 조합원분양 물건이라도 로열동과 로열층 물건의 가격이 더 오르고 거래가 활발하며, 선호도가 낮은 동이나 저층은 조합원 물건이어도 소폭의 가격 조정을 보이기도 한다. 따라서 조합원 물건을 매수한다면 약간의 위험 부담을 안고 조합원 동호수 추첨 전에 매수할지, 동호수 추첨이 끝난 후 본인의 취향에 맞는 물건을 매수할지 결정해야 한다.

또한 이주가 마무리되면 조합은 주택멸실신고를 하는데, 주택멸실신고 전에 매수하면 거래가액에 따라 1~3%의 주택 취득세를 낸다. 그러나 주택멸실신고 후에는 토지에 대한 취득세 4.6%를 적용받는다. 따라서 주택멸실신고 여부를 담당 구청 세무과에 확인한 후 매수해야 한다.

참고로 2020년 7월 10일 발표된 7·10 대책으로 무주택자는 멸실 전에 매수하는 것이 유리하지만, 1주택자나 다주택자, 법인은 취득세율이 인상돼 오히려 멸실등기 이후의 재개발 물건을 매수하는 것이 취득세율 면에서는 유리해졌다.

10단계 일반분양

재개발사업에서 일반분양이 중요한 이유는 일반분양의 성공 여부에 따라 조합의 사업성이 결정되기 때문이다. 미분양 없이 높은 가격에 높은 경쟁률로 일반분양이 마무리되면 분양권의 프리미엄이 높아지고 이는 조합원입주권의 프리미엄 상승으로 이어진다.

반면 미분양이 생기거나 높은 가격에 일반분양을 못하면 사업성이 악화하면서 조합원의 분담금이 늘어나고 입주권의 프리미엄이 하락하기도 한다. 최근 이슈가 되고 있는 분양가상한제나 임대 비율 상향 조정 등에 대한 정부 정책 발표에 귀를 기울이고 대처해야 하는 이유다.

11단계 준공, 입주, 이전고시, 청산

일반분양이 마무리되고 예정대로 공사가 진행되면 대개 착공한 지 3년 후 입주가 시작된다. 입주하면 바로 소유권이전등기를 할 수 있다고 생각하겠지만 집합건물은 이전고시가 나야 소유권이전등기를 할 수 있다.

이전고시란 공사가 완료됐음을 고시하고 조합원 주택의 지번을 모두 지운 후 새로 지어진 아파트 동호수에 맞게 대지권을 나눠 이전하는 것을 말한다. 이 과정을 거쳐야 비로소 소유권이전등기를 할 수 있다. 이전고시가 마무리되고 모든 사업을 정산하는 청산 절차까지 마치면 재개발사업은 완전히 끝난다.

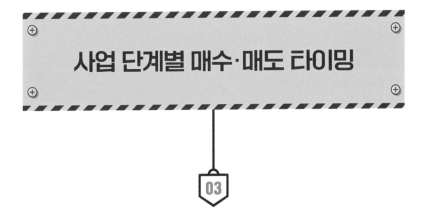

사업 단계별 매수·매도 타이밍

03

나의 첫 번째 재개발 투자 물건은 인천 재개발구역 빌라로, 관리처분인가 이후 매수해서 1년 6개월 후인 일반분양 시점에 매도했다. 4,000만 원대의 투자금으로 1년 반 만에 100%에 가까운 수익을 얻었다. 이 한 번의 투자로 재개발 투자에 대해 갖고 있던 많은 편견들이 깨졌다.

첫째, 재개발 투자는 오래 걸린다는 편견이 깨졌다. 많은 이들이 재개발 투자라고 하면 조합설립 전후에 매수해 입주 때까지 기다려야 한다고 생각하지만, 나는 재개발사업 후반부인 관리처분인가 이후 매수해서 입주 때까지 기다리지 않고 일반분양 시기, 즉 착공 시점에 매도했다. 재개발 투자도 단기투자가 가능하다는 점을 직접 경험한 것이다. 둘째, 재개발 투자는 돈이 많이 들어간다는 편견이 깨졌다. 감정평가액이 적은 빌라를 매수해 4,000만 원대의 비교적 소액으로 투자가 가능했기 때문이다. 셋째, 재개발 투자는 위험하다는 편견이 깨졌다. 재개발사업 초기에 진입한다면 향후 있을 여러 가지 변수들로 인해 리스크를 감수해야 하지만 나는 사업 후반부인 관리처분인가 이후에 투자해서 큰 리스크 없이 안전한 투자를 했다.

이렇게 첫 번째 재개발 투자를 하고 나니 여러 가지 매수·매도 타이밍을 경험해보고 싶어졌다.

앞서 사업시행인가 이후에 종전자산평가를 한다고 배웠다. 종전자산평가를 해야만 조합원들이 가진 부동산의 감정평가액을 알 수 있고 이 감정평가액을 알아야만 권리가액, 분담금 등의 계산을 할 수 있기 때문에 이때부터(종전자산평가 이후) '계산이 서는' 투자를 할 수 있다.

따라서 종전자산평가가 이루어졌는지 여부를 기준으로 '초기투자'와 '안전투자'로 나눠보겠다. 지금부터는 조합설립 전후부터 사업시행인가까지를 초기투자로, 종전자산평가 이후, 특히 조합원분양가와 비례율 등이 더욱 명확해지는 관리처분인가 이후의 투자를 안전투자로 나눠 설명하겠다.

이제 재개발 투자 시 매수·매도 타이밍에 대해서 알아보자. 재개발 투자에 관한 가장 큰 편견이 투자기간이 길다는 것인데, 재개발사업이 진행되는 단계에 따라 매수·매도 타이밍을 잘 활용하면 단기투자도 가능하다. 초기에 투자해서 장기간 보유하며 입주 때까지 기다릴지, 사업이 진행되는 중간에 사서 입주할 때까지 기다릴지, 상승분에 대한 차익을 실현하고 팔아서 입지가 더 좋은 재개발지역에 다시 투자할지 등은 온전히 투자자 본인의 선택에 달렸다. 이때 단계별 매수·매도 타이밍을 잡는 요령을 알고 잘 활용하면 도움이 될 것이다.

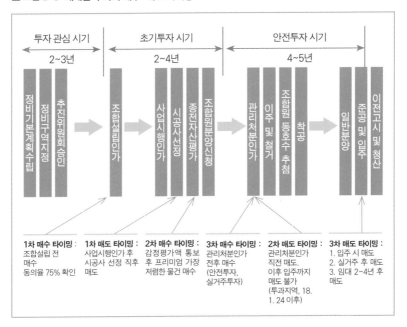

투자 관심 시기	초기투자 시기	안전투자 시기
2~3년	2~4년	4~5년

정비기본계획수립 · 정비구역지정 · 추진위원회승인 → 조합설립인가 → 사업시행인가 · 시공사선정 · 종전자산평가 · 조합원분양신청 → 관리처분인가 · 이주 및 철거 · 조합원 동호수 추첨 · 착공 → 일반분양 · 준공 및 입주 · 이전고시 및 청산

1차 매수 타이밍 :
조합설립 전
매수
동의율 75% 확인

1차 매도 타이밍 :
사업시행인가 후
시공사 선정 직후
매도

2차 매수 타이밍 :
감정평가액 통보
후 프리미엄 가장
저렴한 물건 매수

3차 매수 타이밍 :
관리처분인가
전후 매수
(안전투자,
실거주투자)

2차 매도 타이밍 :
관리처분인가
직전 매도.
이후 입주까지
매도 불가
(투과지역, 18.
1. 24 이후)

3차 매도 타이밍 :
1. 입주 시 매도
2. 실거주 후 매도
3. 임대 2~4년 후
매도

◀◀ 1차 매수 타이밍

조합설립 직전이다. 초기투자를 하려는 투자자들에게는 첫 번째 매수 타이밍이다. 또한 입지가 좋은 구역이라면 이 단계에서 진입하는 것이 좋다. 추진위원회가 결성되고 토지등소유자의 동의율이 75%를 넘어야 조합을 설립할 수 있는데, 75%라는 숫자는 절대 만만하지 않다. 재개발구역으로 지정된 후에도 동의율이 75%에 못 미쳐 사업이 몇 년씩 표류하고 있는 곳도 많다.

그래서 조합설립인가 전후에 매수할 때 가장 주의해야 할 점이 주민 동의율이다. 동의율이 75% 이상이 될지, 75% 이상이라면 정확히 몇 퍼센트인지 확인해야 한다. 75%를 겨우 넘은 사업장보다 여유 있게 넘은 사업장이 향후 재개발 과정에서 사업진행 속도에 더 탄력을 받을 수 있다.

그렇다면 동의율은 어떻게 알 수 있을까? 추진위원회 사무실에 문의하면 알 수 있다. 추진위원회에서는 조합원과 비조합원을 포함해 사람들의 관심을 얻는 것이 중요하기 때문에 방문하면 대부분 친절하게 설명해준다. 구체적인 수치도 참고해야 하지만 추진위원회 사무실을 방문해 추진위원장이나 직원들의 태도와 사업에 대한 의지 등을 파악하는 것도 중요하다. 주변 부동산중개소 서너 군데에 가서 중개사들의 의견을 들어보는 것도 필요하다. 인근에서 오랫동안 중개업을 해온 토박이 중개사들은 주민들과 유대관계가 좋고 인맥이 넓어서 주민들의 기대나 적극성을 잘 대변하기도 한다.

이렇게 수집한 자료를 근거로 조합이 무난하게 설립되겠다고 판단되면 주민 동의율이 75% 이상 되어 조합이 설립되기 직전에 매수하는 것도 좋은 기회가 될 수 있다.

◀◀ 1차 매도 타이밍

사업시행인가 후 시공사가 선정되고 난 직후다. 단기투자자들에게는 이때가 첫 번째 매도 타이밍이다.

서울의 경우 시공사 선정은 사업시행인가 후 바로 진행한다. 사업시행인가가 나면 홍보가 많이 되는데 단연 홍보 효과가 큰 이벤트는 시공사 선정이다. 시공사 선정 시에 건설사들은 본인들만의 특화 설계를 내세운 멋들어진 설계도와 조감도 등을 담은 홍보 책자를 조합원들에게 돌리고 이는 각종 언론과 온라인 커뮤니티 등에 뿌려지면서 세간의 관심이 집중된다.

이렇게 시공사 선정이 마무리되면 해당 구역의 홍보 효과는 최대치가 되어 매수자들이 몰리는데 이때가 좋은 가격에 매도할 수 있는 타이밍이 될 수 있다.

◀◀ 2차 매수 타이밍

사업시행인가 단계에서 실시하는 감정평가 통보 후다. 사업시행인가를 받으면 조합원 분담금을 추정하기 위해 종전감정평가를 진행하고, 감정평가가 완료되면 조합원의 평형 신청이 진행된다. 따라서 감정평가 전후가 재개발사업 전체에서 가장 중요한 매수시기라고 할 수 있다.

감정평가 직전에 추정 감정평가를 잘해서 저평가된 물건을 매수하는 것이 가장 효과적인데, 이는 고수의 영역이기도 하고 변수도 많다.

초보투자자가 초기 단계 리스크는 피하면서 그나마 '먹을 게 많이 남아 있는' 단계에서 매수할 수 있는 단계가 감정평가 직후, 또는 조합원 평형 신청 직후다. 이 시기에 매수하면 재개발 물건의 정확한 감정평가액과 프리미엄을 파악하고 매수하게 된다. 또한 조합원 평형 신청까지 마친 단계라면 내가 원하는 평형을 골라서 매수하면 되기 때문에 실거주까지 염두에 둔 투자자에게 가장 좋은 매수 타이밍이 될 수 있다.

다만 감정평가가 이뤄지고 평형 신청까지 마치고 나면 본격적으로 프리미엄이 형성되고 가격이 상승하는 시기다. 따라서 관심 있는 구역의 매물을 꾸준히 체크하면서 매수 타이밍을 엿보다가 발 빠르게 움직여서 조금이라도 프리미엄이 적게 형성된 시기에 저평가된 매물을 매수하는 것이 포인트다.

◀◀ 2차 매도 타이밍

관리처분인가 직전이다. 단, 투기과열지구 내 재개발구역 중 2018년 1월 24일 이후에 사업시행인가 최초 신청을 한 재개발구역에 대해서는 관리처분인가 이후 조합원 지위 양도가 금지된다. 따라서 이에 해당되는(서울의 많은 재개발구역이 해당된다) 재개발구역 물건을 매수했다면, 관리처분인가 직전에 매도하지 못했을 때 이 시점부터 입주까지 평균 4년 이상 동안 매도할 수 없다.

그러므로 관리처분인가 이전이 단기투자를 할 수 있는 마지막 기회다. 또한 이 시기에는 이주비대출을 활용할 수 있기 때문에 초기투자금이 줄어들어서 투자자들이나 실수요자들이 많이 몰린다. 이때가 입주 전에 마지막으로 좋은 매도 타이밍이다.

◀◀ 3차 매수 타이밍

관리처분인가 전후 시기가 초보투자자들이나 안전한 투자를 원하는 투자자들, 실거주를 원하는 실수요자들에게 추천하는 안전투자의 핵심 매수 타이밍이다. 관리처분계획이 수립되면 조합원분양가, 일반분양가, 예비비 등 각종 비용 계획을 세울 수 있는 근거가 생긴다. 이런 내용을 토대로 초기투자금이 얼마나 드는지, 분담금 등을 포함해 새 아파트를 받는 데 들어가는 총투자금은 얼마인지 정확히 계산할 수 있는 시기다. 관리처분인가가 났다는 것은 재개발사업의 위험성이 대부분 해소되고 사업의 80~90%가 진행됐다고 생각해도 된다.

따라서 안전한 투자를 하고 싶다면 관리처분인가가 나기 직전, 관리처분총회를 전후한 시기가 최적의 매수시기가 될 수 있다. 관리처분인가가 난 후에 또 한 번 가격이 상승하기 때문이다. 앞서 설명했듯이 투기과열지구 내에서 2018년 1월 24일 이후 사업시행인가를 신청한 구역에 대해서는 관리처분인가 이후 조합원 지위 양도가 금지되기 때문에 관리처분계획총회 전후, 관리처분인가 직전에 매수하는 것이 안전투자를 원하는 투자자나 실거주를 원하는 투자자에게 최적의 매수 타이밍이 될 수 있다.

◀◀ 3차 매도 타이밍

입주 이후로, 다만 이때도 바로 매도하는 경우, 본인이 입주하는 경우, 임대하는 경우로 구분된다. 바로 매도하는 경우에는 입주하자마자 매도하기보다는 3~6개월 공실로 두더라도 신축 시세가 안정될 때까지 기다렸다가 파는 것이 더 높은 가격을 받을 수 있는 전략이다.

본인이 입주하는 경우에는 신축 가격 상승 효과를 누리면서 거주하면 되고, 임대하는 경우는 전세를 두 바퀴(4년) 정도 놓은 후 매도하는 것이 가장 좋은 가격을 받을 수 있는 전략이다.

과거에는 입주시기에 아파트 가격이 한 번 상승했다면, 요즘은 입주후 4~5년이 지날 때까지 상승세가 이어지는 경우가 많다. 신축 아파트를 원하는 사람들이 많기 때문이다. 따라서 재개발 투자에서 최적의 매도시기는 입주 4년 후 정도다.

입주시기에는 세입자를 찾는 매물이 동시에 쏟아져 나오면서 전세가가 하락할 수 있다. 전세가가 내려가는 만큼 투자금이 더 들 수 있다. 그러나 입주 2년 후 전세 재계약을 하는 시점에는 전세 물건이 안정되면서 전세가가 상승해 투자금을 회수하는 경우가 많다. 따라서 특별한 경우가 아니라면 입주시기에 일단 실입주를 해서 조정지역 양도세 비과세 요건인 실거주 2년을 채우고 전세를 놓게 되면 양도세 비과세 요건도 미리 충족하면서 전세가도 처음부터 높게 받을 수 있는 일석이조의 전략이 될 수 있다.

2020년 7월 31일부터 시행되고 있는 '임대차 3법'으로 인해 전세가가 나날이 상승하고 있다. 이로 인해 전세가와 신축 아파트 가격 상승은 더욱 가속화될 것이다. 이는 새 아파트에 입주할 수 있는 재개발 물건의 가격 상승으로 이어질 확률이 높다.

재개발구역 빌라 투자의 장단점

재개발사업에서 말하는 빌라는 다세대주택으로, 하나의 건물에 여러 가구가 살 수 있도록 건축된 4층 이하의 영구 건물이다. 주택별로 분리해 등기할 수 있으며 매매 또는 소유의 한 단위를 이룬다(네이버 지식백과).

다세대주택과 이름이 비슷한 다가구주택도 있다. 다가구주택은 단독주택 하나에 여러 가구가 독립적으로 거주할 수 있는 구조로 만들어진 주택의 한 유형이다(네이버 두산백과). 다가구주택은 단독 소유이며 여러 가구가 살아도 분양할 수 없다. 반면 다세대주택은 각각의 가구가 소유하며 분양이 가능하다. 다세대주택은 단독주택이나 다가구주택보다 초기투자금이 적게 들어가고, 시설관리나 임대관리가 쉬워 초보투자자들이 접근하기 쉽다. 그러나 다가구주택은 세입자가 많아 수리를 해주거나 임대차계약을 해야 하는 일이 빈번하다.

다세대주택은 다가구주택에 비해 관리가 수월하고, 공동주택이므로 대지권을 대지 지분 형태로 소유한다. 따라서 토지에 비해 대지 지분에 대한 평당 감정평가액도 큰 편이다. 다세대주택은 주차 공간이 해결되고 내부 수리를 깔끔하게 하면 직접 살면서 이주시기까지 기다리는 전략, 이른바 '몸테크'가 가능하다. 조정지역 1

주택자는 이렇게 실거주 요건 2년을 채우면 양도소득세 비과세 혜택을 누릴 수 있다.

재개발구역의 빌라는 투자금이 적게 들어가고, 이는 매도할 때도 장점이 될 수 있다. 필요한 투자금이 적으면 내 물건을 매도할 때도 사고자 하는 수요가 많기 때문이다. 다만 대지 지분이 너무 적은 빌라는 조합원분양 신청(평형 배정)을 할 때 권리가액 순위에서 밀려 원하는 평형을 배정받지 못할 수 있다. 그러므로 큰 평형을 배정받고 싶다면 감정평가액이 너무 낮은 빌라는 피해야 한다.

빌라는 조합설립인가 전후부터 관리처분인가 전후까지 모든 시기가 매수 적기다. 단, 관리처분인가가 난 후 이주시기에 감정평가액이 작은 빌라를 살 때는 추가로 투자금이 필요할 수 있다. 임차인에게 돌려줄 임대보증금이 받을 수 있는 이주비대출 금액보다 많다면 추가적으로 금액이 더 필요하기 때문에 미리 자금계획을 세워야 한다.

빌라는 투자금액이 적어 매수할 때도 부담이 적고 매도할 때도 내 물건을 받아줄 수요가 많아 초보투자자나 소액투자자에게 적합한 물건 유형이다.

인천 재개발 빌라

인천은 수도권에서도 재개발사업이 가장 활발히 진행되고 있는 도시다. 내가 처음 재개발 투자를 했던 빌라는 미추홀구의 재개발구역으로, 인근에 인천지방법원과 큰 공원이 있어서 새 아파트가 지어지면 수요가 풍부하리라 예상하고 수차례의 임장을 통해 프리미엄이 가장 저렴한 매물에 투자했다.

나는 매수하기 전부터 매도시기를 정하고 매수 결정을 한다. 이 물건은 2019년 12월에 일반분양이 계획돼 있었기 때문에 청약하려는 이들과 투자자들의 관심과 수요가 집중되는 일반분양 시기에 매도하려고 계획하고, 2018년 5월에 계약을 해서 6월에 잔금을 치렀다.

빌라의 매매가는 8,700만 원으로 감정평가액이 6,200만 원, 프리미엄이 2,500만 원이었다. 이주시기에 지급하는 이사비를 받는 조건으로 계약했기 때문에 매매가를 500만 원 낮추는 효과도 얻었다. 또한 59m² 분양을 신청한 물건으로, 59m²의 조합원분양가는 2억 6,000만 원이었고 주변 신축 아파트 시세를 참고했을 때 입주 시 예상 시세는 3억 7,500만 원 정도였다.

입주 시까지 보유하는 경우에는 수익 분석을 해야만 일반분양 시기에 내 물건을 매수하는 사람의 기대수익을 예측해시 나의 예상 수익을 구할 수 있다.

중간에 매도하는 경우에는 내 물건을 매수하는 사람에게도 '먹을 것'을 남겨놔야

내 물건을 팔 수 있다. 매수자 입장에서도 매수하는 시점에서의 기대(확정)수익

이 있어야 매수를 결정하는 것이다.

정리하면, 다음과 같은 이유로 이 물건에 대한 투자 결정을 하게 되었다.

- 소액으로 접근 가능
- 임차인이 이미 이사를 나간 상황이어서 임대관리가 필요 없음
- 관리처분인가 이후 대부분의 리스크가 해소된 안전투자 단계의 투자
- 이주비대출을 활용할 수 있어 투자금 최소화 가능
- 단지 바로 옆에 인천지방법원과 큰 공원이 있어 향후 수요가 풍부할 것으로
  예상
- 1년 6개월 뒤 일반분양 시기에 매도하면 100% 가까운 수익률 예상

당시 내가 했던 수익 분석 내용을 공개하면 다음과 같다.

입주 시까지 보유한다고 가정했을 경우다.

초기투자금=매매가－레버리지

=8,700만 원－3,720만 원(이주비대출)－500만 원(이사비)

=4,480만 원

분담금=조합원분양가－권리가액

=2억 6,000만 원－6,200만 원=1억 9,800만 원

총투자금=조합원분양가+프리미엄

=2억 6,000만 원+2,500만 원=2억 8,500만 원

=매매가+분담금

=8,700만 원+1억 9,800만 원=2억 8,500만 원

예상 수익=입주 시 예상 가격-총투자금

=3억 7,500만 원-2억 8,500만 원=9,000만 원

즉, 입주 시까지 보유하면 4,480만 원을 투자해서 9,000만 원 정도의 수익이 난다는 계산이 나왔다. 하지만 일반분양 시기에 매도할 계획이었기 때문에 9,000만 원의 예상 수익 중 4,500만 원 정도만 내가 취하고 나머지 4,500만 원 정도는 매수자에게 기대수익으로 줘야만 매도가 쉬우리라 생각했다. 결과적으로 투자금 대비 100%가량의 수익을 얻었다. 4,000만 원대 소액 투자로 1년 6개월 만에 투자금만큼의 수익을 얻었으니 첫 번째 결과물로는 만족스러웠다.

STEP
3

내게 딱 맞는
투자지역 찾기

어떻게 찾아야 할까

재개발 투자가 마냥 오래 걸리는 것도 아니고, 무조건 돈이 많이 들어가는 것도 아니며, 공부하면 그리 어렵지도 않다는 것을 경험하고 나니 경매 투자와는 또 다른 매력을 느끼게 됐다.

경매 투자는 현 시세보다 싸게 낙찰받기 때문에 현재가치에 대한 확정수익을 안고 가는 투자이고, 재개발 투자는 미래의 새 아파트를 현재가치로 매수해서 미래가치에 대한 확정수익을 안고 가는 투자라는 면에서 닮은 면도 있었다. 이렇게 부동산 투자의 큰 방향은 경매에서 재개발로 바뀌었다.

2013년 수도권 역세권 아파트에서 경매 투자로 시작해 서울 역세권 중소형 아파트를 집중 공략해 자산을 늘린 경험을 이어나가 서울의 재개발구역들에 관심을 갖고 공부하기 시작했다.

서울에서도 재개발사업이 활발히 진행되고 있는 곳이 많았다. 핵심 입지부터 소액으로 접근할 수 있는 외곽까지 차례대로 조사하고 공부해나갔다. 이 과정에서 입지가 좋을수록, 재개발 단계가 후반부로 갈수록, 사업 속도가 빠를수록 프리미엄이 높게 형성돼 있음을 확인했다.

두 번째로 재개발 투자를 했던 곳은 노원구로, 서울 외곽인 데다 진행 단계도 초기(조합설립 이후)라 가격이 저렴했다. 하지만 인근 창동역 일대 개발계획과 동북선 경전철 개통, 4호선 연장 등 개발 호재가 많아 시간이 지나면 큰 수익이 예상되는, 아직 너무 저평가되어 있는 알짜배기 지역이라고 판단했다. 서울에서 첫 번째 재개발 투자를 하기에 딱 맞는 지역이었다.

하루가 멀다 하고 재개발구역 구석구석을 조사하면서 수많은 중개사들로부터 관련 정보도 얻고 투자가치가 있는 매물도 많이 추천받았다. 그중에서 나름대로 비교하고 분석해서 최종적으로 투자를 결정한 매물은 다가구주택이었다.

두 번째 재개발 투자는 첫 번째와 많은 면에서 달랐다. 첫 번째는 지인 추천으로 시작한 투자였고, 수도권이었으며, 빌라였고, 관리처분인가 이후로 감정평가액이 정해지고 조합원 평형 신청이 끝난 후의 안전한 투자였다.

하지만 두 번째는 스스로 조사하고 공부한 투자였고, 서울이었으며, 다가구주택이었고, 조합설립 이후로 감정평가액이 정해지지 않고 조합원 평형 신청도 이뤄지기 전의 초기 단계 투자였다.

이때 스스로 재개발구역을 검색하는 방법을 터득했고, 임장 방법을 익혔으며, 중개사를 활용하는 전략도 늘었다. 또한 첫 번째 투자 때는 정해진 감정평가액으로 수익 분석을 했지만 두 번째는 추정 감정평가액을 구하는 방법을 공부하고 이를 투자에 적용하는 연습을 수없이 반복했다. 다가구주택 투자의 장단점도 직접 경험하게 됐다.

그럼 지금부터 서울 재개발구역을 어떻게 검색했고, 어떤 기준으로 투자지역을 선정했으며, 임장은 어떤 방법으로 했는지, 중개사 활용은 어떻게 했는지 알려드리겠다. 또한 감정평가가 이뤄지지 않은 물건에 대해 어떻게 추정 감정평가를 하는지, 재개발구역 내 다가구주택에 투자할 때의 장단점은 무엇인지 내가 직접 경험한 내용을 바탕으로 차근차근 설명해드리겠다.

◀◀ 재개발 진행 중인 구역 찾는 법

전국 각 지역에서 재개발·재건축 등의 정비사업이 진행되고 있다. 정비사업은 해당 지자체의 승인을 전제로 하기 때문에 지자체 홈페이지나 지자체에서 운영하는 별도의 사이트를 통해 관련 정보를 제공하고 있다.

서울 : 클린업시스템

클린업시스템은 정비사업이 진행되는 과정을 공개하고 실태를 관리감독하기 위해 서울시에서 운영하는 공식 홈페이지다. 클린업시스템을 통해 서울시에서 진행되는 재개발·재건축 사업을 찾을 수 있고, 관심 있는 지역을 클릭하면 그 지역에서 진행되는 사업을 볼 수 있다.

한 예로 2020년 상반기에 송파구 신천동을 선택하니 재건축이 진행

□ 그림 3-1 클린업시스템 홈페이지

출처 : 클린업시스템

□ 그림 3-2 단지별 진행 단계의 예

출처 : 클린업시스템

⬇ 그림 3-3 단지별 정보

출처 : 클린업시스템

되는 단지가 세 곳이 검색됐다. 단지별 진행 단계도 알 수 있었다. 장미 1·2·3차 아파트는 추진위원회가 승인됐고 잠실미성아파트, 크로바아파트, 잠실진주아파트는 관리처분인가까지 확정된 것을 알 수 있다.

개별 조합 정보를 클릭하면 주요 추진 내용의 날짜가 표시돼 있어 진행 단계별로 걸린 시간을 토대로 사업 속도가 빠른지 지연되는지도 파악할 수 있다. 일반에 공개되는 자료는 현재 진행 단계와 조감도 등 기본적인 정보다. 조합원 인증을 하고 로그인하면 조합원은 더 상세한 정보를 확인할 수 있다.

경기 : 경기도 홈페이지

경기도에서 진행되는 재건축·재개발 사업 정보는 '경기도 홈페이지'

경기도 일반정비사업 추진현황 세부내역(2017년 3/4분기 자료)

연번	시군	사업단계	사업유형	정비구역명	위치	구역면적(㎡)	기존주택준공연도	동수	기존주택 세대수					
									계	~40㎡	40~60㎡	60~85㎡	85~135㎡	135㎡~
연번	시군	사업단계	사업유형	378개 구역	위치	구역면적	기존주택준공	기존주택동수	기존주택계	기존주택40	기존주택60	기존주택85	기존주택135	기존주택초과
						23,012,984		67,880	334,534	98,515	95,745	102,808	299.95	7,471
1	수원시	예정구역	재건축	권선1구역(동남아파트)	권선구 서둔동 361	16,525	1987	7	380			380		
2	수원시	예정구역	재건축	권선2구역(성일아파트)	권선구 서둔동 361-1	16,523	1987	6	370	370				
3	수원시	예정구역	재건축	영진3구역(원천주공)	원천동 35번지	48,248	1987	8	1,320	810		390	120	
4	수원시	예정구역	재건축	팔달2구역(성매매집결지)		22,662								
5	수원시	예정구역	재건축	113-8	권선구 고색동 88-1일원	91,850	1978-2005	373	1,018	51	305	509	102	51
6	수원시	예정구역	재건축	113-10	권선구 고색동 74-1일원	116,090	1961-2007	354	764	38	229	383	76	38
7	수원시	정비구역	주거환경관리	매산지구	매산로3가 109-2번지 일원	949.96	1955-2013	678	1,247	1,247	면적구분없음			
8	수원시	추진위원회	재건축	영통1구역	영통구 매탄동 173-50 일원	51,702	1980-2011	157	907	45	272	454	91	45
9	수원시	조합설립	재건축	영통2구역(매탄주공4,5단지)	영통구 매탄동 897	210,185	1985	57	2,440		1,164	132	1,008	136

출처 : 경기도 홈페이지

에서 확인할 수 있다. 분기별로 진행 상황이 엑셀 파일로 올라온다. 잘 정리된 엑셀 파일에서 관심을 두고 있는 구역과 지역을 검색하면 된다.

인천 : 인천광역시 추정분담금 정보시스템

인천광역시 추정분담금 정보시스템은 자세한 구역별 정보는 담고 있지 않지만, 인천의 모든 구역을 일목요연하게 정리해두어 한눈에 살펴볼 수 있다.

⏬ 그림 3-5 인천광역시 추정분담금 정보시스템

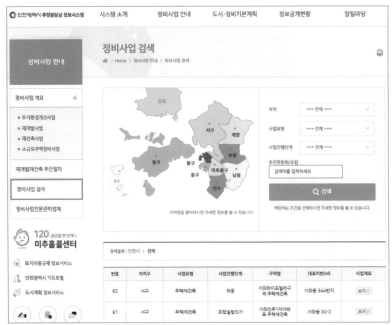

출처 : 인천광역시 추정분담금 정보시스템

지자체 홈페이지

기타 지역은 해당 군청이나 시청 홈페이지에 접속해 확인할 수 있다.

- **대전광역시**

  대전광역시 홈페이지 https://www.daejeon.go.kr

- **대구광역시**

  대구광역시 홈페이지 http://www.daegu.go.kr

- **부산광역시**

  부산광역시 정비사업 통합홈페이지 http://dynamice.busan.go.kr

사전 조사 및 임장 방법

02

부동산 투자를 할 때 현장에 직접 가서 지역과 물건에 대해 조사하는 것을 임장이라고 한다. 임장은 투자 과정에서 아주 중요한 활동으로, 임장을 꼼꼼하게 하면 투자에 실패할 확률이 줄어든다. 재개발 투자와 관련된 임장을 손품 활동(사전 임장)과 발품 활동(현장 임장), 임장 보고서 작성으로 나눠 살펴보겠다.

◀◀ 손품 활동(사전 임장, 사전 조사)

인터넷으로 알아볼 수 있는 정보는 미리 조사한 뒤 현장에 가는 것이 좋다. 대략적인 정보를 숙지하고 중개소나 조합 사무실을 방문해야 시간 낭비 없이 필요한 사항을 빠르게 확인할 수 있고 현장에서만 얻을 수 있는 정보를 파악하기가 수월하다.

STEP
3

네이버 검색창에 관심 있는 재개발구역을 입력하면 해당 구역에서 중개소를 운영하는 중개사들의 블로그를 쉽게 발견할 수 있다. 해당 구역에 대해 자세하게 설명해둔 블로그 몇 개만 집중적으로 숙지해도 매물 현황, 가격 등 기본적인 정보를 알 수 있다.

이때 확인할 정보가 입지, 진행 상황, 개발 호재와 악재, 조합원 수, 전체 세대수, 구역별 프리미엄 시세, 매물 현황 및 시세, 인근 신축 시세 등이다. 여기서 중요하게 체크해야 할 부분이 입지와 전체 세대수 대비 조합원 수, 현 진행 단계와 향후 계획이다.

재개발 투자에서 가장 중요한 세 가지가 입지, 사업성, 사업 속도다. 이 세 가지 조건이 훌륭하면 투자가치가 있다고 판단한다. 따라서 교통, 직주 근접성, 학군 등의 요소가 포함된 입지를 꼼꼼히 조사해야 한다. 또한 가장 쉽고 정확하게 사업성을 파악할 수 있는 전체 세대수 대비 조합원 수를 확인해야 한다. 일반분양이 많아야 사업성이 높기 때문이다. 그리고 현재 진행 단계를 확인하고 사업 속도를 예측할 수 있는 향후 계획을 파악하는 데 중점을 둬야 한다.

본격적으로 현장에 나가기 전에 정보를 얻는 과정을 순서대로 정리하면 다음과 같다.

서울시 클린업시스템에서 구역 선별

서울에서 진행되는 재개발구역을 찾고 사전 조사를 할 때는 먼저 클린업시스템 홈페이지에 접속한다. 클린업시스템 화면 중간에 있는 검색창을 통해 서울시의 한 구를 선택해 재개발구역을 검색할 수도 있고,

재개발 진행 단계를 선택해서 구역을 검색할 수도 있다. 이 두 가지를 모두 적용해서 검색할 수도 있다.

노원구를 선택해 조합설립인가 이후 단계의 재개발구역을 검색하면, 상계동의 재개발구역들이 나온다. 이 중에서 상계 2구역을 선택하면 다음과 같은 화면이 나온다.

이제 상계 2구역에 관한 정보를 검색해서 필요한 내용을 메모하거나

⬆ **그림 3-6 클린업시스템 구 선택 화면**

출처 : 클린업시스템

⬆ **그림 3-7 클린업시스템 노원구 선택 화면**

출처 : 클린업시스템

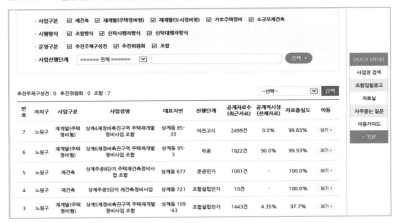

출처 : 클린업시스템

정리하면 된다. '조합 안내' 메뉴에 들어가서 현장에 갈 때 참고할 조합의 위치와 연락처를 파악한다. '사업 현황'에서는 사업 개요를 보면서 조합원의 수와 분양하는 세대수를 파악한다. 조합원 수 대비 일반분양 세대수가 많아야 사업성이 높다. 이것으로 사업성이 좋은 구역인지 아닌지 1차로 파악할 수 있다.

'사업 현황' 탭에서 위치도, 조감도, 배치도, 추진 경과 등을 살펴본다. 특히 '주요 추진 경과'에서 단계별 기간을 자세히 볼 필요가 있다. 해당 구역의 사업이 어느 단계에서 속도가 지연됐는지, 현재 단계에는 얼마나 머물러 있는지, 향후 남은 단계는 무엇인지 등을 파악해서 사업 속도와 진행 단계를 알 수 있기 때문이다. 사업 속도 역시 재개발구역의 사업성을 판단하는 데 중요한 요소다.

포털사이트에서 해당 구역 검색

클린업시스템(또는 지자체 홈페이지)을 통해 관심 있는 재개발구역에 대해 대략 알았다면, 더 자세한 정보를 조사해야 한다. 포털사이트에 해당 구역의 지역명을 입력하면 블로그, 임장 후기, 투자 후기 등을 발견할 수 있다.

해당 구역의 중개사들이 운영하는 블로그에 들어가면 재개발구역에 대한 설명뿐 아니라 매물 정보를 알 수 있다. 매물 정보에는 매물 유형, 매매가, 프리미엄, 감정평가액, 평형 배정, 실투자금 등이 나온다. 이런 여러 블로그에 들어가서 괜찮은 매물을 메모한다(매물의 가치를 판단하는 요령은 'STEP 5. 수익률 분석 연습하기' 참고). 중개소 전화번호도 메모해두고 전화 임장 시 활용한다.

◪ 그림 3-9 포털사이트에서 관심 구역 검색

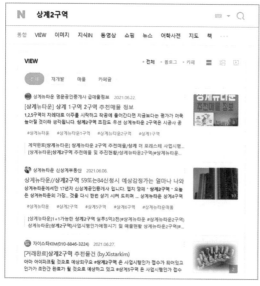

출처 : 네이버

재개발 관련 블로그 활용

재개발구역이나 물건을 검색하다 보면 정보의 양이나 질이 아쉬울 때가 많다. 내가 자주 활용하는 관련 블로그를 소개한다.

- **부동산 성공투자의 미래**(https://blog.naver.com/olpark01)

  1만 5,000여 명의 구독자를 보유한 투미부동산의 블로그. 서울 및 수도권의 재개발구역에 대한 상세한 정보를 일목요연하게 정리했다. 투미TV 유튜브 영상은 재개발구역에 대한 대략적인 공부를 하기 좋다. 특히 김제경 소장의 친절한 안내와 해박한 지식은 투자자들에게 큰 도움을 준다.

- **하우징포스트**(https://blog.naver/housingpost)

  서울 및 수도권의 재건축·재개발 구역에 대해 상세한 정보를 잘 정리해둔 블로그다. 조감도, 추진 절차, 구역 지도, 개발 호재, 사업 개요, 예상 분양가, 인근 시세 등을 보기에 편리하다.

- **호두네 부동산**(https://blog.naver.com/mika6769)

  서울 및 수도권의 재개발구역 정보를 자세히 설명하고 있는 블로그다. 해당 구역에 대한 설명과 함께 실제로 필요한 투자금이나 현시점에서의 프리미엄 등을 알려주고 있기 때문에 투자하는 데 많은 도움이 된다.

■ 그림 3-10 네이버 부동산 신축 아파트 시세 조사

출처 : 네이버 부동산

해당 지역 신축 아파트 시세 조사

재개발 투자는 미래가치를 현재가치로 미리 사는 것이기 때문에 미래의 새 아파트 가격을 예측할 수 있어야 한다. 이를 위해서 인근의 신축 아파트 시세를 조사해야 한다. 현재 형성돼 있는 인근 신축 아파트 시세를 기준으로 재개발구역 물건이 새 아파트가 됐을 때의 수익이 얼마 정도일지 파악하는 과정이다. 해당 지역의 신축 아파트 시세를 알아보려면 네이버 부동산(land.naver.com)과 호갱노노(hogangnono.com)를 동시에 활용하면 효율적이다. 네이버 부동산은 현재 거래되는 매물의 가격을 파악하기 쉽고 호갱노노는 입주시기, 세대수, 전세가율, 전세가와 매매가의 차액 등 여러 가지 조건으로 검색할 수 있다.

사전 전화 임장

해당 구역에 대한 정보를 대강 파악했다면 이제 임장을 가야 한다. 그 전에 중개사 블로그에 나온 연락처를 이용해 전화 임장을 먼저 한다.

"○○구역에 관심이 있어서 방문하려고 하는데 현재 분위기는 어떤가 요?"

"현재 거래 가능한 매물은 어떤 것들이 있을까요?"

"최근 프리미엄의 가격 흐름은 어떤가요?"

"재개발 물건이 매매되는 속도는 어떤가요?"

"투자금이 ○○ 정도인데 이 금액에 맞는 매물이 있나요?"

"○○일 ○○시쯤 방문해도 될까요?"

이처럼 전화를 해서 사전에 조사한 내용을 확인하고 현재 시장 분위기 도 물어보는 것을 전화 임장이라고 한다. 한 번 임장을 갈 때 최소한 세 군데 이상의 중개소는 방문한다고 마음먹고, 서너 군데 정도는 전화 임 장을 하고 구체적인 방문 일정을 잡는 것이 좋다.

효율적인 임장 동선 짜기

방문할 중개소의 위치를 네이버 지도 등을 통해서 파악하고 조합 사 무실에도 전화해서 운영시간과 위치 등을 문의한다. 그리고 중개소와 조합의 거리, 지하철역이나 버스정류장과의 거리 등을 고려해 최적의 동선을 짠다. 그러지 않으면 현장에서 우왕좌왕하며 시간을 낭비할 수 있다. 또한 도보로 이동할 수 있는 거리만큼 재개발구역 방문을 계획 하고 인근 맛집 정보를 미리 파악해서 가기를 추천한다. 그러면 임장 을 하면서 지치거나 배가 고플 때 맛있는 음식으로 에너지를 충전하 고 기분 전환도 할 수 있다.

이제 직접 발로 뛸 차례다.

해당 구역 방문

나는 임장 시 대중교통을 이용한다. 지하철역에서 해당 구역까지 도보로 얼마나 걸리는지 확인하기 위해서다. 재개발구역의 골목골목을 걸어 다니며 다세대주택이 많은지 단독주택이나 다가구주택이 많은지도 파악한다. 구역 내에 가장 많은 유형의 주택을 소유한 이들의 의견이 조합에 반영될 확률이 높기 때문이다.

종교시설이나 상가가 얼마나 있는지도 파악한다. 종교시설은 대체시설이나 높은 이전비를 요구하는 경우가 많아 조합에서 어려움을 겪는 일이 잦다. 또한 상가는 감정평가를 할 때 권리금을 인정하지 않는데, 이로 인해 이주할 때 장애가 될 수 있다.

중개소 방문

나는 현장에 한 번 갈 때 서너 군데 이상의 중개소를 방문한다. 미리 전화 예약을 했던 곳은 물론이고, 구역을 걸어 다니다가 발견하는 토박이 중개소에 반드시 들어간다. 겉모습이 허름해 보인다고 그냥 지나치면 안 된다. 해당 구역에서 오랫동안 영업해온 곳일수록 주민들과 유대관계가 돈독해 원조합원의 매물을 많이 보유하고 있을 가능성이 높다. 일반 아파트 중개와 달리 정말 좋은 재개발 매물은 공동중개를 하지 않는 편이어서 되도록 여러 중개소를 방문해 매물을 비교하고 다양한 시각의 정보를 듣는 것이 좋다.

조합 방문

나는 해당 구역의 사업 진행 상황이나 향후 계획을 듣기 위해 조합 사무실에 꼭 방문한다. 중개사와 조합에서 말하는 정보가 다를 때도 있으니 둘 다 방문해서 크로스체크를 해야 한다. 조합 사무실에서 파악해야 할 정보는 예상 비례율, 사업 단계별 예상 달성 시기, 예상 일반분양가, 예상 조합원분양가, 비대위 활동 상황 등이 있다. 조합은 진행 속도나 이주시점 등을 보수적으로 말하는 경향이 있고, 중개사들은 재개발 매

◐ **재개발구역에 대해 조사해야 하는 항목**

① 개발 호재와 악재
② 현재 진행 단계
③ 향후 사업 단계별 예상 달성 시기
④ 총세대수(조합원 세대수＋일반분양 세대수＋임대주택 수)
⑤ 예상 비례율
⑥ 평형별 예상 조합원분양가와 예상 일반분양가
⑦ 평형별 세대 평면도
⑧ 평형별 세대 구성
⑨ 서비스 제공 품목
⑩ 인근 신축 아파트 시세
⑪ 이주비 대출 조건 등

◐ **재개발 물건에 대해 조사해야 하는 항목**

① 매물 현황
② 감정평가액(추정 감정평가액)
③ 프리미엄
④ 프리미엄의 가격 흐름
⑤ 임차 현황
⑥ 대출 가능 여부
⑦ 초기투자금
⑧ 총투자금
⑨ 추가분담금
⑩ 입주 시 예상 시세 등

물 중개를 위해서 공격적으로 말하는 경향이 있기 때문에 양쪽의 의견을 종합해서 합리적으로 판단해야 한다.

◀◀ 임장 보고서 작성 및 활용

해당 구역에 직접 가서 필요한 정보를 취합하고 시장의 흐름을 파악했다면 이제 임장 보고서를 작성한다. 조합에서 들었던 이야기와 여러 중개사가 준 정보를 나만의 자료로 바꾸는 것이다.

투자 여부를 더 정확히 판단하기 위해서라도 임장 보고서는 꼼꼼히 작성하는 것이 좋다. 현장에서 매물을 소개받았을 때는 A라는 매물이 더 매력적이었지만, 집에 와서 여러 매물을 놓고 투자금이나 레버리지 등을 비교해서 수치화하면 B라는 매물의 투자가치가 더 높은 경우도 많다. 형식에 맞게 빈칸을 채우면서 임장 보고서를 작성하는 동안 해당 구역과 접했던 매물에 대한 생각을 정리할 수 있다.

내가 현장에 다니며 만들고 지금도 활용하고 있는 임장 보고서 양식을 일부 공유하니 임장 후 꼭 활용해보기 바란다.

능력 있는 중개사 찾는 법

03

재개발 투자에서 투자자와 중개사의 관계는 굉장히 중요하다. 능력 있는 중개사를 만나 나의 투자 상황에 맞는 도움을 받을 수 있는지 없는지에 따라 투자의 성패가 갈리기도 한다. 나도 능력 있는 중개사에게 급매물을 소개받아 투자한 경험이 여러 차례 있다. 조합에서 대의원으로 활동하는 중개사에게 고급 정보를 얻기도 한다. 재개발 물건의 임대관리를 맡아서 해주는 중개사도 있다. 성공적인 재개발 투자를 위해 중개사와 서로 발전할 수 있는 관계를 맺는 것이 중요한 조건이 될 수 있다.

그래서 임장을 할 때 가장 신경 써야 하는 부분 중 하나가 현장에서 좋은 중개사를 찾는 것이다. 최종적으로는 중개사를 내 편으로 만들고 중개사가 가진 좋은 매물과 정보를 투자로 연결하는 것이다.

재개발구역을 다니다 보면 여러 유형의 중개사를 만날 수 있다. 중개사의 유형별 장단점과 유의점을 알아보자.

- **SNS 활동에 특화된 중개사**

해당 구역 정보를 발 빠르게 블로그에 올리는 중개사는 이웃 신청을 해서 주기적으로 업데이트되는 정보를 얻을 수 있다.

- **조합과 관련 있거나 대의원 등 조합 활동을 병행하는 중개사**

이런 중개사에게서는 조합의 최신 소식을 들을 수 있다. 이 정보를 바탕으로 사업의 진행 상황을 알고 빠르게 대응할 수 있다. 중개소에 주기적으로 방문하거나 종종 전화하면서 관계를 꾸준히 유지하자.

- **원주민들과 유대관계가 돈독한 토박이 중개사**

중개소는 오래돼 허름해 보여도 토박이 중개사로부터 의외의 급매물을 소개받는 경우가 많다. 이런 중개사와 돈독한 유대관계를 맺고, 급매물이 나오면 바로 사겠다는 의사 표시를 확실히 해두자.

- **적극적으로 투자를 권유하는 중개사**

"내 말 듣고 이 매물을 사면 돈 번다"고 호언장담하는 유형의 중개사는 투자 경험도 있고 다양한 매물을 보유하고 있을 때가 많다. 이때는 중개사의 다양한 매물을 안내받고 이를 비교하는 쪽으로 활용하자. 적극적으로 투자를 권유한다고 비교나 분석도 하지 않은 채 중개사의 말만 믿고 섣불리 투자하지는 말자.

- **해당 구역의 재개발사업에 이해도가 떨어지는 중개사**

가끔 '어떻게 나보다 더 모를 수 있지?'라는 생각이 들 만큼 해당 구역에 대한 관심과 이해가 부족한 중개사가 있다. 이런 중개사를 만나면 정중히 인사하고 바로 다음 중개소로 발길을 돌려야 한다. 군이 시간을 낭비할 필요가 없다.

이제 막 재개발 투자에 관심을 갖게 된 투자자는 중개소에 들어가서 무엇을 물어봐야 하는지, 어떤 모습을 보여야 하는지 궁금할 것이다. 우선 "해당 구역에 대해서 조사했는데 내 투자금과 맞고 전망이 좋아 보여 방문했다"고 말하면서 자연스럽게 대화를 시작한다. 그리고 현재 진행 단계, 재개발사업에 대한 주민들의 호응 정도, 이주할 때까지 남은 예상 기간, 총세대수 대비 조합원 비율, 최근 프리미엄과 가격의 흐름, 매물 유형별 프리미엄 차이와 가격, 예상되는 조합원분양가, 일반분양가, 평형별 세대수, 조합원 혜택, 이주비대출 조건, 인근 신축 시세, 입주 시 예상 가격 등 전체적인 정보를 물어본다.

그다음으로는 현재 나와 있는 매물에 대한 정보를 듣고 각각의 매물을 비교하는 데 중점을 둔다. 매물의 가격, 감정평가액 또는 예상 감정평가액과 그 근거, 임차 현황, 대출 가능 여부, 적정 임대가, 수리 상태, 예상 분담금, 분담금 납부 조건을 파악하려고 노력하고, 다른 물건과 프리미엄, 초기투자금 및 총투자금을 비교한다.

중개사가 일하는 가장 큰 목적은 중개수수료다. 중개수수료를 받으려면 일단 거래가 성사돼야 한다. 따라서 중개소에 들어가는 순간부터 나올 때까지 '좋은 매물을 소개해주면 언제든 바로 거래가 가능하다'는 인상을 남겨야 한다. 그래야 중개사도 급매물이 나왔을 때 가장 먼저 연락하게 된다.

"좋은 매물이 있으면 언제든지 투자할 수 있습니다"라는 두루뭉술한 말보다 "현재 투자금이 1억 원 있는데 다음 달에 아파트가 팔리면 3억 원까지 가용할 수 있어요"라든지 "5,000만 원 전후로 전세를 끼고 살 수 있는 빌라가 있을까요?" "임대가 잘 맞춰져 있는 월세 나오는 다가구주택이 있을까요?" "1 + 1 물건을 받을 수 있는 감정평가액이 큰 매물이 있을까요?" "준공되면 거주할 생각이에요. 34평을 배정받을 수 있는 매물로 추천해주세요" 등 구체적인 조건을 알리는 것이 중요하다. 그래야 중개사도 '이 사람은 정말 매수 의사가 있구나'라고 생각하고 조건에 맞는 매물을 적극적으로 소개한다.

나는 첫 번째 임장에서 생각이 잘 맞고 도움이 될 것으로 판단되는 중개사를 만나면 두 번째 방문할 때 빈손으로 가지 않고 반드시 음료수를 사서 간다. 작지만 성의를 표시할 때 돌아오는 정보와 매물의 질이 크게 달라지는 경험을 여러 번 했기 때문이다.

중개사 활용 팁

- 능력 있는 중개사를 발견하고 내 편으로 만들라.
- 중개사에게 질문할 때는 구체적인 조건을 말하라.
- 얼마의 투자금이 있는지 알리고, 조건이 맞으면 바로 매수하겠다는 의사를 적극적으로 표현하라.
- 능력 있고 매물도 많이 보유한 중개사를 알게 됐다면 두 번째 방문할 때 음료수라도 들고 가서 좋은 관계를 유지하라. 정보와 매물의 질이 달라진다.

프리미엄 계산하기

임장을 가면 가장 많이 듣는 생소한 단어 중 하나가 피(P), 즉 프리미엄
이다.

> "이 물건은 피가 얼마인데 현재 거래되는 피 시세보다 얼마가 싼 물건
> 이야."
> "이 빌라는 공동주택가격이 높아서 나중에 감평이 잘 나올 물건이야.
> 그만큼 추정 피를 싸게 매입할 수 있는 물건이니까 빨리 매수 결정을
> 해야 돼."

임장을 할 때 흔히 들었던 말들이다. 프리미엄은 조합원입주권이나 분
양권을 살 때 본래의 가치(감정평가액)보다 높은 가치를 인정해주는 금
액을 말한다. 흔히 '피'라고 하는데 정식 용어는 아니지만 투자자와 실

수요자, 중개사 모두 일반적으로 사용하는 말이기 때문에 알아두는 게 좋다. 프리미엄은 재개발사업 단계가 진행될수록 가격이 상승하는 특성이 있다. 입지에도 영향을 많이 받는다. 예컨대 성수전략정비구역이나 한남뉴타운처럼 입지가 훌륭한 곳은 사업 초기 단계부터 프리미엄이 높게 형성된다. 그렇지 않은 구역은 위험 부담이 있는 사업 초기에는 프리미엄이 거의 없다가 사업이 진행되면서 서서히 오르기도 한다. 매물의 종류나 특징에 따라 특정 단계에서는 프리미엄이 높게 형성되다가 어느 단계에서는 정체될 때도 있다.

또한 프리미엄은 부동산시장의 활성화 정도에 많은 영향을 받는다. 부동산시장이 뜨거운 시기에는 프리미엄의 상승 속도도 빠르고 상승 폭도 크다. 새 아파트에 대한 기대감이 커지기 때문이다. 반대로 경제 상황이 어렵거나 정부의 강력한 규제 등으로 부동산시장이 위축될 때는 프리미엄의 상승 속도가 더디고 상승 폭도 줄어든다. 이렇듯 프리미엄은 입지, 진행 단계, 매물의 종류나 특징, 부동산시장의 흐름 등 여러 가지 변수에 영향을 받는다. 지금부터 재개발 프리미엄이 형성되고 변화하는 과정을 살펴보겠다.

◀◀ 프리미엄의 형성과 변화 과정

프리미엄은 기본적으로 입지에 따라 출발점이 다르다. 서울의 입지 좋은 재개발구역은 조합설립 전후부터 이미 높은 프리미엄이 형성된다. 이렇게 입지가 좋은 곳은 조합설립인가 직전에 매수하는 것이 좋다. 조합설립인가 이후 프리미엄이 한 단계 상승하기 때문이다.

조합설립인가 단계

프리미엄은 단계적으로 상승한다. 조합설립인가 이후 사업시행인가 전까지 완만한 상승을 보이다가 사업시행인가 직후에 두 번째 상승을 보인다.

사업시행인가 단계

사업시행인가 직후에는 종전자산평가를 통해 조합원들에게 감정평가액을 통보하고 분양 신청을 통해 조합원들로부터 원하는 평형을 신청받는다. 이때가 전체 사업기간 중 재개발 물건 매매가 가장 많이 일어나는 시기다. 종전자산평가 전에는 감정평가액이 없으므로 추정 프리미엄으로 거래가 된다. 종전자산평가 후부터 비로소 매매가에서 감정평가액을 뺀 금액으로 프리미엄이 거래된다. "이 빌라는 프리미엄이 1억인 매물이에요", "이 다가구주택은 프리미엄이 2억인 매물이에요". 이런 식이다. 종전자산평가가 끝난 후에는 조합원 분양 신청이 진행되는데 이때부터는 프리미엄이 아닌 몇 평을 신청한 매물인지를 기준으로 프리미엄이 형성되고 거래된다. "이 빌라는 59a 타입으로 신청한 매물이에요", "이 다가구주택은 84+59a으로 신청한 매물이에요. 84a로 한 채 신청한 매물의 프리미엄과 비슷하니까 이 매물이 더 좋아요". 이런 식이다. 보통은 작은 평형보다 큰 평형을 신청한 매물의 프리미엄이 더 높게 형성된다.

관리처분인가 단계

투자자와 실수요자, 특히 실수요 위주의 매물 거래가 늘어나는 시기다. 관리처분인가를 받은 후에도 입주까지 이주, 철거, 착공, 준공을 거치면서 프리미엄은 완만하게 계속 상승한다. 일반분양 후에는 일반분양 당첨분인 분양권이 초기투자금이 적게 들어가기 때문에 조합원의 입주권보다 프리미엄이 높게 형성된다. 입주시기가 다가오면서 투자금은 비슷해지고 입주권의 장점들로 인해 입주권의 가치가 올라가 분양권보다 입주권의 프리미엄이 더 높게 형성된다.

그림 3-11 프리미엄 형성 과정

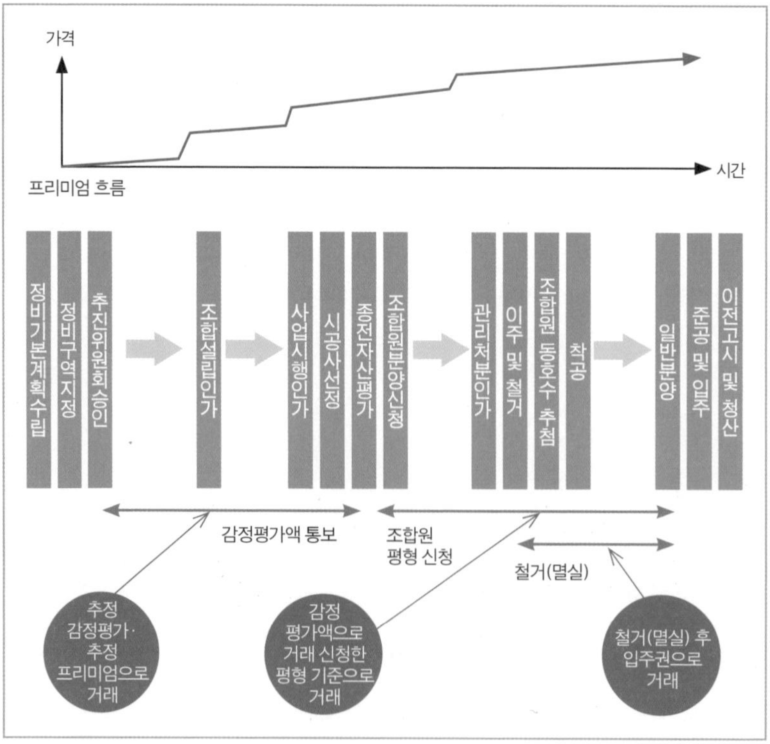

◀◀ 사업시행인가 이후 프리미엄이 상승한다

프리미엄 형성 과정에서 사업시행인가 전후가 중요한 이유는, 사업시행인가 직후에 진행되는 종전자산평가와 조합원분양 신청 때문이다. 종전자산평가란 조합원이 보유한 부동산의 가치를 평가해 감정평가액을 통보하는 과정인데, 이때부터 감정평가액을 기준으로 매물이 거래되는 것이다.

이전까지 빌라는 공동주택가격을 기준으로, 단독주택은 공시지가와 건물 연식으로 토지와 건물을 추정 감정평가해서 추정 프리미엄으로 거래했지만 이제부터는 정확한 감정평가액을 근거로 프리미엄이 형성되고 입지와 사업 속도를 반영한 가격이 거래 기준이 된다.

종전자산평가 후에는 바로 조합원분양 신청이 진행된다. 조합원이 가진 부동산의 권리가액(감정평가액)을 기준으로 우선순위를 매겨 원하는 평형을 신청받는 과정이다. 조합원의 신청이 받아들여지면 이때부터는 몇 평을 신청한 매물인지를 기준으로 프리미엄이 달라진다. 일반적으로 작은 평형보다는 큰 평형을 신청한 매물의 프리미엄이 더 높게 형성되고 시간이 갈수록 격차는 더 벌어지는 경향을 보인다.

사업시행인가 직후는 사업에 대한 불확실한 요소였던 감정평가액과 신청 평형이 확정되면서 실수요자와 투자자들이 몰리고 매물 거래가 가장 활발해지는 시기다. 이때 관심 있는 구역의 프리미엄 변화를 잘 관찰하면서 자신의 조건(투자금, 원하는 평형, 매물 유형 등)에 맞는 매물을 매수하는 것이 재개발 투자의 가장 효율적인 매수 타이밍 중 하나다.

매물 분석하기

나는 인천 빌라는 관리처분인가 이후에, 노원구 다가구주택은 사업시행인가 이전에 매수했다. 이 두 투자의 가장 큰 차이점은 조합에서 통보한 정확한 감정평가액을 알고 투자했느냐, 스스로 추정 감정평가를 해서 투자했느냐다.

관리처분인가 이후에 하는 투자는 대부분의 리스크가 해소된 상태에서 하는 안전투자이고, 종전자산평가 이전에 하는 투자는 추정 감정평가를 통해 수익 분석을 해야 하는 초기투자다.

종전자산평가가 돼야 감정평가액을 알 수 있고, 감정평가액을 알아야 프리미엄이나 분담금을 파악할 수 있으며, 그래야 예상 수익(률)을 계산할 수 있다. 종전자산평가 전에는 스스로 대략적인 평가를 하고 여기서 도출된 추정 감정평가액과 추정 프리미엄을 기준으로 투자 여부를 결정하면 된다.

재개발 투자의 종류

- **초기투자 : 조합설립 전후~사업시행인가(감정평가 전)**
  일정 부분 리스크를 감수하면서 큰 수익을 기대하는 투자라고 할 수 있다. 리스크는 있지만 높은 수익을 기대할 수 있는 방법으로, 경험 많은 투자자나 장기투자자에게 적합하다.
- **안전투자 : 관리처분인가 이후(또는 최소한 종전자산평가 이후)**
  대부분의 리스크가 해소되는 단계의 안전한 투자 방법이다. 경험이 없는 초보투자자와 실수요자에게 적합하다.

그래서 사업시행인가 직후 실시하는 종전자산평가 시점이 되면 정확한 계산을 하고 투자할 수 있는 환경이 조성된다. 나는 이 시점을 기준으로 그 전에 투자하는 것을 초기투자, 이후에 투자하는 것을 안전투자로 구분한다.

◀◀ 초기에 투자한다면

사업시행인가가 나면 곧바로 종전자산평가를 한다. 초기투자는 종전자산평가 전에 투자하는 것이다. 종전자산평가가 이뤄지지 않았다는 것은 정확한 감정평가액을 알 수 없다는 것이고, 정확한 프리미엄도 계산할 수 없다는 것이다.

이 시기에는 감정평가액을 추정해야 하는 리스크가 있지만 그만큼 프리미엄이 덜 붙은 상태여서 상대적으로 적은 금액으로 투자할 수 있다.

초기투자를 할 때 고려해야 할 사항은 크게 두 가지다. 하나는 재개발구역의 사업성이고, 다른 하나는 투자하려는 물건의 수익성이다.

사업성 판단 : 지역 분석

재개발구역의 사업성을 판단할 때는 입지, 호재 및 악재, 사업 속도 등을 고려해야 한다. 입지를 조사할 때는 교통이나 학군은 우수한지, 주요 업무지구와의 거리는 가까운지, 주변에 편의시설은 무엇이 있는지, 새 아파트가 준공되면 조망은 어떨지, 주변에 공원 및 체육시설은 충분한지 등을 파악한다.

호재와 악재, 사업 속도 등은 앞서 설명한 대로 사전 조사와 임장을 통해 꼼꼼하게 파악한다.

수익성 판단 : 물건 분석

초기투자 시 가장 중요한 것은 감정평가액을 추정하는 것이다. 감정평가를 하는 방법은 뒤에서 자세히 설명하겠다.

초기투자금과 총투자금을 파악해 자금계획을 꼼꼼히 세워야 하는데, 인근 신축 아파트의 시세를 참고해서 입주할 때의 가격을 예측해 투자수익을 미리 계산해야 한다. 또 프리미엄의 상승분만 취하는 단기투자를 할지, 입주할 때까지 기다리는 장기투자를 할지도 명확하게 설정해야 한다. 본인 명의로 할지, 가족 명의로 할지, 임대사업자나 법인사업자를 활용할지도 정해야 한다. 명의에 따라 세금이나 대출금액이 달라질 수 있고, 조합원 자격에도 직접적인 영향을 미치기 때문에 신중

하게 결정해야 한다.

초기투자를 해야 하는 지역

입지가 좋은 성수전략정비구역, 한남뉴타운 등은 아직 사업 초기인데도 예상 감정평가액 대비 프리미엄이 높다. 따라서 입지에 따라 접근방식을 달리해야 한다. 서울의 핵심지역이라면 어느 정도의 위험을 감수하고서라도 조합설립을 전후해서 사업시행인가 이전에 진입하는 것이 유리하다. 감정평가액이 나오면 훨씬 더 큰 투자금이 필요하고 프리미엄도 더 많이 올라 매수 타이밍을 놓칠 수 있다. 입지와 사업성이 좋은 구역일수록 프리미엄 상승 속도가 빨라 초기에 투자하는 것이 좋다.

초기투자를 할 때 고려할 사항

비례율이 높아질 지역을 찾아라

초기투자를 한다면 사업성이 좋아 비례율이 높아질 구역을 선정해야한다. 또 감정평가액이 잘 나올 물건을 저렴하게 사는 것이 투자의 핵심이다.

　그렇다면 비례율이 높아질 구역은 어떤 곳일까? 다시 한 번 비례율공식을 떠올려보자.

$$비례율 = \frac{(종후자산평가액 - 총사업비)}{종전자산평가액} \times 100$$

비례율은 분자가 크고 분모가 작아야 높게 나온다. 분자인 종후자산 평가액은 조합원분양 수입에 일반분양 수입을 더한 값이므로 조합원 분양가를 올리거나 높은 가격에 일반분양을 하면 비례율이 높아진다. 총사업비가 줄어도 분자가 커지므로 비례율은 올라간다.

총사업비는 공사비와 기타 사업비로 구성된다. 공사비는 말 그대로 새 아파트를 짓는 데 들어가는 비용이다. 기타 사업비에는 보상비, 조합 운영비, 조합장 및 상근 직원들의 급여, 대출이자 등 금융비용, 이주할 때 필요한 명도비용, 예비비 등이 포함된다. 이런 비용을 줄여도 비례율은 올라간다.

총사업비를 줄이기 위해서는 사업 속도가 빨라야 한다. 그래야 조합 운영비나 금융비용 등의 지출을 줄일 수 있다. 또한 경사지보다 평지의 건축비가 적게 들어가므로 재개발구역이 평지인지 경사지인지 잘 살펴야 한다.

기타 사업비 중 예비비는 미분양이 발생하거나 사업상 예기치 않은 지출에 대비한 것이다. 예비비가 적게 책정된 구역보다 많이 책정된 구역이 손실 방지에 유연하게 대처할 수 있어서 비례율이 올라갈 확률이 높다.

비례율은 높으면 높을수록 좋을까?

비례율이 높아지면 조합원의 권리가액이 올라가고, 권리가액이 올라가면 분담금이 줄어들기 때문에 비례율이 높은 구역 물건에 투자하는 것이 좋다. 그런데 비례율은 높으면 높을수록 좋을까? 왜 비례율이 100

에 수렴하는 것이 이상적이라고 할까?

조합원 입장에서는 비례율이 올라가면 자산가치가 상승하니 이익이다. 하지만 조합의 입장은 좀 다르다. A와 B라는 회사(법인)가 있다고 하자. A사는 1년간 수입 100억 원, 지출 80억 원으로 20억 원의 수익을 냈다. B사는 1년간 수입 100억 원, 지출이 90억 원으로 10억 원의 수익을 냈다. 이때 더 많은 수익을 낸 A사가 B사보다 세금이 많이 나온다.

재개발조합도 법인이다. 수입이 지출보다 많으면 최종 수익이 늘어난다. 주식회사는 회사의 이익을 주주들에게 배당한다. 재개발조합도 재개발사업을 통해 남은 최종 수익을 조합원들에게 나눠준다. 주식회사는 주주들이 가진 주식 수에 비례해 배당을 하지만 재개발조합은 조합원들이 소유한 부동산의 감정평가액에 비례해 이익을 배분한다. 이때 형평성에 맞게 수익을 나눠주기 위해 조합원들의 종전자산평가액을 기준으로 한 비례율이 필요하다.

이처럼 조합이 사업을 잘해서 낸 이익을 조합원들에게 나눠주면 끝일까? 그렇지 않다. 조합의 이익이 많을수록 내야 하는 세금도 늘어난

비례율이 높은 구역의 조건

- 조합원 수 대비 일반분양 세대수가 많은 구역
- 사업 속도가 빠른 구역
- 건축비가 적게 투입되는 평탄한 지역
- 기타 사업비 중 예비비 비중이 높은 구역

다. 그래서 이익을 많이 낸 조합에서는 세금을 줄이고 조합원들에게 혜택을 더 주는 방법을 찾는다.

지출을 늘리면 이익이 적어져 세금이 줄어들기 때문에 조합원들에게 제공하는 시스템 에어컨을 거실에만 설치해주려고 했다가 안방에도 설치해준다거나 단지 내 조경을 더욱 고급스럽게 해서 아파트 가치를 높이는 일을 추가하기도 한다.

반대로 조합의 이익이 없으면 내야 할 세금도 없다. 비례율이 100%라는 것은 수입과 지출이 같다는 뜻이다. 그래서 조합에서는 비례율을 100%로 만들려고 노력한다.

조합의 사업성이 좋아져서 비례율이 올라가면 조합이나 조합원들에게 이익이 되지만, 실제로는 절세를 목적으로 비례율을 100%에 수렴하도록 하는 것이다.

감정평가액이 높게 산정되는 매물의 조건

감정평가액이 잘 나올 물건은 다음과 같다.

공시지가가 높은 매물

단독주택이라면 공시지가가 높은 매물, 집합건물인 빌라는 공시된 공동주택가격이 높은 매물이 감정평가액이 잘 나온다. 물론 같은 구역 내 다른 매물과 비교해서 매매가가 비슷할 때 선택하는 기준이다.

차량 출입이 가능한 도로변에 위치한 매물

같은 구역 내에서 매매가가 비슷하고 공시지가나 공동주택가격이 비슷해도 도로에 인접한 물건이 그렇지 않은 물건보다 감정평가가 잘 나온다. 또 도로의 폭이 넓을수록 감정평가를 높게 받을 확률이 크다. 이를테면 4m 도로 옆에 있는 주택보다 6m 도로 옆 주택이 감정평가를 높게 받는다.

상위 용도지역의 매물

용도지역에 따라 용적률이 달라져서 상위 용도지역일수록 감정평가를 높게 받는다. 1종 주거지역 〈 2종 주거지역 〈 3종 주거지역 〈 준주거지역 〈 상업지역 순으로 감정평가를 높게 받는다.

최근에 지어진 매물

단독주택은 토지와 건물을 각각 감정평가한 후 합산한다. 건물의 노후화 정도에 따라 감가수정을 하므로 최근에 지어진 집일수록 감정평가를 높게 받는다.

감정평가액 추정하기

초기투자 시 핵심은 감정평가액을 추정하는 것이다. 감정평가액에 따라 수익이 달라지기 때문이다. 대부분 감정평가액이 나오기 전에는 투자를 망설이다가 감정평가액이 통보된 후에 매수하려고 서두른다. 만약 감정평가액을 추정할 수 있다면 남들보다 한발 빠르게 진입해 더 큰 수익을 올릴 수 있다. 이것이 바로 재개발사업의 초기에 투자하는 까닭이다.

추진위원회나 조합 설립 단계부터 높은 프리미엄이 형성되는 구역도 있지만, 보통 본격적으로 프리미엄이 상승하고 투자자들이 몰리는 시기는 사업시행인가가 나고 감정평가액이 통보될 때다. 따라서 감정평가에 대해 이해한다면 다른 투자자들이 진입하기 전, 프리미엄이 보다 저렴한 초기에 물건을 선점할 수 있다.

초기투자의 장점은 투자금을 최소화할 수 있다는 것이다. 투자금이 적게 들어가면 투자기간이 길어져도 버틸 수 있다. 재개발사업은 단계별로 가격이 상승하기 때문에 사업 초기에 투자하면 매도시기를 선택하는 폭을 넓힐 수 있다. 사업시행인가 후나 관리처분인가 전후에 프리미엄의 상승분만 얻고 매도하는 단기투자도 가능하고, 입주할 때까지 보유해서 새 아파트를 얻는 장기투자도 가능해진다.

지금부터 남들보다 빠르게 움직이기 위해 꼭 알아야 할 감정평가 방법을 살펴보겠다.

◀◀ 공동주택 감정평가액 추정법(거래사례비교법)

사업시행인가가 나면 조합에서는 가장 먼저 종전자산평가를 한다. 공신력 있는 복수의 감정평가 기관에 조합원이 소유한 부동산의 가치 평가를 의뢰해서 그 결과를 조합원에게 통보하는 것이다. 이때 감정평가사가 감정평가하는 방식을 알면 우리도 비슷한 방법으로 감정평가액을 추정할 수 있다.

대개 빌라나 연립주택, 아파트 등의 공동주택(집합건물)은 인근의 거래 사례와 비교하는 '거래사례비교법'으로, 단독주택은 토지와 건물의 가치를 따로 평가해서 합산하는 방식으로 감정평가를 진행한다.

서울과 수도권에서 진행되는 여러 재개발구역에 가보면 구역마다 각각의 기준으로 감정평가액을 추정하는 것을 알 수 있다. 입지적 특성이나 사업성에 따라 공시가격과 실제 거래가격이 차이가 나기 때문에 개별 구역마다 다른 공시가격 비율을 활용하는 것이다.

- **거래사례비교법**
  인근에서 실제로 거래된 사례와 비교해서 가치를 평가하고 감정평가액을 산출하는 방법.

인근 구역의 공시가격 비율 활용

재개발구역에서 가장 거래가 많은 공동주택은 다세대주택(빌라, 이하 빌라로 통일한다)이므로 공동주택의 감정평가 방법을 빌라 기준으로 알아보자. 공동주택을 감정평가할 때 기준이 되는 것은 '공동주택 공시가격'이다. 현장에서는 '공동주택가격'이라고도 하고, 줄여서 '공주가'라고도 한다. 공동주택 공시가격이란 국토교통부에서 재산세나 종합부동산세 등을 부과하기 위해 1년에 한 번씩 공동주택의 가치를 평가해서 공시하는 가격이다. '부동산 공시가격 알리미(www.realtyprice.kr)'에서 지번을 입력하면 조회할 수 있다. 빌라의 감정평가액을 추정할 때 가장 먼저 할 일은 재개발이 진행되지 않는 인근 빌라의 거래 사례를 조사하는 것이다. 재개발구역의 빌라는 기대심리로 이미 값이 올라 정확한 감정평가액을 알기 어렵다. 그래서 재개발이 진행되지 않는 인근 지역의 실거래가, 즉 개발 이익이 반영되지 않은 가격을 평가한다. 그리고 매매가격과 공동주택공시가격을 비교해서 공시가격 비율을 산출한다.

가령 눈여겨보고 있는 A재개발구역의 a빌라 매매가격이 8,000만 원이고 공동주택 공시가격이 3,000만 원이라고 하자. 전용면적은 15

평이고 대지 지분은 10평이다. 한편 재개발이 진행되지 않는 인근 B구역에 a빌라와 비슷한 전용면적과 대지 지분을 가진 b빌라가 있다. 매매가격이 6,000만 원이고 공동주택 공시가격이 4,000만 원이다. 그렇다면 b빌라는 공동주택공시가격 대비 매매가격 비율인 공시가격 비율이 1.5배다. B구역에는 b빌라 말고도 a빌라와 비슷한 조건의 c빌라, d빌라가 있고 실거래가격과 공동주택가격은 다음과 같다고 하자.

- **재개발이 진행 중인 A구역의 a빌라**

  매매가 8,000만 원, 공동주택 공시가격 3,000만 원, 전용면적 15평, 대지 지분 10평

- **재개발이 진행되지 않는 B구역의 b빌라**

  실거래가 6,000만 원, 공동주택 공시가격 4,000만 원, 전용면적 14.5평, 대지 지분 9평

  공시가격 비율 1.5(6,000만 원÷4,000만 원＝1.5)

- **재개발이 진행되지 않는 B구역의 c빌라**

  실거래가 7,500만 원, 공동주택 공시가격 4,800만 원, 전용면적 16.5평, 대지 지분 11평

  공시가격 비율 1.56(7,500만 원÷4,800만 원＝1.56)

- **재개발이 진행되지 않는 B구역의 d빌라**

  실거래가 5,000만 원, 공동주택 공시가격 3,500만 원, 전용면적 14평, 대지 지분 8.5평

  공시가격 비율 1.43(5,000만 원÷3500만 원＝1.43)

☑ 표 3-1 매물 b, c, d 비교

매물	거래 시점	전용면적 (평)	대지권 (평)	층	건축 연도	거래금액 (만 원)	2019년 공시가격 (만 원)	공시가격 비율
b	2019. 01.	14.5	9	3	1989	6,000	4,000	1.5
c	2019. 03.	16.5	11	2	1992	7,500	4,800	1.56
d	2019. 06.	14	8.5	4	1990	5,000	3,500	1.43
	공시가격 평균 비율							1.5

B구역 빌라들의 공시가격 비율이 1.5배에 수렴하므로, A구역 빌라의 공시가격도 이 비율을 곱해 추정 감정평가액을 구할 수 있다. A구역 a 빌라의 매매가가 8,000만 원이고 공동주택 공시가격이 3,000만 원이므로, 3,000만 원에 공시가격 비율 1.5를 곱하면 예상 감정평가액은 4,500만 원이다. 예상 프리미엄은 매매가에서 감정평가액을 뺀 금액이므로 8,000만 원에서 4,500만 원을 뺀 3,500만 원으로 추정할 수 있다.

이처럼 재개발구역을 임장하면서 여러 매물을 비교하고 인근의 공시가격 비율을 적용하면 추정 감정평가액을 구할 수 있다. 하지만 인근 거래 사례로 도출한 공시가격 비율보다 보수적으로 적용하는 것이 좋다. 이를테면 공시가격 비율이 1.5라면 1.3이나 1.4를 곱한다.

조합에서 진행하는 감정평가는 보수적으로 하는 경우가 많다. 재개발사업의 특성상 감정평가를 높게 하면 조합원 입장에서는 오히려 현금청산을 하는 게 유리해지고, 현금청산을 하는 조합원이 많아지면 사업성이 악화해 사업을 진행하기 어렵다. 이런 이유로 재개발사업의 감정평가는 인근 거래 시세보다 낮게 하는 경향이 있기 때문에 감정평가액을 추정할 때 보수적으로 하는 것이 안전하다.

STEP
3

어떤 재개발구역이 아직 감정평가를 하지 않은 빌라의 추정 감정평가액을 '공동주택 공시가격×130%×개별 요인'으로 계산하고 있다면, 이 같은 방법으로 구한 공시가격 비율이라고 이해하면 된다.

◀◀ 단독주택 감정평가액 추정법

지금까지 빌라의 감정평가액을 추정하는 방법을 확인했는데, 단독주택은 빌라와는 다른 방식으로 감정평가가 이뤄진다. 즉 건물과 토지의 가치를 각각 감정평가한 후 합산한다.

간단히 식으로 나타내면 다음과 같다.

> **단독주택 감정평가액＝건물 감정평가액＋토지 감정평가액**

건물 감정평가

건물의 감정평가는 원가법을 이용한다. 원가법은 부동산의 현재 가격을 산정할 때 가격의 기준이 되는 가격 시점에서 대상 물건을 다시 취득하는 데 필요한 재조달원가에 감가수정을 하는 방법이다. 쉽게 말해서 현재 건물의 가격에 그동안의 시간 흐름에 따른 물리적 요인을 반영하여 그만큼 공제하는 것이다.

건물의 감정평가를 할 때 연식에 따라 건물의 예상 평당 가격을 100만~200만 원 정도 적용한다. 10년도 안 된 건물이면 평당 200만 원, 20년 정도 된 건물이면 평당 150만 원 정도, 30년이 넘은 건물이면 100

만 원 정도를 적용한다. 건물 감정평가는 아주 세심하게 하지 않더라도 단독주택이나 다가구주택의 전체 감정평가금액에서 건물 부분의 감정평가액이 차지하는 비중이 적기 때문에 (토지 부분이 대부분을 차지한다) 전체 감정평가 금액에서는 큰 차이가 나지 않는다.

대개 연식이 오래된 건물일수록 가격이 낮아지고 새 건물일수록 가격이 높아진다. 하지만 연식 외에도 벽돌, 목조, 평판(슬래브) 등 자재에 따라서도 감정평가액이 달라진다. 재개발구역 내 주택들은 벽돌 구조가 많고 자재 차이가 크지 않기 때문에 여기서는 연식에 따른 가격만 반영하도록 하자. 만약 지은 지 20년 된 연면적 30평 건물이라면 '150만 원 × 30평 = 4,500만 원'으로 구할 수 있다.

토지 감정평가

빌라는 공동주택 공시가격을 기준으로 감정평가를 한다. 이와 비슷하게 토지는 표준지 공시지가를 기준으로 하되 여기에 기타 요인을 반영해 산정한다. 표준지 공시지가란 정부가 전국의 과세 대상이 되는 개별 토지 중 대표성이 있는 토지를 선정하고 조사해서 공개적으로 알리는 땅값이다. 매년 1월 1일을 기준으로 표준지의 단위 면적당 가격으로 표시한다(네이버 국어사전).

토지의 감정평가액은 다음과 같이 구한다.

> **토지 감정평가액=**
> **표준지 공시지가×시점 수정×지역 요인×개별 요인×기타 요인**

- **시점 수정**

  종전자산평가는 사업시행인가일을 기준으로 한다. 사업시행인가가 났거나 사업시행인가가 날 해의 가격과 현재 가격의 차이만큼 보정한다.

- **지역 요인**

  입지가 좋고 인근 신축 아파트의 시세가 높으면 지역 요인을 좀 더 높게 반영할 수 있다. 가령 서울 외곽의 재개발구역은 130%를 곱하고, 서울의 핵심 재개발구역은 지역 요인을 반영해 더 높은 150%를 곱할 수 있다.

- **개별 요인**

  하나의 재개발구역 내의 두 물건이 공시지가가 같아도 건물의 모양, 도로와의 접근성, 교통의 편리함, 대지가 높은 곳에 있는지 낮은 곳에 있는지 등의 개별적인 요인에 따라 감정평가액은 달라질 수 있다.

- **기타 요인**

  부동산시장이 호황이면 감정평가액도 높게 책정될 수 있고, 반대로 부동산시장이 침체해서 가격이 내려가면 감정평가액도 낮게 책정될 수 있다. 이처럼 당시 상황이 기타 요인에 반영되기도 한다.

단독주택 감정평가를 할 때 건물은 원가법을 이용해서 연식에 따른 예상 평당 가격을 전체 면적에 곱해서 구한다. 그런데 토지는 빌라처

감정평가는 어느 시점을 기준으로 이루어질까?

종전자산평가는 사업시행인가일을 기준으로 이뤄지므로 사업시행인가가 나기 전에 감정평가액을 추정할 때는 사업시행인가가 예상되는 시점의 공시지가를 예측해서 해야 한다.
사업시행인가가 된 후에도 감정평가를 하지 않은 구역에서는 사업시행인가가 이뤄진 해의 공시지가를 기준으로 계산하면 된다.

럼 인근 지역의 거래 사례를 참고하는 거래사례비교법을 이용한다. 재개발구역 내의 단독주택은 연식이 오래된 경우가 많기 때문에 주택 가격에서 건물 가격이 차지하는 부분은 적고 대지 가격이 대부분을 차지한다. 따라서 단독주택은 전체 주택 가격을 토지 가격으로 보고 계산하는 것이 효율적이다. 물론 전체 주택 가격에서 건물 가격을 빼고 순수하게 토지에 대한 공시지가 비율을 계산해도 된다. 그러나 큰 차이가 없으면서 계산만 복잡해지므로 건물 가격을 반영하지 않는 것이다.

빌라는 인근 구역 내 비슷한 조건을 갖춘 다른 빌라의 실거래 가격을 토대로 공시가격 비율을 계산했다. 단독주택 역시 재개발이 진행되지 않는 인근의 단독주택 매매가격을 해당 매물의 공시지가로 나눠서 공시지가 비율을 계산한다. 인근의 거래 사례를 통해 산출한 공시지가 비율이 1.41이므로, 단독주택의 토지에 대한 감정평가액을 구할 때는 공시지가에 140% 정도를 곱하면 된다. 재개발구역 내 단독주택 매물을 계산해보면 다음과 같다.

표 3-2 인근 지역 단독주택 거래 사례

매물	거래 시점	매매가	대지 면적	평당 토지평가액	평당 '공시지가	공시가격 비율
a	2019. 01.	1억 원	40평	250만 원	180만 원	1.39
b	2019. 03.	1억 5,000만 원	50평	300만 원	210만 원	1.43
c	2019. 06.	2억 원	60평	333만 원	235만 원	1.42
	공시지가 평균 비율					1.41

매매가 4억 원

토지 : 면적 10평, 공시지가 평당 2,000만 원

건물 : 면적 50평, 연식 30년, 인근 공시지가 비율 150%

토지 감정평가액=(공시지가×150%)×토지 면적

=2,000만 원×150%×10평

=3억 원

건물 감정평가액=연식에 따른 평당 예상 가격×건물 연면적

=100만 원×50평

=5,000만 원

감정평가액=토지 감정평가액+건물 감정평가액

=3억 원+5,000만 원

=3억 5,000만 원

매매가=감정평가액+프리미엄

프리미엄=매매가-감정평가액

=4억 원-3억 5,000만 원

=5,000만 원

이 물건의 추정 감정평가액은 3억 5,000만 원이고, 추정 프리미엄은 5,000만 원이다. 이런 식으로 분석하면 어떤 매물의 프리미엄이 비싸거나 싼지 비교할 수 있어서 좋은 매물을 매수하는 판단 기준으로 삼을 수 있다.

◀◀ 추정 감정평가액 해석하는 법

추정 감정평가액은 말 그대로 추정으로, 실제와는 다르다는 것을 염두에 두어야 한다. 또한 빌라나 단독주택의 감정평가액을 구할 때 곱했던 공시가격 비율도 부동산시장의 흐름에 따라 달라질 수 있다. 예를 들어 어떤 빌라의 감정평가액을 '공동주택 공시가격×130%×개별 요인'으로 구한다고 할 때, 부동산시장이 호황기고 가격이 상승 중이라면 공시가격 비율을 130%가 아닌 140%나 150%으로 곱할 수도 있다. 반대로 부동산시장이 하락기면 보수적으로 110~120%를 곱한다.

단독주택의 토지에 대한 감정평가액을 구할 때도 마찬가지다. '표준지 공시지가×120~160%×개별 요인'을 적용한다. 부동산시장이 호황기면 150~160%, 침체기나 하락기라면 110~120%를 곱한다.

◀◀ 다양한 감정평가 방법

추정 감정평가액은 각 사업지의 개별적인 특성에 따라 달라진다. 재개발사업은 같은 구역 내에서도 여러 개로 구분되는 경우가 많다. 상계뉴타운이 좋은 예로, 1구역부터 6구역까지 사업 속도가 다 다르다.

1구역은 사업시행인가를 받았고, 2구역은 사업시행인가를 신청하고 결과를 기다리고 있으며, 3구역은 구역해제가 되어 재개발 진행이 미지수고, 4구역은 재개발을 통해 노원센트럴푸르지오라는 새 아파트로 바뀌어 2020년 1월 입주를 완료했다. 5구역은 속도가 가장 늦은 곳으로 조합설립인가 후 건축심의를 준비 중이고, 6구역은 이주와 철거를 마치고 2020년 7월에 일반분양을 했다.

이처럼 상계뉴타운 안에서도 구역마다 사업 속도와 진행 상황이 다른데, 이런 경우 어떻게 해야 할까?

현재 1구역, 2구역, 5구역은 종전자산평가가 이뤄지지 않아 정확한 감정평가액이 나와 있지 않다. 4구역과 6구역은 이미 감정평가가 끝났고 사업이 완료됐거나 막바지에 이른 상태다. 이런 경우 4구역과 6구역에서 어떤 기준으로 감정평가가 됐는지 참고해서 1구역, 2구역, 5구역에 적용할 수 있다. 상계뉴타운 1·2·5구역 감정평가 방법은 다음과 같다.

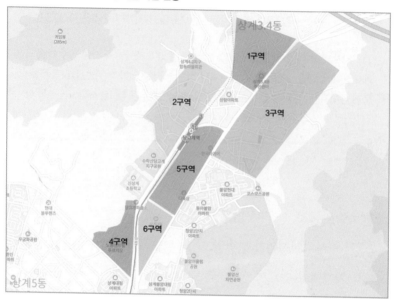

- **단독주택**

  감정평가액 = 공시지가×130% + 건축물 가격(연식에 따라 평당 100~120만 원)

- **빌라**

  감정평가액 = 공동주택 공시가격×150%

- **산출 근거**

  이미 감정평가가 진행된 상계 4구역, 6구역을 기준으로 평균치를 냄(경험적 통계 활용)

이 같은 방법은 다른 재개발구역에서 감정평가액을 구할 때도 유용하다. 이를테면 노량진뉴타운에서 아직 감정평가가 진행되지 않은 구역의 감정평가액을 산출하는 데 활용할 수 있다.

2020년 11월 기준으로 노량진 1~8구역 중 종전자산평가가 이뤄진 곳은 2·6·8구역이다. 나머지 1·3·4·5·7구역은 2·6·8구역의 감정평가 기준을 참고하면 된다. 만약 노량진뉴타운에서 가장 입지가 좋은 1구역에서 빌라 매물이 나왔다면, 1구역은 아직 종전자산평가를 하지 않았기 때문에 대략적인 감정평가액을 구해야 투자 여부를 결정할 수 있다. 이때 입지는 1구역보다 좋지 않지만 가장 사업 속도가 빠른 6구역의 감정평가 기준을 적용해서 계산하면 수월하다.

6구역의 사업시행인가 연도는 2018년이고, 1구역은 사업시행인가

⬇ 표 3-3 노량진뉴타운 사업 진행 단계

		1구역	2구역	3구역	4구역	5구역	6구역	7구역	8구역
개발 완료 단계	이전고시 · 청산								
	준공 · 입주								
	일반분양								
사업 추진 단계	착공								
	조합원 동호수 추첨								
	이주 · 철거								
	관리처분인가								
사업 예측 및 확정 단계	조합원분양 신청								
	종전자산평가								
	시공사 선정								
	사업시행인가								
	건축심의 완료								
	조합설립인가								
사업 초기 단계	추진위원회승인								
	정비구역지정								
	정비기본계획수립								
사업 진행 단계		1구역	2구역	3구역	4구역	5구역	6구역	7구역	8구역

가 나기 전이니 1구역의 사업시행인가 시점을 2022년으로 예상한다면 2022년 공시지가를 기준으로 감정평가를 해야 한다. 노량진 1구역 감정평가 방법은 다음과 같다.

- **단독주택 · 다가구주택**

  감정평가액 = 공시지가×120%×**(시점 수정) + 건축물 가격(연식에 따라 평당 100~120만 원)

- **빌라**

  감정평가액 = 공동주택 공시가격×150~170%

- **산출 근거**

  이미 감정평가가 진행된 6구역을 기준으로 평균치를 냄(경험적 통계 활용)

재개발 단독주택·다가구주택 투자의 장단점

재개발구역에서 가장 많은 물건 유형은 빌라와 단독주택, 다가구주택이다. 다가구주택은 세입자가 많아 임대관리도 신경 써야 하고 주택이 오래된 만큼 시설관리가 까다로울 수 있다. 재개발사업 초기에는 초기투자금이 많이 들어가서 다가구주택이 빌라보다 프리미엄도 저렴하고 가격 상승이 더딘 편이지만, 감정평가를 한 후에는 빌라보다 감정평가액이 높아서 분담금이 줄어든다. 프리미엄도 빌라의 프리미엄만큼 상승한다.

조합원 평형 신청을 한 후에는 대형 평형을 신청한 다가구주택의 프리미엄이 많이 오르면서 가치가 더 상승한다. 도시 및 주거환경 정비법(이하 도정법)에 따라 두 개의 입주권을 받을 수 있는 이른바 '1+1 물건'이 될 확률도 높다. 권리가액이 높거나 전용면적이 큰 다가구주택은 1+1 물건 요건을 갖추면 두 개의 입주권을 받을 수도 있다.

임차인이 월세 형태로 거주하는 다가구주택도 있다. 위치가 좋고 시설관리가 잘돼 있다면 꾸준히 월세를 받으면서 장기투자를 할 수도 있다. 나 역시 노원구 재개발 투자를 통해서 다가구주택의 두 세대로부터 월세를 받으며 투자를 이어나갔다.

다가구주택의 또 다른 장점은 원하는 평형을 배정받는 데 유리하다는 것이다. 조합원들에게 평형 배정을 할 때는 권리가액이 높은 순으로 우선권을 준다. 대부분의 다가구주택은 전체 조합원의 권리가액 순위에서 상위권을 차지한다. 그래서 원하는 평형에 배정될 확률이 높다. 권리가액 순위가 최상위권이라면 요즘 선호하는 테라스형이나 펜트하우스 분양에도 도전할 수 있다.

다가구주택은 조합설립인가 이전(추진위원회 단계)부터 사업시행인가 전, 또는 이주비대출을 활용해서 투자금을 줄일 수 있는 관리처분인가 이후 이주시기에 투자하는 것이 좋다. 큰 평형을 신청하려는 실수요자, 1+1 매물을 원하는 투자자, 이주비대출을 최대한 활용하고 싶은 투자자에게 적합한 매물 유형이다.

환지를 아시나요

노원구 재개발구역 내 다가구주택 매수를 결정하기 전 중개사로부터 이런 말을 들었다.

"이 매물은 환지를 포함하고 있어서 나중에 추가적인 수익도 기대할 수 있어요."

재개발구역 현장 조사를 하다 보면 '이 매물은 환지가 포함돼 있다'라는 말을 들을 때가 있다. 환지란 무엇일까?

환지 혹은 환지예정지 개념을 알아야 해당 매물의 가치를 정확히 판단할 수 있고, 나중에 생길 권리가액의 변동에 대처할 수 있으며, 추가로 들어갈 비용도 알 수 있다.

환지는 과거 토지구획정리사업이나 도시개발사업을 할 때 사업 대상이 됐던 토지의 위치, 지목, 면적, 이용도 등을 고려해서 사업이 끝난 후 토지 소유주에게 재배분하는 택지다. 말하자면 경계가 뒤죽박죽이었던 토지를 반듯하게 정리해서 소유주에게 다시 분배하는 땅을 말한다. 그런데 경계가 구불구불했던 땅을 반듯하게 선을 그어 나누면 땅의 크기가 달라진다. 그래서 각 소유주의 토지 면적에 증감이 생긴다.

구획정리 후 늘어난 토지를 증환지라 하고, 줄어든 토지를 감환지라 한다. 증환지의 경우 토지 소유자가 땅을 더 받았으니 구청은 추가금을 '징수'하고, 반대로 감환지는 땅이 줄었으니 '교부', 즉 돈을 내어준다. 토지 소유자 입장에서 증환지는 늘어난 면적만큼 나중에 추가금을 내고 매입하는 것이고, 감환지는 줄어든 면적만큼 금전적인 보상을 받는 것이라고 이해하면 된다.

재개발 매물에 증환지가 포함돼 있다면 매물과 함께 증환지 면적을 매수하게 된다. 그런데 증환지는 현재 시세가 아니라 환지가 이뤄졌던 시기(보통은 1980~1990년대)의 시세에 가깝게 책정한다.

◨ 그림 3-13 **환지의 의미**

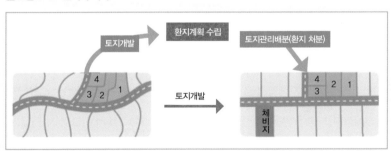

출처 : 네도야의 자본주의 깨임의 법칙 블로그

내가 산 상계뉴타운 2구역 다가구주택은 14평 정도의 증환지가 포함돼 있었다. 이 땅의 현재 시세는 평당 1,000만 원이다. 그런데 환지는 1990년대 시세인 평당 100만 원의 2배인 200만 원에 매입하는 조건이었다. 이 경우 평당 1,000만 원짜리 땅 14평의 현재가치는 1억 4,000만 원(1,000만 원×14평)인데 2,800만 원(200만 원×14평)에 매입하는 것이므로 1억 1,200만 원(1억 4,000만 원-2,800만 원)의 이익을 추가로 얻는 셈이다. 이렇게 매입한 토지의 감정평가 액만큼 내가 소유한 부동산의 권리가액이 올라 분담금도 줄어드는 장점이 있다. 환지를 매입하거나 보상받는 시기는 사업시행인가가 난 이후부터 관리처분인가를 받기 전까지다. 이때 증환지를 소유한 조합원이 매입을 하지 않으면 조합에서 매입해 재개발사업을 진행한다. 환지를 매입하면 시세차익을 거두는 장점도 있지만 환지 매입금을 일시불로 납부하지 않고 일정 기간에 걸쳐 나눠 내도 되므로 부담이 적다.

결국 증환지가 있는 매물을 사면 증환지의 면적만큼, 과거 시세와 현재 시세의 차이만큼 추가로 이익을 얻을 수 있다. 반대로 감환지가 있는 매물을 매입하면 반환해야 하는 땅(감환지)이 생기고 그마저도 과거 시세로 보상을 받으니 조합원 입장에서는 손해가 생길 수 있다.

환지를 확인하려면 구청에서 '환지예정지 지정 증명'을 발급받으면 된다. 내 물건에 증환지가 있는지 감환지가 있는지, 면적은 얼마인지 알 수 있다. 예를 들어 기존 토지(권리 면적)가 100평인데 환지된 토지(환지 면적)가 120평이면 증환지는 20평이다. 실제 환지예정지 지정 증명을 보자.

환지예정지 지정 증명을 보면 권리 면적(기존 토지)이 118m²이고 환지 면적(환지된 토지)이 163.8m²이므로 45.8m²의 증환지를 보유한 것이다. 그래서 징수에

45.8m²라고 표시돼 있다. 이는 구청에서 토지 45.8m²의 값을 징수한다는 뜻이고, 조합원은 토지 45.8m²를 과거 환지 당시의 가격으로 살 수 있다는 것이다.

만약 증환지가 포함된 매물을 발견하면 그 매물의 토지에 대한 환지예정지 지정 증명을 발급받아 확인한다. 그리고 해당 조합에 사업시행인가 후 어느 시점에 매입할 수 있는지 물어본다. 현재 해당 구역의 평당 시세도 조사한다.

⬇ 그림 3-14 환지예정지 지정 증명

그러면 다음과 같이 추가로 얻게 될 수익(권리가액 상승)을 계산할 수 있다.

> 환지 매입으로 인한 예상 수익=
> (환지 면적×현재 시세)−(환지 면적×환지 매입 기준 과거 시세)

2018년부터 재개발 투자에 빠져 매일같이 서울 및 수도권의 유망한 재개발구역들을 도장깨기식으로 정복해나갔다. 재개발구역 하나하나를 사전 분석하고, 임장을 통해 해당 구역 중개사들과 네트워크를 형성하고, 매물을 비교하고, 재개발구역 곳곳을 발로 뛰며 현장감각도 쌓아갔다.

이 과정에서 2019년 여름 서울 노원구의 한 재개발구역이 눈에 들어왔다. 개발 호재도 풍부하고, 서울의 다른 재개발구역에 비해 저평가됐다는 생각에 투자 적기라고 판단하고, 일주일 내내 중개소들을 돌며 여러 매물을 비교하면서 옥석 고르기에 들어갔다.

그렇게 좋은 매물을 고르기 위해 동분서주하던 그때 구역 내 다가구주택이 눈에 들어왔다. 반지하 두 세대, 1층 두 세대, 2층 두 세대, 3층 주인세대, 옥탑방 한 세대로 총 여덟 세대가 거주하고 있는 다가구주택이었다. 모든 세대의 내부 수리 상태가 좋아 공실도 없었고 특히 주인세대는 방 4개, 화장실 2개 구조의 '특올수리' 상태였다. 두 개 세대에서는 월세도 나오고 있었다. 다각도로 매물을 분석한 결과 다음과 같은 이유로 투자하고 싶다는 생각이 들었다.

- 수리 상태가 좋아 이주시점까지 임대관리가 수월하다.

- 실투자금 3억 원 미만으로 서울에 새 아파트를 얻을 수 있는 투자가 가능하다.

- 월세 수입도 나오고 있어서 현금흐름에 보탬이 된다.

- 대지 면적도 크고 연면적도 넓어서 나중에 1+1 분양을 노릴 수 있다.

- 추정 감정평가를 해보니 같은 구역 내 빌라의 프리미엄보다도 8,000만 원 이상 싼 초급매 매물이었다.

차근차근 추정 감정평가와 수익 분석을 해봤다. 매매가가 6억 2,000만 원으로 임대보증금 3억 4,000만 원을 레버리지로 활용할 수 있고 월세도 80만 원씩 나왔다. 취득비용(취득세, 중개수수료 등)을 제외하고 초기투자금은 2억 8,000만 원이었다. 취득비용을 포함하더라도 2억 원대로 투자가 가능했다.

대지 50평, 연면적 112평으로 공시지가와 건축 연한을 이용해 계산해보니 추정 감정평가액은 보수적으로 계산해도 약 5억 5,000만 원이었다.

🏠 노원구 다가구주택 추정 감정평가액

매매가 : 6억 2,000만 원

토지 : 면적 50평, 공시지가 평당 640만 원

건물 : 전체 면적 112평, 연식 25년, 인근 공시가격 비율 130%

토지 감정평가액 =(공시지가×130%)×토지 면적

=640만 원×130%×50평

=4억 1,600만 원

건물 감정평가액 =연식에 따른 평당 예상 가격×건물 연면적

$$= 120만\ 원 \times 112평$$

$$= 1억\ 3,440만\ 원$$

감정평가액 = 토지 감정평가액 + 건물 감정평가액

$$= 4억\ 1,600만\ 원 + 1억\ 3,440만\ 원$$

$$= 5억\ 5,040만\ 원$$

프리미엄 = 매매가 − 감정평가액

$$= 6억\ 2,000만\ 원 − 5억\ 5040만\ 원$$

$$= 7,040만\ 원$$

매매가가 6억 2,000만 원이니 추정 프리미엄은 약 7,000만 원밖에 안 되는 물건이었다. 해당 구역 내 빌라의 추정 프리미엄도 1억 5,000만 원이 넘는 상황이었기 때문에 시세보다 8,000만 원 이상 저렴한 매물이었던 것이다.

이처럼 종전자산평가가 이뤄지지 않은 구역에서는 해당 구역에서 거래되는 추정 프리미엄보다 훨씬 저렴한 눈먼 매물이 간혹 나온다. 자, 시세보다 저렴한 물건이라는 결론은 얻었으니 이제 수익 분석을 할 차례다.

시세보다 훨씬 저렴한 이 물건에 처음에 얼마를 투자하고(초기투자금), 얼마 동안 투자해서(투자기간), 중간에 얼마의 투자금이 더 필요하고(총투자금), 입주 시까지 보유하면 얼마를 벌 수 있을지(예상 수익) 분석해보자.

자세한 수익률 분석 방법은 다음 장에 나오니 이해가 안 되더라도 편하게 읽으면 된다.

🏠 수익 분석

> 조합원분양가(84m²아파트) : 5억 9,000만 원
>
> **초기투자금** = 매매가 - 임대보증금
>
> = 6억 2,000만 원 - 3억 4,000만 원 = 2억 8,000만 원
>
> **분담금** = 조합원분양가 - 권리가액
>
> = 5억 9,000만 원 - 5억 5,000만 원 = 4,000만 원
>
> **총투자금** = 조합원분양가 + 프리미엄
>
> = 5억 9,000만 원 + 7,000만 원 = 6억 6,000만 원
>
> = 매매가 + 분담금 = 6억 2,000만 원 + 4,000만 원 = 6억 6,000만 원
>
> **예상 수익** = 입주 시 예상 가격 - 총투자금
>
> = 12억 원 - 6억 6,000만 원 = 5억 4,000만 원

즉 초기투자금 2억 8,000만 원으로 5억 4,000만 원의 수익을 얻을 수 있다는 계산이 나왔다. 여러분이라면 이런 투자를 망설이겠나? 나 역시 바로 매수 결정을 하고 이 물건의 주인이 됐다. 이 물건을 매수하고 나서 1년 만에 투자적인 관점에서 세 가지 좋은 일이 일어났다.

첫 번째, 월세를 받고 있던 두 세대가 나가고 세로운 전세 임차인을 들이면서 투자금 4,000만 원을 회수했다. 그래서 초기투자금은 2억 8,000만 원에서 2억 4,000만 원으로 줄었다.

두 번째, 건축심의 전에 매수했는데 매수 바로 후 건축심의를 통과하고 사업시행인가를 신청하면서 조합원들에게 감정평가금액을 통보했다. 내가 보수적으로 추정 감정평가했던 금액은 5억 5,000만 원이었는데 조합에서 통보해준 감정평가

액은 6억 6,000만 원이었다. 매매가격이 6억 2,000만 원이니 7,000만 원이던 추정 프리미엄이 오히려 마이너스 프리미엄(일명 마피) 4,000만 원이 됐다. 추정 감정평가를 잘해서 시세보다 훨씬 저렴한 매물을 발견한 결과였다.

세 번째, 서울 아파트 가격이 상승하면서 노원구의 신축 아파트 시세도 크게 상승했다. 이로 인해 입주 시점에 새 아파트 84㎡의 예상 시세를 12억 원에서 15억 원으로 상향조정할 수 있었다.

이 세 가지 변화(초기투자금, 감정평가액, 프리미엄, 예상 수익)를 적용해 현시점에서 다시 수익 분석을 해봤더니 다음과 같은 놀라운 결과가 나왔다.

🏠% 수익 분석

초기투자금 = 매매가 − 임대보증금

= 6억 2,000만 원 − 3억 8,000만 원 = 2억 4,000만 원

분담금 = 조합원분양가 − 권리가액

= 5억 9,000만 원 − 6억 6,000만 원 = −7,000만 원(환급)

총투자금 = 조합원분양가 + 프리미엄

= 5억 9,000만 원 + (−4,000만 원) = 5억 5,000만 원

= 매매가 + 분담금

= 6억 2,000만 원 + (−7,000만 원) = 5억 5,000만 원

예상 수익 = 입주 시 예상 가격 − 총투자금

= 15억 원 − 5억 5,000만 원 = 9억 5,000만 원

초기투자금은 4,000만 원이나 줄었고 예상 수익은 4억 원 이상 늘었다.

여기에 최근 또 하나의 호재가 생겼다. 보통 재개발구역은 이주비대출을 감정평가액의 40%까지 해주는데 시공사로 선정된 건설사에서 이주비대출을 추가로 30%를 더 해주겠다고 한 것이다. 향후 이주시점에 내 물건의 감정평가액 6억 6,000만 원의 70%인 4억 6,000만 원가량을 대출받을 수 있고, 이 4억 6,000만 원에서 임대보증금 3억 8,000만 원을 내주고 나면 8,000만 원의 투자금이 다시 생기는 것이다.

투자금의 변화

매수 : 2억 8,000만 원

월세에서 전세로 전환 : 2억 4,000만 원(투자금 4,000만 원 감소)

이주비대출 : 1억 6,000만 원(투자금 8,000만 원 감소 예정)

이런 투자금의 변화가 가능했던 것은 감정평가액이 큰 다가구주택을 샀기 때문이다. 이주비대출은 감정평가액에 비례해서 나오기 때문에 감정평가액이 큰 매물은 이주비대출 후 임차인의 임차보증금을 상환해주고 돈이 남아 이렇게 투자금이 감소할 수 있다. 결과적으로 이주시점 이후부터는 1억 6,000만 원을 투자해 9억 5,000만 원의 수익을 얻을 수 있는 투자다. 투자기간은 매입시기부터 예상 입주시점까지 약 7년이다. 어떤가? 재개발투자를 잘하면 이런 결과를 얻을 수도 있다.

안전한
투자법 배우기

리스크를 최소화하는 법

재개발 투자는 리스크와의 싸움이라고 해도 과언이 아니다. 재개발사업 초기에는 리스크가 큰 만큼 기대수익이 높고, 사업이 진행되면서 리스크가 사라지면 그만큼 기대수익도 줄어든다. 기대수익은 크고 리스크는 없다면 제일 좋겠지만 대부분의 재테크는 기대수익과 리스크가 반비례한다. 하지만 괜찮은 재개발구역과 좋은 매물을 선별하는 실력이 있다면 재개발 후반부에 투자해도 쏠쏠한 수익을 올릴 수 있다. 나역시 인천 재개발부터 서울 송파구 단독주택 재건축, 동작구 재개발 투자까지 모두 관리처분인가 이후 진입해 리스크는 피하면서 높은 수익을 낼 수 있었다.

앞서 감정평가액 통보를 기준으로 초기투자와 안전투자로 구분했는데, 더 확실한 안전투자는 관리처분인가 전후의 투자다. 관리처분계획총회 전후가 가장 안전하고 효율적인 매수 타이밍이다. 관리처분인가가 나면 또다시 가격이 오르고, 이후에는 이주, 철거, 착공, 일반분양, 준공, 입주, 이전고시, 청산 단계만 남아 재개발사업이 마무리되는 단계라고 볼 수 있다. 관리처분인가 전후로 안전투자를 할 때도 초기투자와 마찬가지로 재개발구역의 사업성 판단과 물건의 수익성 판단을 꼭 해야 한다.

◀◀ 사업성 판단 : 지역 분석

재개발구역의 사업성을 판단할 때는 입지, 호재 및 악재, 사업 속도 등을 고려해야 하는데, 관리처분인가 전후 단계에서는 사업성을 판단할 수 있는 수치의 상당 부분이 확정된다. 이때는 대략적인 일반분양가, 조합원분양가, 조합원 분담금, 대략적인 비례율 등을 거의 정확하게 예측 가능하다. 그러므로 더 안전하고 확실한 투자를 할 수 있다.

이런 수치들은 관리처분계획을 위한 총회 안내 자료에 나와 있기 때문에 안내 자료를 어떻게 분석해야 하는지 알아야 한다.

◀◀ 수익성 판단 : 물건 분석

안전투자를 할 때 중요한 것은 수익률을 정확하게 계산하는 것이다. 초기투자 시에는 정확한 감정평가액이 나오지 않아 모든 수치가 유동적이다. 그러나 안전투자 단계에서는 총투자금이나 입주 시 새 아파트 가격 등을 좀 더 정확하게 예측할 수 있다. 따라서 투자기간 대비 만족할

만한 수익을 낼 수 있는지 판단하고 접근하는 것이 중요하다.

수익성을 확인하기 위해서는 다음 네 가지를 고려해야 한다.

자금계획

관리처분인가가 나기 전후에 가장 먼저 생각해야 할 부분이 자금계획이다. 재개발 물건은 소유권을 이전할 때까지 필요한 초기투자금과 새 아파트를 얻는 데까지 들어가는 총투자금을 고려해 자금계획을 세워야 한다.

초기투자금

초기투자금은 매매가에서 전세나 월세 보증금 또는 대출 가능 금액을 뺀 금액이다. 예를 들어 매매가가 5억 원인 빌라의 전세보증금이 1억 원이라면 초기투자금은 4억 원이다.

> 초기투자금＝매매가 − 레버리지(임대보증금 또는 대출금액)

이주비대출

이번에는 이주비대출을 활용하는 경우를 살펴보자. 매매가가 5억 원(감정평가액 3억 원, 프리미엄 2억 원)이고 감정평가액 40%의 이주비대출이 가능한 매물이라고 하자. 이주비로 대출받을 수 있는 금액은 3억 원의 40%인 1억 2,000만 원이다. 따라서 초기투자금은 매매가 5억 원에서 이주비대출 1억 2,000만 원을 뺀 3억 8,000만 원이다. 이주비대출은 규제지역이 아니라면 다주택자도 감정평가액의 60%까지 받을 수 있다. 하지만 조정대상지역에서는 무주택자 또는 1주택자만(기존주택 처분 조건으로) 감정평가액의 40~60%를 대출받을 수 있다. 따라서 규제 여부를 확인해야 하고, 명의는 어떻게 하는 게 유리할지, 본인 명의로 했을 때 이주비대출을 활용할 수 있는지 여부도 꼼꼼히 확인한다.

총투자금

총투자금은 매매가 + 분담금이다. 즉 조합원분양가 + 프리미엄으로도 구할 수 있다. 매매가가 5억 원이고 분담금이 2억 원이면 총투자금은 7억 원이다. 단, 추가로 내는 분담금 2억 원은 소유권을 이전할 때 필요한 자금이 아니라 이주와 철거가 끝나고 착공할 때 필요한 자금이다. 착공 시 분담금의 10%를 납부하고 나머지 60%는 중도금으로, 잔금 30%는 입주할 때 낸다. 이 경우 매수할 때 5억 원이 필요하고, 분담금 2억 원의 10%인 2,000만 원은 착공할 때 필요하다. 중도금 60%는 공사가 진행되는 동안 나눠서 내고, 잔금 30%는 입주할 때 내면 된다. 참고로 요즘은 조합원들의 분담금 납부 부담을 줄여주기 위해 입주 시 잔금 100%로 내는 구역이 늘어나고 있다.

입주 시 예상 가격

재개발사업이 완료되면 드디어 새 아파트에 입주할 수 있다. 이때 새 아파트의 예상 가격이 수익을 판단하는 기준이 된다.

준공 시 계획

입주가 시작되면 새 아파트에서 직접 살지, 전세를 주고 투자금을 회수할지 미리 계획해야 한다. 입주해서 직접 살 계획이라면 새 아파트를 담보로 주택담보대출을 받아 이주비대출과 분담금에 대한 중도금대출을 상환해야 한다. 전세를 준다면 임차인에게 받는 전세보증금으로 이를 충당해야 한다. 직접 입주할 때와 전세를 줄 때의 상황을 잘 비교해서 정확한 자금계획을 세워야 한다.

매도계획과 세금

부동산 투자는 세금을 내기 전보다 세금을 낸 후 남은 수익이 더 중요하다. 현명하게 절세해야 세후 수익을 늘릴 수 있다. 재개발 투자도 다른 부동산에 투자할 때와 같이 취득세, 보유세(재산세, 종합부동산세), 양도소득세를 내야 힌다. 적절한 시기에 매도하는 것 역시 성공적인 투자의 핵심이다. 명심해야 할 점은, 매도시기를 결정할 때 상급지로의 이동이라는 방향성이 전제돼야 자산 증식을 효과적으로 할 수 있다.

◀◀ 관리처분총회 안내 자료 분석

관리처분인가는 재개발사업의 성적표라고 할 수 있다. 이 성적표의 내용이 관리처분총회를 위한 안내 자료에 고스란히 담겨 있다. 경기도 수원시 권선 113-6구역의 관리처분계획 안내 자료를 보면서 투자자가

이해하고 분석해야 할 내용이
무엇인지 살펴보자.

안내 자료는 대부분 최소 200
쪽 이상이고 많으면 500쪽이 넘
는다. 사업의 무게만큼이나 자
료가 두껍다. 이렇게 두꺼운 안
내 자료를 통해 가장 먼저 파악
해야 할 내용은 다음과 같다.

◘ 그림 4-1 관리처분계획총회 안내 자료 표지

출처 : 반석공인중개사 블로그

◘ 표 4-1 안내 자료에서 파악해야 할 내용

1) 종전자산평가금액	이 외 조합원 각자의 권리가액, 분담금
2) 분양 내역	① 조합원분양 ② 일반분양 ③ 보류지 ④ 상가 ⑤ 임대주택 ⑥ 예상 분양 수익
3) 정비사업 예산서	공사비, 사업비 등 지출액
4) 비례율 산정 공식	① 예상 총수입 총수입 = 조합원분양 + 일반분양 + 임대주택(장기전세) + 보류지 + 상가 + 기타(종교시설 용지 등) + 이주비대출 상환액
	② 예상 총지출 총지출 = 공사비 + 보상비 + 사업비 + 이주비 대출 + 금융비용 + 분담 금 + 예비비 등
5) 조합원 혜택 내역	이자 지불 방식, 선택 품목 등
6) 평형별 조합원 배정 내용	조합원에게 배정되는 동, 향, 층
7) 평형별 배치도, 평면도	아파트 타입과 구조 파악

조합원 이사비 확인

이사비는 더 빠른 이주를 유도하려고 주는 것이다. 이주비는 대출의 형식으로 지급되기 때문에 나중에 상환해야 하고 이자도 내야 하지만 이사비는 대부분 무상으로 지급한다. 보통 500만 원 내외에서 정해지는데, 권선 113-6구역은 가구당 700만 원씩 무상으로 지급한다고 나와 있다. 이사비는 조합에서 정한 기간 내에 이주를 완료해야 전액을 받을 수 있다. 이주권고기간이 지나고 나면 이사하는 시기에 따라 이사비가 차이 나는 경우가 많다. 이주권고기간 안에 이사하면 100% 지급하지만 이주권고기간이 지난 후 3개월 안에 이사하면 50%, 6개월 안에 이

▶ 표 4-2 총회 안내 자료 중 조합원 이사비

제3장 사업경비 및 이주비 대여
제14조(사업경비의 대여)
① 본 계약상의 사업경비는 다음 각 호와 같으며 "수급인"은 "도급인"에게 별도로 정하는 대여 조건과 제4조 제2항에 따른 방식으로 "도급인"에게 사업경비를 대여한다(사업경비 3,000억 원 한도 내).
　1.　조합운영비 및 조합사무실 임차보증금, 행정용역비
　2.　설계용역비, 철거용역비(석면처리계획 및 처리비 포함)
　3.　감리비, 상업승인에 따른 채권매입비 및 인허가비용
　4.　감정평가비, 측량비, 교통영향평가비, 분양보증수수료
　5.　각종 등기비(일반분양 보존등기비 등)
　6.　환경영향평가비, 재해영향평가비, 문화재지표조사비
　7.　공원심의비용, 지질조사비, 세무용역비, 회계용역비
　8.　법무용역비, 각종 총회비용, 각종 소송비용
　9.　조합원부담금 대납 금융비용
　10.　기본이주비 지급이자
　11.　조합원 이사비용(세대당 700만 원)
　12.　주거대책비, 국공유지매입비
　13.　지장물이설비(단지 내 외부), 매립폐기물 처리비
　14.　지하철 소음저감 공사비
　15.　상가 일반분양 경비(대행수수료 등)
　16.　광역교통 부담금
　17.　조합원의 토지상에 설정된 소유권 이외의 권리말소비
　18.　지장물이설비(단지 내 외부)
　19.　모델하우스 건립비용 및 임차료
　20.　국공유지 매입비 및 토지수용, 협의매수 등에 의한 토지매입비
　21.　주변 건물과의 일조권 등 인원보상 및 처리비
　22.　주거대책비
　23.　매립폐기물처리비
　24.　지하철 소음저감 공사비
　25.　기타 본 사업과 관련하여 "도급인"이 부담할 제 사업경비
② "도급인" 또는 "도급인"의 조합원은 사업경비 조달에 필요한 제반서류의 구비 및 그에 따른 절차를 각각 이행하여야 한다.
③ 본 조 제1항 제1호 내지 제11호의 대여금은 무이자로 대여하며, 제12호 내지 제25호의 대여금은 유이자로 대여한다.
④ "도급인"이 본 조 제1항에 의하여 차입한 금액에 대해 "수급인"은 금융기관에 이자를 납부하며, 본 조 제3항에 명기한 무이자 대여금에 대한 이자는 제7조 제1항의 공사계약금액 내에서 "수급인"이 부담한다. 금융기관으로부터 차입금의 수령, 관리 및 상환, 조합원에 대한 지급 및 상환액 수령 등의 제반 업무는 "수급인"이 "도급인"에게 위임받아 "수급인"이 관리하며, "수급인"이 금융기관으로부터 차입금을 수령하여 "도급인"에게 지급할 경우에 그 지급시기와 방법은 "도급인"과 "수급인"이 협의하여 정한다.

사하면 20%, 그 후에는 지급하지 않는다고 명시하고 있다.

분담금 납부 방법 확인

조합원분양을 받았어도 분담금은 일반분양과 똑같이 계약금과 중도금, 잔금으로 납부해야 한다. 보통은 계약금 10%, 중도금 60%, 잔금 30%로 나눠 낸다. 중도금 납부가 어려운 경우에는 연체이자를 내더라도 납부 시기를 늦출 수 있는지, 연체이자는 얼마나 되는지 미리 확인해야 한다.

▣ 표 4-3 총회 안내 자료의 분담금 납부 방법

제4장 건축시설의 분양
제19조(관리처분계획인가)
① "도급인"은 본 계약 체결 후 3개월 이내에 관리처분계획인가를 하여야 하며, "수급인"과 협의하여 공사비 및 사업경비의 원리금 등이 부족하지 않도록 조합원 분양금액 등을 산정하여 관리처분계획을 수립하여야 한다.
② 관리처분계획의 수립은 "도급인" 또는 "도급인"이 위탁한 정비사업전문관리업자 등이 수행한다.
③ "도급인"은 사업시행인가 후 조합원총회를 개최하여 관리처분계획수립을 완료하여야 하며, 관할 지자체로부터 관리처분계획의 인가를 득하여야 한다.
④ "수급인"은 공사비 및 사업경비 대여원리금이 부족할 것으로 예상될 경우 관리처분계획의 변경을 요구할 수 있고, "도급인"은 이에 응해야만 한다. 이때 구체적인 관리처분변경계획의 내용은 "도급인"과 "수급인"이 협의하여 정한다.
제20조(조합원분양)
① "도급인"은 도시 및 주거환경 정비법이 정하는 절차와 기간을 준수하여 "도급인"의 조합원이 분양 신청을 완료하도록 하여야 하며, 제19조의 인가된 관리처분계획에 의하여 분양대상에서 제외된 경우와 분양 신청을 아니하거나 분양 신청을 철회하거나 분양계획을 체결하지 아니한 경우 및 조합원 분담금을 3회 이상 연체한 경우에는 분양받을 의사가 없는 것으로 간주하여 도시 및 주거환경 정비법이 정하는 절차 또는 이에 준하여 관리처분계획을 기준으로 "수급인"과 협의 하에 현금청산하며 "도급인"은 조합 정관에 이를 명시해야 한다.
② 조합원에 대한 분양 업무는 "도급인"의 요청으로 "도급인"의 책임 하에 "수급인"이 대행하며, 조합원에게 분양하는 건축시설은 관리처분계획에 의하여 별도의 분양계약서를 작성하되, 조합원은 착공신고수리일로부터 15일 이내 전산추첨 등을 통하여 분양계획을 체결하여야 한다.
③ "도급인"의 조합원의 권리가액(관리처분계획에 따른 감정평가 권리가액)이 "도급인"의 조합원이 분양받은 건축시설의 가액을 미달하는 경우에는 그 차액(분양대금)은 조합의 주택재개발정비사업에 필요한 비용이며 관리처분계획에 의거 해당 조합원이 부담해야 할 분담금으로서 이를 청산하여야 하며, 조합원 분담금의 납부시점 및 납부 방법은 아래와 같다. 아래의 계약금과 중도금은 "도급인"과 "수급인"이 협의하여 선정한 금융기관을 통해 조합원대출로 납부할 수 있고, "도급인"의 조합원은 개별적으로 해당 금융기관에 대출 신청을 하여야 하며(단, 조합원의 개인 신용 상황 등으로 인하여 해당 대출이 실행되지 않을 수 있으며, 이에 대해 "도급인" 및 "수급인"에게 대여하여 "도급인"이 금융기관에 일괄하여 대납하되, 조합인 입주 시 분담금원리금을 100% 납부하여야 한다.

계약금 : 10%
중도금 : 60%
잔금 : 30%

"도급인"의 조합원이 대출신청을 하지 않거나 납부하여야 하는 분담금보다 대출금이 적을 경우, 해당 조합원은 부담금을 상기표에 따라 "도급인"이 지정한 계좌에 직접 납부하여야 한다.
④ "도급인"은 조합원 분양대금 납부(시기, 규모, 방법, 연체료 등) 및 부과금 징수에 관한 사항을 조합원 분양 전 조합원총회(관리처분총회 등)의 승인을 받아야 한다.
⑤ 실공사 기간이 제9조 공사기간보다 단축될 경우 잔여중도금 및 잔금의 납부시점은 그 단축기간만큼 변경·조정되는 것으로 하며, 이 경우 "도급인"은 중도금 및 잔금의 납부기간 단축으로 인한 선납할인 요구 등을 할 수 있다.
⑥ "도급인"의 조합원이 관리처분계획으로 분담금이 발생하지 않을 경우 그 환불금(교부금 등)은 본 조 제3항을 기준으로 정산한다. 단, 환불금(교부금 등)은 "도급인"의 조합수입재원 등("도급인"의 조합원의 분담

분담금을 잔금으로 100% 납부하는 재개발구역

- **서울:** 한남 3구역, 노량진 6구역, 상계 6구역, 방배 5구역, 갈현 1구역, 삼산 5구역, 장위 4 · 6 · 10 · 14구역, 신당 8구역, 대조 1구역, 홍은 13구역, 용두 6구역
- **수도권:** 광명 4 · 11 · 12구역, 창천 1구역, 부개 4구역, 도화 1구역, 삼산 5구역, 능곡 5구역, 숭의 3구역

조합마다 잔금 납부에 대한 혜택이 다르므로 잘 파악해서 활용한다.

조합원 혜택 내용 확인

분양권과 입주권의 큰 차이 중 하나가 조합원에게 주는 혜택이다. 재개

⬛ 표 4-4 총회 안내 자료의 조합원 혜택 내용

주요 마감재 항목
☐ 조합원 제공 특별품목
  ○ 발코니 확장, 거실, 주방, 침실(조합원 세대, 안방 제외 전체실 확장)
  ○ 외부 발코니 이중창 섀시, 일반 슬라이딩 22㎜ 복층 + 22㎜ 복층 (비확장 부위는 일반 단창 설치)
  ○ 고품격 하이브리드 쿡탑(인덕션 2구 + 1구)
  ○ 거실 아트월(폴리싱 타일)
  ○ 40인치 LED-TV
  ○ 빌트인 냉장고(800L급)
  ○ 빌트인 김치냉장고(220L)
  ○ 드럼세탁기(14KG, 세탁+건조)
  ○ 비데 2개소(부부욕실, 공용욕실)
  ○ 주방 컬러액정TV폰(10.2인치)
  ○ 디지털 도어록
  ○ 드레스룸 가구 및 화장대 설치(전용면적 84㎡ 이상, 인조대리석 상판 제외)
  ○ 천장형 에어컨 및 냉매배관 2개소(거실, 침실)
  ○ 통합디자인시스템을 적용한 외관 특화
  ○ 자녀방 붙박이장 1개소
  ○ 지하층 세대창고 제공
☐ 최첨단 에너지 절감 시스템
  ○ 외출 시 집안의 전등을 일괄적으로 소등할 수 있는 〈일괄소등스위치〉 (현관 센서등 및 안방등 제외)
  ○ 세대 현관 〈자동센서 LED 조명등〉
  ○ 각 실별 〈멀티온도조절 시스템〉
☐ 고품격 커뮤니티시설
  ○ 최신 운동시설과 시스템으로 건강한 생활이 가능한 〈피트니스센터〉
  ○ 요가, 에어로빅 등 즐겁게 운동하며 건강을 지킬 수 있는 〈헬스케어룸〉
  ○ 자녀들을 위한 〈공부방〉
  ○ 단지 내 어르신들께서 편하게 즐길 수 있는 〈시니어스클럽〉

발구역의 조합원에게는 무료 발코니 확장, 각종 가전제품 지급, 시스템 에어컨 설치 등 다양한 혜택이 제공된다. 무상으로 제공되는 가전제품의 설치를 원하지 않을 경우, 가족이나 지인 집으로 배송을 요청할 수도 있다.

커뮤니티 시설 확인

최근에는 어떤 커뮤니티 시설이 들어오는지에 따라 아파트의 가치와 가격이 달라진다. 예전에는 경로당이나 피트니스센터 정도가 있었지만 요즘 짓는 새 아파트는 골프 연습장, 실내 수영장, 사우나, 인피니티 풀, 스카이 브리지, 옥상 카페, 스터디 카페 등 다양한 커뮤니티 시설을 갖추는 추세다.

추정 비례율 확인

조합원의 이익과 직결되는 가장 중요한 사항이 비례율이다. 재개발사업의 성적표는 비례율로 나타난다. 비례율이 올라가면 조합원 권리가

표 4-5 총회 안내 자료의 추정 비례율 항목

제6조 분양기준가액의 산정 기준
1. 분양기준가액의 산출
  1) 조합에 대한 대지 및 건축시설의 분양 기준이 되는 분양기준가액의 산출은 아래의 산식에 의거 산출한다.
  2) 조합원별 분양기준가액 = 종전소유토지 및 건축물의 평가액 × 비례율

  3) 추정비례율(%) = $\dfrac{\text{구역 내 사업 완료 후의 대지 및 건축시설의 총 추산액} - \text{총 사업비}}{\text{분양대상자의 종전토지 및 건축물의 평가액}}$ 100

  4) 추정비례율 산정내역 = $\dfrac{843,299,798,572 - 720,650,247,818}{122,453,180,145}$ × 100 = 100.16%

2. 비례율은 사업 완료 후 대지 및 건축시설의 총추산액과 총사업비의 증감으로 인하여 변경될 수 있으며, 증감이 있을 경우에는 청산 시 지급 또는 징수키로 한다.

액이 상승해 분담금이 줄어든다. 예를 들어 감정평가액이 1억 원이고 비례율이 120%라면 권리가액은 1억 2,000만 원이 된다. 이 경우 2,000만 원의 분담금이 줄어든다.

조합원분양가 및 일반분양가 확인

매수할 때 가장 먼저 확인해야 할 중요한 사항이 조합원분양가와 일반분양가다. 분양가는 관리처분인가 이후 확정되기 때문에 관리처분계획

■ 표 4-6 총회 안내 자료의 분양가 항목

자금운용계획(안)
1. 총수입

1) 조합원 아파트 분양분 매출액 (단위 : m²/원)

TYPE (m²)	조합원 세대수	분양면적	3.3m²당 평균 분양가	세대당 평균분양가	조합원분양분 매출액
48A	46	73.9605	11,187,761	250,304,348	11,514,000,000
48B	3	74.5115	11,225,364	253,016,667	759,050,000
59A	83	84.4541	11,414,093	291,600,000	24,202,800,000
59B	122	84.2830	11,444,514	291,784,836	35,597,750,000
59C	157	84.8158	11,171,840	286,633,439	45,001,450,000
59D	3	84.8248	11,129,730	285,583,333	856,750,000
71A	159	100.1271	11,268,156	341,294,969	54,265,900,000
71B	15	99.9522	11,075,487	334,873,333	5,023,100,000
84A	173	113.5298	11,377,741	390,743,064	67,598,550,000
84B	2	113.6154	11,144,601	383.0025,000	7,660,050,000
101	28	129.1732	11,627,305	454,335,714	12,721,400,000
계	791				258,306,800,000

2) 일반분양아파트 분양분 매출액 (단위 : m²/원)

TYPE (m²)	일반분양 세대수	분양면적	3.3m²당 '평균 분양가	세대당 평균분양가	일반분양분 매출액
48A	23	73.9605	13,100,868	293,106,391	6,741,447,000
48B	10	74.5115	13,144,902	296,282,517	2,962,825,167
59A	0	84.4541	13,365,903	341,463,600	0
59B	65	84.2830	13,410,526	341,680,043	22,209,202,797
59C	107	84.8158	13,082,225	335,647,758	35,914,310,068
59D	0	84.8248	13,032,914	334,418,083	0
71A	193	100.1271	13,195,011	399,656,408	77,133,686,778
71B	45	99.9522	12,969,395	392,136,673	17,646,150,300
84A	674	113.5298	13,323,334	457,560,127	308,395,525,906
84B	58	113.6154	13,050,328	448,522,275	26,014,291,950
101	56	129.1732	13,615,575	532,027,121	29,793,518,800
계	1,231				526,810,958,765

3) 임대주택 매각액 (단위 : m²/원)

TYPE (m²)	임대주택	분양면적	택지비	건축비	임대주택 매각액
39	156	59.7136	7,792,633,349	14,999,855,270	22,792,488,619

을 위한 총회의 안내 자료를 통해 정확한 금액을 알 수 있다.

평형별 조합원 배정(동, 층, 향) 확인

일반적으로 조합원에게는 로열 동과 로열 층을 배정한다. 관리처분인가가 났다면 이미 조합원 평형 배정이 이뤄졌을 확률이 높다. 따라서 관리처분인가 이후에 매수할 때는 해당 매물이 배정받을 평형과 타입을 확인해야 한다.

◘ 표 4-7 총회 안내 자료의 평형별 조합원 배정 내용

103동 (59B, 59C, 84A) 분양가 (단위 : 천 원)

범례	
	조합원(1주택)
	조합원(2주택)
	일반
	보류지

15층	389,250	389,000	293,500	288,950	288,950	290,550
14층	394,300	394,100	297,200	292,700	292,700	293,700
13층	394,150	394,000	297,200	292,700	292,700	293,600
12층	393,950	393,900	297,150	292,650	292,700	293,600
11층	393,800	393,800	297,050	292,600	292,700	293,600
10층	393,700	393,800	297,000	292,550	292,700	293,550
9층	392,800	392,900	296,350	291,850	292,100	293,050
8층	391,100	391,100	294,950	290,600	290,800	291,800
7층	389,300	389,400	293,550	289,150	289,450	290,650
6층	387,200	387,200	291,950	287,450	287,700	289,150
5층	385,000	384,900	290,250	285,750	286,150	287,650
4층	382,850	382,600	288,550	284,250	284,650	286,150
3층	380,450	380,250	286,650	282,550	283,000	284,600
2층	374,550	374,250	282,350	278,250	278,550	280,350
1층	필로티	365,050	275,500	271,200	271,600	필로티
호수	6호	5호	4호	3호	2호	1호
규모	84A	84A	59B	59C	59C	59B
향	남서	남서	남서	남동	남동	남동

◆ 사업 진행상 동호수 위치 또는 분양금액이 변경될 수 있습니다.
◆ 최저층 우선 배정을 희망하는 조합원은 희망하는 동호수를 지정하여 조합에서 추후 지정한 기간 내에 신청하며, 최저층 우선 배정이 확정된 조합원의 경우에는 동호수 추첨에서 제외한다.

평형별 선호 타입 확인

관리처분계획총회 안내 자료에는 분양하는 평형별 평면도가 나온다. 분양가격은 큰 차이가 없지만 같은 평형이라도 판상형인지 타워형인지에 따라, 아파트 전면부 설계(2베이, 3베이, 4베이 등)에 따라 입주 후 시세가 차이 날 수 있다. 선호도에 따라 희비가 엇갈리게 되는 것이다. 되도록 판상형, 3베이 혹은 4베이, 알파룸이나 다용도실이 포함된 구조를 선택해야 향후 시세 상승에 유리하다.

◘ 그림 4-2 총회 안내 자료의 평면도

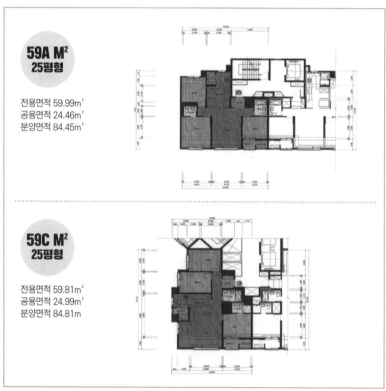

출처 : 반석공인중개사 블로그

◀◀ 입주 시 예상 시세 계산법

예상 수익을 알기 위해서는 입주 시 시세를 정확히 예측할 수 있어야
한다.

$$예상 수익 = 입주 시 예상 가격 - 총투자금$$

$$총투자금 = 매매가 + 추가분담금$$

$$= 조합원분양가 + 프리미엄$$

위 산식이 재개발 투자에서 수익률을 분석하는 방법이다. 예상 수익을
알려면 반드시 입주 시 예상 가격을 알아야 한다. 입주 시 예상 가격은
다음과 같은 방법으로 구한다. 미래시세 예측 방법은 〈남무 98'S 블로
그〉를 참고했다.

인근 신축 아파트의 현재 시세

호갱노노를 활용해 인근 신축 아파트 시세를 확인한다. 인근에 없다면
입지가 비슷한 옆 동네의 신축 아파트 시세를 조사한다. 해당 단지의
조건(연식, 세대수, 지하철역과의 거리, 브랜드, 평형대별 가격)도 파악한다. 연
식, 세대수, 지하철역과의 거리, 시공사 브랜드에 따라 아파트 가격이
달라지기 때문이다.

아파트 가격 상승률을 반영한 미래 시세 예측

재개발구역 인근에 유명한 건설사에서 지은 신축 아파트가 있다고 가정하자. 입주한 지 2년 차로 500세대이며 지하철역과의 거리는 도보로 5분이다. 한편 재개발구역에 들어설 새 아파트는 550세대이고, 지하철역과의 거리는 도보로 5분이며, 시공사 역시 유명한 건설사라면 연식을 제외한 다른 조건들이 비슷해서 비교하기 좋은 대상이다.

하지만 5년 후 새 아파트에 입주할 때 인근 신축 아파트는 7년 차 아파트가 된다. 다른 조건이 동일해도 연식이 7년이나 차이 나면 가격이 다를 수밖에 없다. 따라서 연식에 따른 가격 요소를 반영하지 않고 인근 신축 아파트의 현재 시세를 재개발 물건의 입주 시 예상 가격과 단순 비교하는 것은 무리가 있다. 그래서 연식 차이에 따른 가격 보정이

⬛ 그림 4-3 아파트 가격 지수와 소비자물가 상승률 비교

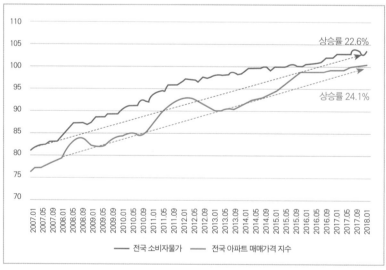

출처 : 통계청

STEP
4

필요하다. 이를 해결하기 위해 지난 11년간 전국아파트값 상승률과 소비자물가 상승률을 비교했다. 부동산 경기에 따라 아파트값이 크게 오르거나 내릴 때도 있었지만 전국 아파트값은 연평균 2.4% 정도 상승했다. 소비자물가 역시 같은 기간 연평균 2.3% 상승했다. 장기적으로 봤을 때 아파트값은 적어도 물가상승률 정도는 상승한다는 뜻이다.

따라서 입주 시 아파트 가격을 예상할 때 연차만큼 이 상승률을 적용해 계산할 수 있다. 단, 입지나 상품성이 비슷하면 2.5%를, 입지나 상품성이 떨어지면 2%를, 입지나 상품성이 뛰어나면 3%를 적용한다.

하지만 서울 아파트의 가격 상승률이 다른 지역에 비해 가파르고, 서울 신축 아파트에 대한 수요 역시 더 풍부하므로, 서울 신축아파트가 될 곳에 재개발투자를 할 때는 보정치를 줘야 계산이 더 정확해진다. 아래 〈입주 시 예상 시세 계산 비율표〉를 참고한다.

수도권 & 지방 아파트	서울 아파트
입지와 상품성 유사 → 연2.5% 적용	입지와 상품성 유사 → 연3.5% 적용
입지와 상품성 우수 → 연3% 적용	입지와 상품성 우수 → 연4% 적용
입지와 상품성 열등 → 연2% 적용	입지와 상품성 열등 → 연3% 적용

실제 사례를 통한 입주 시 예상 가격 계산

실제 나의 투자 사례를 통해 입주 시 예상 시세 계산하는 방법을 알아보자. 상계 2구역에 투자할 때 내가 비교한 곳은 상계 4구역이 재개발을 통해 새 아파트가 된 노원센트럴푸르지오였다. 이 아파트는 810세대이고, 지하철역 4호선 상계역과 당고개역 사이에 있어 지하철역까지

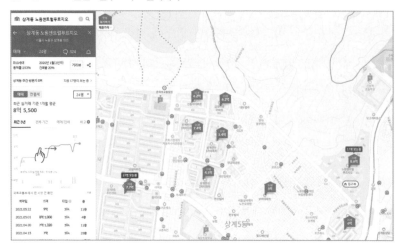

출처 : 호갱노노

도보로 10분이 걸리며, 브랜드는 대우푸르지오다.

상계 2구역은 2020년 11월 현재 사업시행인가를 신청한 상태로 입주는 2027년으로 예상한다. 총 2,200세대, 당고개역과 도보로 5분 거리의 초역세권이며, 브랜드는 대우푸르지오와 동부센트레빌 컨소시엄이다. 상계 2구역에서 84m²를 배정받는 재개발 물건의 입주 시 예상 시세를 알고 싶다면 다음과 같이 계산할 수 있다.

상계 2구역은 노원센트럴푸르지오보다 세대수도 많고 지하철역과도 가까워 입지나 상품성이 뛰어나다. 따라서 상승률을 연 3%로 적용한다. 또한 상계 2구역은 2027년 입주 예정이고 노원센트럴푸르지오는 2020년에 입주했으니 연식 차이는 7년이다. 노원센트럴푸르지오의 최근 3개월 실거래가 평균은 9억 5,000만 원이다. 그렇다면 상계 2구역 33평 아파트의 입주 시 예상 가격은 얼마가 될까?

> 입주 시 아파트 가격＝인근 신축 아파트 시세(3개월 평균)×(연식 차이×3~4%)

- 연식 차이＝2027년－2020년＝7년

- 입지와 상품성 우위＝상승률 연 4% 적용

- 7년×4%＝28% 상승 예상

- 입주 시 예상 가격＝9억 5,000만 원×128%＝12억 1,600만 원

결론적으로 상계 2구역에 84m²를 배정받는 물건을 샀을 경우 2027년 입주 시 아파트 가격은 12억 1,600만 원 정도로 예상할 수 있다. 만약 이 물건의 매매가가 4억 원이고 추가분담금이 2억 원이라면 수익은 6억 1,600만 원 정도로 예상할 수 있다.

총투자금＝매매가＋추가분담금＝4억 원＋2억 원＝6억 원

예상 수익＝입주 시 예상 가격－총투자금

＝12억 1,600만 원－6억 원＝6억 1,600만 원

물론 요즘처럼 신축 아파트 가격의 상승 속도가 빠를 때는 비교 대상 아파트가 계속 높은 실거래가로 갱신되면서 입주 시 예상 가격도 시간이 지나며 상승할 수 있다.

안전투자를 위해 꼭 확인해야 할 세 가지

사람들이 '재개발 투자는 리스크가 크다' '재개발 투자는 어렵다'라는 편견을 갖는 이유 중 하나가 여러 가지 법적 조항 때문이다. 조합원의 분양 자격이나 조합원 지위 양도 금지, 재당첨 5년 제한 규정 등에 대해서 모르고 투자했다가 새 아파트를 분양받지 못하고 현금청산되는 경우가 생길 수도 있다.

이번에는 잘 모르고 투자해서 입주권을 받지 못하는 일이 생기지 않도록 꼭 확인해야 할 리스크들을 꼼꼼히 살펴보자.

◀◀ 분양 자격

재개발 투자를 하는 이유는 새 아파트를 받을 수 있는 입주권을 받기 위해서다. 그리고 입주권을 받기 위해서는 분양 자격을 확인해야 한다.

이때는 조합원의 분양 자격과 물건의 분양 자격, 두 가지 측면에서 살펴봐야 한다.

조합원의 분양 자격 확인

만약 재개발구역 부동산을 사서 조합원분양 신청을 하려는데 조합원의 자격을 갖추지 못해서 입주권을 받을 수 없다면 어떨까? 이런 일을 미연에 방지하기 위해 분양 자격에 대해 알아보자.

분양 자격을 알려면 첫 번째로 매도인의 조합원 지위를 확인해야 하고, 두 번째는 매수하는 부동산이 분양 자격에 결격 사유가 없는지 파악해야 한다.

조합원의 분양 자격은 도시 및 주거환경 정비법에 명시돼 있다. 재개발·재건축 같은 정비사업을 위한 절차법인 도정법에서 정하는 조합원분양 자격은 다음과 같다.

1) 제39조(조합원의 자격 등)

정비사업(시장, 군수 또는 주택공사 등이 시행하는 정비사업을 제외한다)의 조합원은 토지등소유자(주택재건축사업과 가로주택정비사업의 경우에는 주택재건축사업과 가로주택정비사업에 각각 동의한 자만 해당한다)로 하되, 다음 각 호의 어느 하나에 해당하는 때에는 그 여러 명을 대표하는 1인을 조합원으로 본다.

다만, 국가균형발전특별법 제18조에 따른 공공기관 지방이전 및 혁신도시 활성화를 위한 시책 등에 따라 이전하는 공공기관이 소유한 토지 또는 건축물을 양수한 경우 양수한 자(공유의 경우 대표자 1명을 말한다)를 조합원으로 본다.

① 토지 또는 건축물의 소유권과 지상권이 수인의 공유에 속하는 때

② 여러 명의 토지등소유자가 1세대에 속하는 때(이 경우 동일한 세대별 주민등록표상에 등재되어 있지 아니한 배우자 및 미혼인 19세 미만의 직계비속은 1세대로 보며, 1세대로 구성된 여러 명의 토지등소유자가 조합설립인가 후 세대를 분리하여 동일한 세대에 속하지 아니하는 때에도 이혼 및 19세 이상 자녀의 분가를 제외하고는 1세대로 본다.

③ 조합설립인가 후 1명의 토지등소유자로부터 토지 또는 건축물의 소유권이나 지상권을 양수하여 여러 명이 소유하게 된 때

2) 부칙(법률 제9444호)

제10조(조합원 자격에 관한 경과 조치), 제16조에 따라 조합설립인가를 받은 정비구역에서 다음 각 호의 어느 하나에 해당하는 경우에는 제19조 제1항 제3호의 개정 규정에도 불구하고 조합원 자격의 적용에 있어서는 종전의 규정(2009. 2. 6. 법률 제9444호로 개정되기 전의 법률을 말한다)에 따른다.

① 다음 각 목의 합이 2 이상을 가진 토지등소유자로부터 2011년 1월 1일 전에 토지 또는 건축물을 양수한 경우

가. 토지의 소유권

나. 건축물의 소유권

다. 토지의 지상권

② 2011년 1월 1일 전에 다음 각 목의 합이 2 이상을 가진 토지

등소유자가 2012년 12월 31일까지 다음 각 목의 합이 2(조합

설립인가 전에 임대주택법 제6조에 따라 임대사업자로 등록한 토지등소

유자의 경우에는 3을 말하며, 이 경우 임대주택에 한정한다) 이하를 양

도하는 경우

가. 토지의 소유권

나. 건축물의 소유권

다. 토지의 지상권

부칙 제10조에 의거해, 같은 재개발구역에 여러 개의 부동산을 소유한 조합원이 조합설립인가 이후에 이를 각각 다른 사람에게 양도하면, 이 조합원의 매물을 구입한 매수인은 분양 자격이 없어 현금청산자가 된다.

따라서 조합설립인가가 난 재개발구역의 물건을 구입할 때는 반드시 매도자가 같은 재개발구역에 다른 부동산을 소유하고 있는지 확인해야 한다. 만약 계약할 때 이런 내용을 확인할 수 없는 상황이라면 계약서에 '매도인이 같은 재개발구역에 다른 부동산을 소유하고 있어 조합원 자격에 이상이 있을 경우 본 계약은 아무 조건 없이 해제할 수 있고, 이에 따른 손해는 매도인이 책임진다'와 같은 특약사항을 추가해 만일의 상황에 대비해야 한다.

다가구주택은 여러 세대가 거주해도 소유자는 한 명이고 나머지는 모두 임차인이다. 소유자가 한 명이기 때문에 입주권도 하나가 나온다. 그

매도자가 조합원 자격이 있는지 확인하는 법

- 재개발구역의 물건을 매입할 때 해당 구역이 조합설립인가를 받았는지 확인한다.
- 조합설립인가를 받지 않았다면 매도인의 조합원 자격은 확인하지 않아도 된다.
- 조합설립인가를 받았다면 조합에서 매도인이 같은 재개발구역에 다른 부동산을 소유하고 있는지 확인한다.
- 매도인이 다른 부동산을 소유하고 있지 않으면 매수해도 된다.
- 매도인이 다른 부동산을 소유하고 있으면 현금청산이 되므로 매수하면 안된다. 조합설립인가 후의 거래에서는 혹시 모를 상황에 대비해 계약서에 특약사항을 넣어 리스크를 줄인다.
  예시) 매도인이 같은 재개발구역에 다른 부동산을 소유하고 있어 조합원 자격에 이상이 있을 경우 본 계약은 아무 조건 없이 해제할 수 있고, 이에 따른 손해는 매도인이 책임진다.

러나 다세대주택은 공동주택으로 한 건물에 사는 세대수만큼 소유자가 존재하므로 소유자 수만큼 입주권이 나온다. 과거에는 재개발구역으로 지정되면 그 구역 단독주택을 구입해서 헐고 새로 다세대주택을 지어 입주권 개수를 늘리거나, 다가구주택을 매입한 후 다세대주택으로 전환해서(전환 다세대주택) 입주권 개수를 늘리기도 했다. 이렇게 편법으로 입주권 개수를 늘리는 사람들이 등장하면서 부작용이 생겼다.

재개발사업은 지을 수 있는 주택 수가 정해져 있고, 조합원분양 세대수보다 일반분양 세대수가 많아야 사업성이 좋아져 조합원들에게 그 이익이 돌아온다. 그런데 이런 '지분 쪼개기'로 조합원분양 세대수가 늘어나고 일반분양 세대수가 줄어들면 사업성이 악화되고 사업 자체가 무산되는 최악의 상황에 이를 수도 있다. 이런 폐단을 막기 위해 도정법은 조합설립인가 시점에 그 구역에 여러 개의 토지 또는 건축물을 소유한 토지등소유자의 토지 또는 건축물을 매수하면 조합원분양 대상자가 될 수 없다는 규정을 만들었다.

재개발 물건의 분양 자격 확인

조합원의 자격은 재건축사업과 재개발사업에 차이가 있다. 재건축사업에서는 건축물과 토지를 모두 소유해야 조합원 자격이 생긴다. 또한 재건축사업 진행에 동의한 사람만 조합원이 될 수 있다. 동의하지 않은 토지등소유자는 조합원이 될 수 없지만 추후에라도 조합원분양 신청 전까지만 동의하면 조합원 자격이 부여된다.

재건축사업의 조합원 자격은 다음과 같다.

① 정비구역 내 건축물 및 그 부속 토지의 소유자일 것
② 재건축사업에 동의한 자일 것

그렇다면, 재개발사업의 조합원은 어떤 자격이 필요할까? 재개발사업에서는 건축물이나 토지 중 하나만 있어도 조합원 자격이 생긴다. 토지나 건축물은 없이 지상권(무허가 건축물)만 있어도 조합원 자격을 주기도 한다. 그런데 지상권은 조건에 따라 조합원 자격이 생길 수도 있고 아닐 수도 있으므로 세부사항을 잘 따져봐야 한다.

또한 재개발사업은 재건축사업과 달리 조합이 설립되면 동의 여부

□ 표 4-8 재개발사업의 조합원 자격 요건

토지와 건물 모두 소유	다른 조건 없이 자격 요건 갖춤
토지 또는 건축물만 소유	-2003년 12월 30일 이전에 소유권이 분리돼 있을 것 -토지의 경우 면적이 90㎡ 이상일 것 -토지 면적이 30㎡ 이상~90㎡ 미만일 경우 반드시 무주택자일 것(단, 2010년 7월 30일 이전에 구역지정이 되었어야 함) -지목과 현황이 모두 '도로'가 아닐 것
무허가 건축물 소유	-1981년 12월 31일 현재 '무허가 건축물 대장'에 등록돼 있거나 -1981년 촬영한 '항공사진'에 나타나 있을 것

와 관계없이 토지등소유자는 모두 조합원이 된다. 그렇다면 세부적인 자격 조건에 대해 알아보자.

토지와 건축물을 모두 소유한 경우에는 다른 조건과 상관없이 조합원 자격이 주어진다. 부동산의 크기와 소유하고 있는 주택 수도 관계없다. 하지만 토지나 건축물 중 하나만 소유한 경우에는 토지와 건축물의 소유권 분리를 언제 했는지가 중요하다. 조합원 자격은 '서울특별시 도시 및 주거환경 정비 조례' 시행일인 2003년 12월 30일 이전에 분리가 된 경우에만 인정한다. 이 조례는 입주권을 여러 개 받기 위해 토지와 건물의 소유권을 분리하는, 이른바 지분 쪼개기를 막기 위한 법이다.

건물만 소유한 사람은 조례 시행일 이전에 소유권을 분리했으면 조합원 자격이 생긴다. 그러나 토지만 소유한 사람은 토지의 크기를 따져 봐야 한다. 서울시 기준으로 소유한 토지의 면적이 90m² 이상 돼야 조합원 자격을 준다. 소유한 토지 면적이 30m² 이상 90m² 미만일 때는 반드시 무주택자여야 한다. 해당 토지의 지목과 현황이 모두 도로인 경우에는 조합원 자격이 없다. 지목과 현황 중 어느 하나만 도로가 아니면 조합원 자격이 주어진다. 소유한 토지의 면적이 30m² 미만이어도 조합원 자격이 없기 때문에 현금청산을 받게 된다. 30m² 미만의 토지를 가진 소유자라면 조합원분양 신청 전까지 다른 조합원의 토지를 매입해서 면적이 90m² 이상 되도록 하면 조합원 자격이 생긴다. 다른 조합원에게 팔 수도 있다. 같은 구역에 소유한 토지 면적의 합을 기준으로 하므로 토지가 붙어 있지 않아도 된다.

그리고 재개발구역에 토지나 건물을 소유하지 않아도 조합원이 될 방법이 있다. '뚜껑'이라고 부르는 무허가 건축물을 소유하는 것이다. 단, 모든 무허가 건축물이 인정받는 것은 아니다. 1981년 12월 31일을 기준으로 무허가 건축물 대장에 등록돼 있거나 1981년에 촬영한 항공사진이 있으면 인정받을 수 있다. 해당 구청에 문의하면 무허가 건축물 대장에 대해 간단하게 확인할 수 있다. 이런 무허가 건축물을 매수할 때는 입주권이 나오는 매물인지 반드시 확인해야 한다. 재개발 투자를 하려면 재개발구역의 분양 자격에 관해 잘 알고 있어야 한다. 아무리 좋은 매물을 사도 현금청산이 되어 새 아파트를 받지 못하면 의미가 없기 때문이다.

◀◀ 조합원 지위 양도 금지

조합원 지위 양도 금지 규정은 투기과열지구에만 적용된다. 투기과열지구에 있는 재개발구역에서는 관리처분계획인가 후부터 조합원의 지위 양도가 금지된다. 즉, 관리처분인가 후에 재개발구역 내 건축물 또는 토지를 양수한 자는 조합원이 될 수 없다(입주권이 나오지 않는다)고 규정하고 있다. 단, 2018년 1월 24일 이전에 사업시행인가를 신청한 재개발구역에는 적용되지 않고, 2018년 1월 24일 이후 최초로 사업시 행인가를 신청한 재개발구역에만 적용된다.

전매 제한 예외 규정이 있다?

투기과열지구에서 관리처분인가 후에도 거래할 수 있는 조건이 있다. '10년 보유, 5년 거주, 1세대 1주택'이라는 세 가지 조건을 모두 갖춘 매물은 전매가 가능하다. 셋 중 하나만 충족하면 되는 게 아니라 세 가 지를 모두 충족해야 한다. 이 세 가지 조건을 갖춘 매물을 확인하는 방 법에 대해 알아보자.

1) 10년 보유 여부

등기부등본을 발급받으면 소유권이전등기를 언제 했는지 알 수 있다.

2) 5년 거주 여부

주민등록초본을 발급받으면 언제 전입했는지, 얼마나 지났는지 알 수 있다.

3) 1세대 1주택

지방세 납세 증명서를 보면 재산세(지방세)를 낸 내용이 명시돼 있 기 때문에 다른 주택을 소유하고 있는지 알 수 있다. 단, 1세대 1 주택 요건에는 매도자를 포함한 세대원 모두가 소유한 주택이 하나여야 한다.

전매 제한 예외 규정을 정리하면 다음과 같다.

- 1세대 1주택자로 10년 이상 보유, 5년 이상 거주한 경우
- 세대원 전부가 직장, 취학, 결혼 등으로 해당 사업구역 이외의 행정구역으로 이전하는 경우
- 세대원 전체가 상속받은 주택으로 이주하는 경우
- 금융기관, 국가, 지자체에서 경매 또는 공매를 신청하여 소유권이 이전되는 경우(단, 개인 간의 채무 변제를 위한 경매는 제외)

이러한 규정을 재개발 투자에 어떻게 활용할 수 있을까?

먼저 투기과열지구에서 2018년 1월 24일 이후 최초로 사업시행인가를 신청한 재개발구역에 투자할 때 관리처분인가가 된 후에 매수한다면 소유권이전등기를 할 때까지 팔 수 없다. 만일 관리처분인가 전에 매수한다면 관리처분인가 이후에는 입주할 때까지 팔 수 없으므로 관리처분인가 전에 팔거나 입주시기에 소유권이전등기를 한 후 매도하는 계획을 세운다.

반대로 투기과열지구에서 관리처분인가 이후의 안전투자를 하고 싶은데 입주 전에 매수와 매도를 하고 싶다면, 2018년 1월 24일 이전에 최초로 사업시행인가를 신청한 재개발구역에 투자해야 한다.

재건축사업의 전매 제한 규정

재건축사업에도 조합원 지위 양도 금지 규정이 있는데 재개발사업과는 차이가 난다. 투기과열지구에서 재개발사업은 관리처분인가 후부터 조합원 지위 양도가 금지되는 반면, 재건축사업은 조합설립인가 이후부터 신축 아파트 소유권이전등기를 할 때까지 조합원 지위를 양도할 수 없다.

'10년 보유, 5년 거주, 1세대 1주택'이면 전매가 가능하다는 예외 규정은 동일하게 적용되지만, 재건축사업에는 추가로 적용되는 예외 조항이 있다.

□ 표 4-9 조합원 지위 양도 금지 규정

	투기과열지구 내 조합원 지위 양도 금지 규정	
	재개발	재건축
금지 조항	관리처분인가 후 신축 아파트 소유권이전등기 시까지 조합원 지위 양도 금지 (2018년 1월 24일 이후 사업시행인가 신청 구역) *2018년 1월 24일 이전 사업시행인가를 신청한 구역은 조합원 지위 양도 금지 규정 미적용	조합설립인가 후 신축 아파트 소유권이전등기 시까지 조합원 지위 양도 금지
예외 조항	10년 보유, 5년 거주, 1세대 1주택인 경우 전매 가능	
		조합설립인가 후 3년 내 사업시행인가 미신청 시 신청 전까지 (3년 이상 보유한 경우) 조합원 지위 양도 가능
		사업시행인가 후 3년 내 미착공 시 착공 전까지 (3년 이상 보유한 경우) 조합원 지위 양도 가능
		착공 후 3년 내 미준공 시 준공 전까지 (3년 이상 보유한 경우) 조합원 지위 양도 가능

- 조합설립인가 후 3년 내 사업시행인가 미신청 시 사업시행인가 신청 전까지
- 사업시행인가 후 3년 내 미착공 시 착공 전까지
- 착공 후 3년 내 미준공 시 준공 전까지 3년 이상 보유한 경우

이들 예외 조항에 해당한다면 재건축사업에서는 조합원 지위 양도가 가능하다.

조합원 지위 양도 금지 규정의 시점

조합원 지위 양도 금지 규정의 시점에 대해 혼동하는 경우가 많다. 투기과열지구에서 관리처분인가를 받은 후여야 한다는 점도 중요하지만 언제 사업시행인가를 신청했는지가 더욱 중요하다. 이해를 돕기 위해 몇 가지 예를 가정해서 살펴보겠다.

① 현재 관리처분인가를 받았고, 사업시행인가를 2018년 1월 24일 이전에 신청한 구역 ➲ 입주권 전매 가능

② 현재 관리처분인가는 받았지만 사업시행인가를 2018년 1월 25일 이후 신청한 구역 ➲ 입주권 전매 금지

③ 현재 관리처분인가를 받지 못했지만 사업시행인가를 2018년 1월 24일 이전에 신청한 구역 ➲ 관리처분인가 이후에도 전매 가능

④ 현재 관리처분인가를 받지 못했지만 사업시행인가를 2018년 1월 25일 이후에 신청한 구역 ➲ 관리처분인가 이후에도 전매 금지

조합원 지위를 양도할 수 있는지 확인하려면 먼저 투기과열지구인지, 관리처분인가를 받았는지 그리고 최초 사업시행인가 신청일이 2018년 1월 24일 이전인지 이후인지 체크해야 한다.

◀◀ 5년 이내 재당첨 금지

2017년 10월 24일 이후부터 투기과열지구 내 재건축·재개발 등 정비사업에서 일반분양 또는 조합원분양에 당첨된 세대에 속한 자는 당첨일로부터 5년간 투기과열지구의 정비사업 일반분양 또는 조합원분양의 재당첨이 금지됐다. 여기서 조합원분양의 당첨일은 관리처분계획인가일을 기준으로 하고, 일반분양 당첨일은 청약에 당첨된 날을 기준으로 한다. 단, 법이 시행되기 이전(2017년 10월 24일 이전)에 소유하고 있던 주택에 대해서는 재당첨 제한이 적용되지 않는다.

2017년 10월 24일 이전에 소유권이전된 물건은 제외

2017년 10월 24일 이전에 소유권이 이전된 물건이라면 재당첨 금지와 무관하다. 그러므로 투기과열지구에 여러 개의 물건을 보유해도 모두 분양 신청 자격을 갖게 된다.

5년간 재당첨 제한은 두 채 모두 투기과열지구일 때만

5년간 재당첨 제한은 두 채 중 한 채라도 투지과열지구가 아니라면 해당되지 않는다.

추가 매수 시 5년 재당첨 제한 기간 산정 방법

A라는 재개발(재건축) 물건 소유자가 다시 B라는 재개발(재건축) 물건을 추가 매수할 경우, 5년 재당첨 제한 기간은 다음과 같이 산정한다. A 물건의 관리처분인가일과 B물건의 관리처분인가일이 아니라 A물건의 관리처분인가일과 B물건의 조합원분양 마지막 날의 간격이 5년이 넘어야 한다.

5년 재당첨 금지를 활용한 투자 전략

재개발 물건의 당첨일 기준은 관리처분인가 시점이므로 보유한 물건이 관리처분인가 이후 입주권 형태로 매수한 것인지 관리처분계획 인가 이전 물건인지 확인한다. 서로 다른 투기과열지구에 보유하고 있는 A, B, C, 세 개의 물건을 모두 2017년 10월 24일 이후에 매수했다고 가정하자.

A는 관리처분인가 이후 매수한 입주권이다. 원래 조합원이 아니라 입주권을 승계한 조합원이므로 재당첨 제한 적용을 받지 않는다. 즉 A는 재당첨 금지 물건에서 제외된다. 그런데 B와 C는 서로 영향을 줄 수 있다는 점에 유의해야 한다. B가 관리처분인가를 받은 후 입주권으로 바

뀌고 나서 5년 안에 C가 관리처분인가를 받게 되면 C는 현금청산이 된다. 이런 경우 B를 관리처분인가를 받을 때까지 보유할 계획이면 C는 관리처분인가를 받기 전에 매도해야 한다. C를 오래 보유하고 싶다면 관리처분인가 전에 B를 팔면 된다. 5년 재당첨 제한 대상이 되면 해당 물건은 현금청산이 되므로 유의해야 한다.

STEP
5

수익률 분석
연습하기

초기투자금은 얼마나 들까

투자를 할 때는 기본적으로 투자금과 투자기간, 수익률을 고려해야 한다. 재개발구역에 투자할 때도 얼마 동안 얼마를 투자해서 얼마의 수익을 낼지 계획하는 것이 중요하다. 매수할 물건의 소유권을 이전할 때까지 필요한 비용이 얼마인지, 재개발사업이 완료돼 새 아파트를 받을 때까지 들어가는 비용이 얼마인지, 사업이 진행되는 동안 추가로 필요한 비용이 얼마인지, 나중에 새 아파트가 됐을 때 기대할 수 있는 수익은 얼마인지 꼼꼼하게 따져야 한다. 이는 재개발 투자를 결정할 때 고려해야 할 가장 기본적인 것이므로 자신에게 하나하나 질문하면서 답을 할 수 있어야 한다. 이 질문에 명확한 답을 하지 못할 때는 투자하면 안 된다. 이제 재개발 투자수익률을 분석하는 방법을 알아볼 텐데, 수익률을 분석할 수 있다면 이 질문에 대한 답을 찾을 수 있을 것이다.

내가 처음 재개발 투자를 할 때는 어떻게 수익 분석을 해야 하는지 아무도 알려주지 않았다. 관련 책도 많이 읽고 강의도 들었지만 자금계획은 어떻게 세워야 되는지, 예상 수익은 어떤 근거로 어떻게 계산해야 하는지, 초기투자금과 총투자금은 얼마로 계산해야 되는지 등 하나하나 몸으로 부딪히고 경험하면서 스스로 터득해나갔다.

그 경험을 토대로 재개발 수익률 분석 방법을 정리했다. 지금부터 알려드리는 방법을 반복해서 자신의 것으로 만든다면 재개발 투자를 위해 중개소를 방문했을 때, 중개사로부터 매물 정보를 문자로 받았을 때, 지인의 재개발 투자 사례를 분석할 때 등 바로바로 유용하게 활용할 수 있게 될 것이다.

◀◀ 초기투자금 최대한 정확히 계산하기

재개발구역에 있는 기존 부동산의 소유권을 이전할 때까지 들어가는 비용을 초기투자금이라고 한다. 실투자금과 같은 개념이다. 초기투자금은 부동산의 매매가에서 레버리지를 뺀 금액이다. 레버리지는 대출금이나 임차인을 들일 경우 받는 임대보증금을 의미한다. 매매가는 감정평가액에 프리미엄이 더해진 금액으로 볼 수 있다.

> **초기투자금**=재개발구역의 부동산을 매입할 때 들어가는 비용, 실투자금
>
> =매매가*-레버리지(임대보증금 또는 대출금)
>
> =감정평가액+프리미엄-레버리지
>
> =*매매가=감정평가액(또는 권리가액)+프리미엄

프리미엄과 초기투자금을 계산하는 연습을 해보자. 매매가 3억 원, 감정평가액 2억 원, 임차인에게 받은 전세보증금이 5,000만 원이라면 이 빌라의 프리미엄과 초기투자금은 얼마일까? 매매가는 감정평가액에 프리미엄을 더한 금액이므로, 이 빌라의 프리미엄은 3억 원(매매가)에서 2억 원(감정평가액)을 뺀 1억 원이다. 초기투자금은 3억 원(매매가)에서 5,000만 원(레버리지)을 뺀 2억 5,000만 원이다.

매매가 3억 원, 감정평가액 2억 원,

전세보증금 5,000만 원인 빌라의 프리미엄과 초기투자금

프리미엄 = 매매가 - 감정평가액

= 3억 원 - 2억 원

= 1억 원

초기투자금 = 매매가 - 레버리지

= 3억 원 - 5,000만 원(전세보증금)

= 2억 5,000만 원

단독주택을 예로 한 번 더 연습해보자. 매매가 5억 원, 감정평가액 4억 5,000만 원, 월세보증금 5,000만 원, 월세 50만 원, 승계하는 대출금이 2억 5,000만 원이라면 이 단독주택의 프리미엄과 초기투자금은 얼마일까? 프리미엄은 5억 원(매매가)에서 4억 5,000만 원(감정평가액)을 뺀 5,000만 원이다. 초기투자금은 5억 원(매매가)에서 3억 원(월세보증금과 대출금)을 뺀 2억 원이다.

매매가 5억 원, 감정평가액 4억 5,000만 원, 월세보증금 5,000만 원,

월세 50만 원, 대출 승계 2억 5,000만 원인 단독주택의 프리미엄과 초기투자금

프리미엄＝매매가－감정평가액

＝5억 원－4억 5,000만 원

＝5,000만 원

초기투자금＝매매가－레버리지

＝5억 원－5,000만 원(월세보증금)－2억 5,000만 원(승계한 대출)

＝2억 원

◀◀ 총투자금 최대한 정확히 계산하기

재개발구역의 물건을 사서 새 아파트에 들어갈 때까지 필요한 모든 비용을 총투자금이라고 한다. 현장에서는 줄여서 '총투'라는 용어를 자주 사용한다. 재개발 물건의 권리가액(감정평가액)이 조합원분양가보다 낮으면 분담금을 내야 한다. 분담금은 조합원분양가에서 권리가액을 뺀 금액이다. 권리가액은 비례율이 나와야만 알 수 있으므로 비례율이 확정되기 전에는 추정 비례율을 곱한다. 추정 비례율도 파악하기 어려운 단계라면 비례율을 100%로 가정해서 계산한다. 즉 감정평가액을 권리가액으로 계산하는 것이다.

분담금은 재개발 물건을 살 때 내는 것이 아니라 이주와 철거가 끝난 후 착공할 때부터 계약금 10%, 중도금 60%, 잔금 30%의 비율로 낸다. 분담금의 중도금에 대해서는 중도금대출이 가능하다. 단, 규제지역

에서는 다주택자의 중도금대출이 어려울 수 있다. 무주택자는 규제지역 여부에 상관없이 대출이 가능하고 1주택자는 기존주택 처분 조건으로 가능하다. 따라서 재개발 매물을 구입할 때는 나중에 내야 하는 분담금 액수가 어느 정도이고 어느 시기에 얼마씩 내야 하는지, 대출은 가능한지 등을 자세히 알고 자금계획을 세워야 한다.

> **총투자금 = 새 아파트를 구입하는 데 들어가는 총비용**
>
> **= 매매가 + 분담금**
>
> **= 조합원분양가 + 프리미엄**

$59m^2$의 새 아파트를 신청한 빌라의 매매가가 3억 원이고 감정평가액은 2억 원인 예를 들어보자. 조합원분양가는 5억 원이고 비례율은 100%라고 가정하면, 분담금과 총투자금은 얼마일까? 분담금은 조합원분양가에서 권리가액을 빼면 알 수 있다. 그리고 권리가액은 감정평가액에 비례율을 곱해서 구한다. 이 빌라의 권리가액은 2억 원(감정평가액 2억 원×비례율 100%)이므로 분담금은 5억 원(조합원분양가)에서 2억 원(권리가액)을 뺀 3억 원이다. 따라서 총투자금은 매매가와 분담금을 합한 6억 원(매매가 3억 원 + 분담금 3억 원)이다.

‖ 매매가 3억 원, 감정평가액 2억 원, 조합원분양가 5억 원,

‖ 비례율 100%인 빌라의 분담금과 총투자금

‖ **분담금 = 조합원분양가 − 권리가액**

=5억 원−2억 원(감정평가액 2억 원×비례율 100%)

=3억 원

총투자금=매매가+분담금

=3억 원+3억 원

=조합원분양가+프리미엄

=5억 원+1억 원(매매가 3억 원−감정평가액 2억 원)

=6억 원

단독주택도 같은 방법으로 계산할 수 있다. 84m^{2}의 새 아파트를 신청한 단독주택의 매매가가 5억 원이고 감정평가액은 4억 원이라고 가정하자. 조합원분양가는 7억 원이고 비례율이 120%라면 분담금과 총투자금은 얼마일까? 분담금은 조합원분양가 7억 원에서 권리가액 4억 8,000만 원(감정평가액 4억 원×비례율 120%)을 뺀 2억 2,000만 원이다. 그러므로 총투자금은 매매가와 분담금을 합한 7억 2,000만 원이다.

매매가 5억 원, 감정평가액 4억 원, 조합원분양가 7억 원,

비례율 120%인 단독주택의 분담금과 총투자금

분담금=조합원분양가−권리가액

=7억 원−4억 8,000만 원(4억 원×비례율 120%)

=2억 2,000만 원

총투자금=매매가+분담금

=5억 원+2억 2,000만 원

같은 방법으로 다가구주택의 분담금과 총투자금을 계산해보자. $84m^2$ 와 $59m^2$의 새 아파트를 신청한 이 다가구주택의 매매가는 8억 원이고, 감정평가액은 6억 원이다. $84m^2$의 조합원분양가는 7억 원, $59m^2$의 조합원분양가는 5억 원이고 비례율은 100%다. 분담금은 $84m^2$와 $59m^2$의 조합원분양가를 합한 12억 원(7억 원+5억 원)에서 권리가액 6억 원(감정평가액 6억 원×비례율 100%)을 뺀 6억 원이다. 따라서 총투자금은 매매가 8억 원과 분담금 6억 원을 합한 14억 원이다.

매매가 8억 원, 감정평가액 6억 원, $84m^2$ 조합원분양가 7억 원,

$59m^2$ 조합원분양가 5억 원, 비례율 100%인 다가구주택의 분담금과 총투자금

분담금=조합원분양가−권리가액

=(7억 원+5억 원)−6억 원(감정평가액 6억 원×비례율 100%)

=6억 원

총투자금=매매가+분담금

=8억 원+6억 원

=조합원분양가+프리미엄

=12억 원($84m^2$ 7억 원+$59m^2$ 5억 원)+2억 원(매매가 8억 원−감정평가액 6억 원)

◄◄ 예상 수익 최대한 정확히 계산하기

재개발 투자의 예상 수익은 재개발 물건이 새 아파트가 되는 시기의 가격에서 총투자금을 빼서 구한다.

> 예상 수익=입주 시 예상 가격−총투자금

매매가 3억 원, 전세보증금 1억 원, 감정평가액 2억 원, 조합원분양가 5억 원, 비례율 100%인 빌라가 있다. 3년 후 입주할 때 예상되는 시세는 8억 원이라고 가정하면 분담금과 총투자금 그리고 예상 수익은 얼마일까? 분담금은 조합원분양가에서 권리가액(감정평가액×비례율)을 뺀 값이므로 3억 원(5억 원−2억 원)이다. 총투자금은 매매가에 분담금을 더한 금액이며, 조합원분양가와 프리미엄의 합으로도 구할 수 있다. 그러므로 총투자금은 6억 원(3억 원+3억 원)이다. 예상 수익은 입주 시 예상 시세(8억 원)에서 총투자금(6억 원)을 뺀 2억 원이 된다. 여기서 초기투자금은 매매가(3억 원)에서 레버리지로 활용한 전세보증금(1억 원)을 뺀 2억 원이다. 초기투자금을 기준으로 수익률을 계산하면 2억 원의 투자로 2억 원의 수익을 냈으니 100%라고 할 수 있다. 총투자금 6억 원을 기준으로 한 수익률은 33.3%다.

매매가 3억 원, 전세보증금 1억 원, 감정평가액 2억 원, 조합원분양가 5억 원,

비례율 100%, 3년 후 입주 시 예상 시세 8억 원일 때 예상 수익

초기투자금＝매매가－레버리지(전세보증금)

＝3억 원－1억 원

＝2억 원

분담금＝조합원분양가－권리가액

＝5억 원－2억 원(감정평가액 2억 원×비례율 100%)

＝3억 원

총투자금＝매매가＋분담금

＝3억 원＋3억 원

＝조합원분양가＋프리미엄

＝5억 원＋1억 원(매매가 3억 원＋권리가액 2억 원)

＝6억 원

예상 수익＝입주 시 예상 가격－총투자금

＝8억 원－6억 원

＝2억 원

예상 수익률＝초기투자금 2억 원 기준 100%

＝ 총투자금 6억 원 기준 33.3%

예를 하나 더 들어보자. 매매가 5억 원, 전세보증금 2억 원, 감정평가액 4억 원, 조합원분양가는 6억 원, 비례율은 100%, 3년 후 입주 시 예상 시세 10억 원인 단독주택이 있다면 분담금과 총투자금 그리고 예상 수

익은 얼마일까? 분담금은 조합원분양가 6억 원에서 권리가액(감정평가액×비례율) 4억 원을 뺀 2억 원다. 총투자금은 매매가 5억 원에 분담금 2억 원을 더한 7억 원이다. 예상 수익은 입주 시 예상 시세인 10억 원에서 총투자금 7억 원을 뺀 3억 원이다. 초기투자금은 매매가 5억 원에서 전세보증금 2억 원을 뺀 3억 원이다. 따라서 초기투자금을 기준으로 한 수익률은 100%, 총투자금 기준 수익률은 42.8%다.

매매가 5억 원, 전세보증금 2억 원, 감정평가액 4억 원, 조합원분양가 6억 원, 비례율 100%, 3년 후 입주 시 예상 시세 10억 원인 단독주택의 예상 수익

초기투자금 = 매매가 − 레버리지(전세보증금)

       = 5억 원 − 2억 원

       = 3억 원

분담금 = 조합원분양가 − 권리가액

      = 6억 원 − 4억 원(감정평가액 4억 원×비례율 100%)

      = 2억 원

총투자금 = 매매가 + 분담금

       = 5억 원 + 2억 원

       = 조합원분양가 + 프리미엄

       = 6억 원 + 1억 원

       = 7억 원

예상 수익 = 입주 시 예상 가격 − 총투자금

       = 10억 원 − 7억 원

=3억 원

예상 수익률=초기투자금 3억 원 기준 100%

=총투자금 7억 원 기준 42.8%

예로 든 두 매물이 같은 구역에 있다면 어떤 매물을 선택하는 것이 좋을까? 빌라는 초기투자금 2억 원에 예상 수익이 2억 원으로 초기투자금 기준 수익률 100%, 총투자금 기준 수익률은 33.3%다. 단독주택은 초기투자금 3억 원에 예상 수익이 3억 원으로 초기투자금 기준 수익률 100%, 총투자금 기준 수익률 42.8%다.

초기투자금이 2억 원뿐인 투자자는 빌라를 선택해야 한다. 그러나 초기투자금이 3억 원 이상 여유가 있는 투자자는 둘 중에 선택할 수 있다. 이럴 경우 초기투자금 기준 수익률이 100%로 같더라도 단독주택을 선택하는 것이 좋다. 투자수익이 더 크고 총투자금 기준 수익률도 더 높기 때문이다. 두 물건이 같은 구역에 있는 매물이므로 투자기간이 같다고 전제했을 때 그렇다.

◀◀ 예상 연수익률 최대한 정확히 계산하기

그렇다면 두 물건이 서로 다른 재개발구역에 있다면 어떨까? 빌라는 입주할 때까지 3년이 걸리고, 단독주택은 입주할 때까지 5년이 걸린다 해도 같은 선택을 해야 할까? 재개발구역은 구역마다 진행 상황이 다르고 입주할 때까지 남은 기간도 다르다. 따라서 예상 수익이 같다면 입주할 때까지 남은 기간이 짧은 곳에 투자하는 것이 유리하다. 이를 판단하려면 재개발 투자의 연수익률을 계산할 수 있어야 한다. 투자의 수익률은 수익을 투자금으로 나눈 값에 100을 곱한 백분율로 계산한다. 연수익률은 이렇게 계산한 수익률을 투자 기간으로 나눈 값이다.

$$\text{수익률} = \text{수익} \div \text{투자금} \times 100$$

$$\text{연수익률} = \text{수익률} \div \text{투자 기간}$$

앞서 예로 든 빌라는 총투자금 기준 수익률이 33.3%인데 입주할 때까지 3년이 걸린다고 했으므로 연수익률은 11.1%(33.3÷3년)다. 단독주택은 총투자금 기준 수익률이 42.8%지만 입주할 때까지 5년이 남았으니 연수익률은 8.6%(42.8÷5년)가 된다. 이때는 빌라가 단독주택보다 연수익률이 높다. 재개발은 남은 기간이 짧을수록 리스크도 비례해서 줄어든다. 따라서 예로 든 빌라가 단독주택보다 연수익률이 높을 뿐 아니라 투자기간이 짧아 리스크 관리에도 더 유리하다.

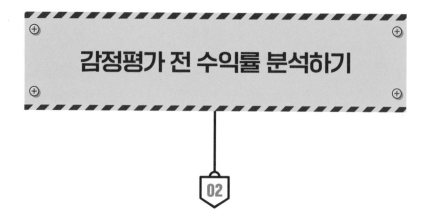

감정평가 전 수익률 분석하기

02

초기투자는 종전자산평가가 진행되기 전의 투자이므로 감정평가액을 추정해서 수익률을 분석한다. 지금부터 초기투자에서 수익률을 분석하는 방법을 자세히 알아보고 연습해보자.

◀◀ 단독주택 수익률

서울 A재개발구역에 임장을 가서 중개사로부터 a단독주택을 추천받았다. 매물 조건은 다음과 같다.

매물 정보	재개발구역	서울 A재개발구역
	진행 단계	조합설립인가 후~사업시행인가 전(종전자산평가 전)
	매물 종류	단독주택
	매매가	9억 원

매물 정보	보증금	1억 원/월세 80만 원
	대출 승계	2억 원
	대지 면적	50평
	연면적	70평
	연식	1990년식

이 매물의 추정 감정평가액, 추정 프리미엄, 예상 분담금, 초기투자금, 총투자금, 입주 시 예상 가격, 예상 수익은 어떻게 구할까? 보통 재개발 구역의 중개소를 방문하면 '매물 조건'을 알려주면서 물건에 대해 설명한다. 그런데 이 정보만으로는 우리가 알고 싶은 총투자금이나 수익률을 확인하기 어렵다. 특히 초기투자라면 감정평가액을 추정할 수 있는 정보가 필요하다. 따라서 이 부분은 직접 조사해야 한다. 다음의 '기타 정보'를 추가로 조사해야 하는 것이다.

기타 정보	공시지가	평당 1,000만 원
	인근 공시가격 비율	120%
	84m² 조합원분양가	7억 원
	예상 비례율	100%
	입주까지 남은 기간	6년
	인근 2년 차 신축 아파트(지하철역과의 거리, 세대수, 브랜드 등이 비슷한 단지) 시세	13억 원

이 매물은 단독주택이므로 토지의 감정평가액과 건물의 감정평가액을 따로 계산해서 합산하는 방식으로 추정 감정평가액과 추정 프리미엄을 구해야 한다.

추정 감정평가액 = 토지 감정평가액 + 건물 감정평가액

추정 토지 감정평가액 = 토지 면적 × 표준지 공시지가 × 인근 공시가격 비율

= 50평 × 1,000만 원 × 120%

= 6억 원

추정 건물 감정평가액 = 연면적 × 연식별 예상 평당 가격

= 70평 × 100만 원(30년 경과 시 100만 원 적용)

= 7,000만 원

추정 감정평가액 = 토지 감정평가액 + 건물 감정평가액

= 6억 원 + 7,000만 원

= 6억 7,000만 원

추정 프리미엄 = 매매가 − 권리가액

= 9억 원 − 6억 7,000만 원(추정 감정평가액 6억 7,000만 원 × 예

상 비례율 100%)

= 2억 3,000만 원

a단독주택의 추정 감정평가액은 6억 7,000만 원이고, 추정 프리미엄은 2억 3,000만 원이다. 이를 기준으로 수익률을 분석해보자.

종전자산평가를 하지 않은 구역은 조합원분양 신청을 하기 전이므로 이 매물을 사면 몇 평을 배정받을지 아직 모른다. 하지만 평형 배정은 권리가액 순서로 하므로 단독주택처럼 감정평가액이 큰 매물은 원하는 평형을 배정받을 확률이 높다. 따라서 이 재개발구역에서 가장 선

호할 것으로 예상되고 인근 신축 아파트 중 시세도 가장 탄탄한 $84m^2$ 를 기준으로 분석한다.

$84m^2$를 배정받을 경우의 수익률

예상 분담금 = 조합원분양가 − 권리가액

= 7억 원 − 6억 7,000만 원

= 3,000만 원

초기투자금 = 매매가 − 레버리지

= 9억 원 − 1억 원(임대보증금) − 2억 원(대출 승계)

= 6억 원

총투자금 = 매매가 + 분담금

= 9억 원 + 3,000만 원

= 조합원분양가 + 프리미엄

= 7억 원 + 2억 3,000만 원

= 9억 3,000만 원

A재개발구역은 입주할 때까지 6년 남았고 비교 대상인 인근의 신축 아파트는 지은 지 2년이 됐으므로 연식 차이가 8년이다. 세대수나 지하철역과의 거리, 브랜드 인지도 등은 같다고 가정하고 전국 아파트값 평균 상승률인 2.5%를 반영해서 계산한다.

84m²를 배정받을 경우의 수익률

입주 시 예상 가격=인근 신축 아파트 시세×(연식 차이×2.5%)

　　　　　　=13억 원×120%(8년 차이×2.5%)

　　　　　　=15억 6,000만 원

예상 수익=입주 시 예상 가격-총투자금

　　　　=15억 6,000만 원-9억 3,000만 원

　　　　=6억 3,000만 원

초기투자금 기준 수익률=수익÷투자금×100

　　　　　　　　=6억 3,000만 원÷6억 원×100

　　　　　　　　=105%

총투자금 기준 수익률=수익÷투자금×100

　　　　　　　=6억 3,000만 원÷9억 3,000만 원×100

　　　　　　　=67.7%

총투자금 기준 연수익률=수익률÷투자기간

　　　　　　　　=67.7%÷6년

　　　　　　　　=11.3%

정리하면 a단독주택에 투자했을 때 예상되는 수익은 6억 3,000만 원이다. 초기투자금 6억 원을 기준으로 한 수익률은 105%, 총투자금을 기준으로 한 수익률은 67.7%로 볼 수 있다. 연수익률은 11.3%다.

◀◀ 빌라 수익률 분석하기

이번에는 또 다른 재개발구역 B에 임장을 가서 다음과 같은 조건의 b 빌라를 추천받았다.

매물 정보	재개발구역	서울 B재개발구역
	진행 단계	사업시행인가 신청 후 기다리는 단계(종전자산평가 전)
	매물 종류	빌라
	매매가	4억 원
	전세보증금	8,000만 원
	공동주택 공시가격	1억 원

기타 정보	인근 공시가격 비율	150%
	59m² 조합원분양가	4억 5,000만 원
	84m² 조합원분양가	6억 원
	예상 비례율	100%
	입주까지 남은 기간	5년
	인근 1년 차 신축 아파트(입지, 세대수, 브랜드 등이 B재개발구역보다 안 좋은 조건, 입주 시 예상 시세를 계산할 때 연간 3% 상승률 적용) 가격	59m² 8억 50,00만 원, 84m² 11억 5,000만 원

이 매물은 '빌라'이므로 단독주택과는 달리 인근 지역의 실거래 가격을 조사해야 한다. 그런 다음 '공시가격 비율'을 이용해서 추정 감정평가액과 추정 프리미엄을 계산한다.

> **추정 감정평가액** = 공동주택 공시가격 × 인근 지역 공동주택 가격 비율
>
> = 1억 원 × 150%

$$=1억\ 5,000만\ 원$$

추정 프리미엄$=4억\ 원-1억\ 5,000만\ 원$

$$=2억\ 5,000만\ 원$$

종전자산평가를 하지 않은 구역은 조합원분양 신청을 하지 않았으므로 이 매물을 구입하면 몇 평을 배정받을지 알 수 없다. 물론 평형 배정은 권리가액 순서로 하므로 어느 정도 예상이 가능하지만 아직 확실하지 않은 단계다. 그러므로 본인이 배정받으려는 평형과 그보다 낮은 평형을 배정받았을 때를 대비해 두 가지 수익률을 모두 분석해야 한다. 몇 평으로 신청하느냐에 따라 수익률도 달라지기 때문이다.

59m²를 배정받을 경우의 수익률

b빌라를 사서 재개발구역에 59m²의 새 아파트를 신청했다고 했을 때 수익률을 분석하면 다음과 같다.

예상 분담금$=$조합원분양가$-$권리가액

$=4억\ 5,000만\ 원-1억\ 5,000만\ 원$(예상 감정평가액 1억 5,000만

원$\times$예상 비례율 100%)

$=3억\ 원$

초기투자금$=$매매가$-$레버리지

$=4억\ 원-8,000만\ 원$(전세보증금)

$=3억\ 2,000만\ 원$

총투자금$=$매매가$+$분담금

=4억 원+3억 원

=조합원분양가+프리미엄

=4억 5,000만 원+2억 5,000만 원

=7억 원

입주 시 예상 가격=인근 신축 아파트 시세×(연식 차이×3%)

=8억 5,000만 원×118%(6년 차이×3%)

=10억 300만 원(편의상 10억 원으로 계산)

예상 수익=입주 시 예상 가격−총투자비용

=10억 원−7억 원

=3억 원

초기투자금 기준 수익률=수익÷투자금×100

=3억 원÷3억 2,000만 원×100

=93.8%

총투자금 기준 수익률=수익÷투자금×100

=3억 원÷7억 원×100

=42.9%

총투자금 기준 연수익률=수익률÷투자 기간

=42.9%÷5년

=8.6%

b빌라를 사서 59m²를 배정받을 때 들어가는 초기투자금은 3억 2,000만 원인데 예상 수익이 3억 원이므로 초기투자금 기준 수익률은 93.8%

다. 총투자금은 7억 원인데 예상 수익이 3억 원이므로 총투자금 기준 수익률은 42.9%, 5년간의 연수익률은 8.6%가 된다.

84m²를 배정받을 경우의 수익률

b빌라를 사서 84m²의 새 아파트를 신청했다고 했을 때 수익률을 분석하면 다음과 같다.

예상 분담금 = 조합원분양가 - 권리가액

  = 6억 원 - 1억 5,000만 원(예상 감정평가액 1억 5,000만 원×예상 비례율 100%)

  = 4억 5,000만 원

초기투자금 = 매매가 - 레버리지

  = 4억 원 - 8,000만 원(전세보증금)

  = 3억 2,000만 원

총투자금 = 매매가 + 분담금

  = 4억 원 + 4억 5,000만 원

  = 조합원분양가 + 프리미엄

  = 6억 원 + 2억 5,000만 원

  = 8억 5,000만 원

입주 시 예상 가격 = 인근 신축 아파트 시세×(연식 차이×3%)

  = 11억 5,000만 원×118%(6년 차이×3%)

  = 13억 5,700만 원(편의상 13억 5,000만 원으로 계산)

예상 수익 = 입주 시 예상 가격 - 총투자금

$$=13억\ 5,000만\ 원-8억\ 5,000만\ 원$$

$$=5억\ 원$$

초기투자금 기준 수익률 $=수익÷투자금×100$

$$=5억\ 원÷3억\ 2,000만\ 원×100$$

$$=156.3\%$$

총투자금 기준 수익률 $=수익÷투자금×100$

$$=5억\ 원÷8억\ 5,000만\ 원×100$$

$$=58.8\%$$

총투자금 기준 연수익률 $=수익률÷투자기간$

$$=58.8\%÷5년$$

$$=11.8\%$$

b빌라를 사서 84m²를 배정받을 때 들어가는 초기투자금은 3억 2,000만 원이다. 수익이 5억 3,000만 원이므로 초기투자금 기준 수익률은 165.6%다. 총투자금은 8억 5,000만 원이 되는데 수익이 5억 3,000만 원이므로 총투자금 기준 수익률은 62.3%, 5년간 연수익률은 12.5%가 된다. b빌라를 구입하고 조합원분양을 할 때 평형을 선택할 수 있다면 어떤 평형을 신청해야 할까? 〈표 5-1〉에서 비교한 것처럼 84m²를 신청하는 것이 예상 수익이나 수익률이 높다. 단, 착공하는 시기부터 납부해야 할 분담금은 59m²를 신청할 때보다 1억 5,000만 원이 더 많다. 초기투자금뿐만 아니라 분담금을 납부해야 할 시기나 금액 등에 대해 자금계획을 꼼꼼히 세워서 본인에게 맞는 평형을 선택해야 한다.

■ 표 5-1 평형에 따른 수익률 비교

	59m²를 신청할 경우	84m²를 신청할 경우
예상 분담금	3억 원	4억 5,000만 원
초기투자금	3억 2,000만 원	3억 2,000만 원
총투자금	7억 원	8억 5,000만 원
예상 수익	3억 원	5억 원
초기투자금 기준 수익률	93.8%	156.3%
총투자금 기준 수익률	42.9%	58.8%
총투자금 기준 연수익률	8.6%	11.8%

STEP
5

이주비대출 활용 시 수익률 분석

지금까지 연습한 것은 사업시행인가 전(종전자산평가 전), 그러니까 정확한 감정평가를 하기 전에 투자하는 초기투자 시 수익률 분석이었다. 지금부터는 안전투자 시 수익률 분석 방법을 알아보자.

안전투자는 종전자산평가를 한 후 정확한 감정평가액을 알고 투자하는 것이어서 들어가는 모든 비용을 더 정확하게 알 수 있다. 관리처분인가 이후에는 조합원분양가나 분담금에 대한 부분도 더 확실해진다. 또한 구입하는 매물이 몇 평을 신청한 매물인지도 알 수 있다. 안전투자 시에는 이주비대출이라는 레버리지를 활용할 수 있어 투자금이 줄어들기도 한다. 물론 임차인에게 보증금을 돌려주는 경우 감정평가액이 적으면 이주비대출을 받아도 오히려 투자금이 증가할 수도 있다. 이런 여러 가지 상황을 고려해 수익률을 분석해보자.

◄◄ 이주비대출을 받으면 투자금이 어떻게 변할까?

이주비대출을 활용하면 투자금이 줄어들기도 하고 더 늘어나기도 하므로 매수하기 전에 자금계획을 잘 세워야 한다. 어떤 조건일 때 투자금이 줄어들거나 늘어나는지 알아보자. 예로 드는 매물은 모두 내가 현장에서 추천받았던 물건이다.

이주비대출 실행 후 투자금이 줄어드는 경우

매물 정보		
	재개발구역	수도권 C재개발구역
	진행 단계	관리처분계획인가를 신청하고 승인을 기다리는 단계
	매물 종류	빌라(59m² 신청)
	매매가	2억 7,250만 원
	감정평가액	1억 1,250만 원
	프리미엄	1억 6,000만 원
	임대 현황	월세(보증금 500만 원/월세 35만 원)

기타 정보		
	이주비대출	감정평가액의 60% 가능
	이주비대출 가능 시기	해당 시점으로부터 6개월~1년(관리처분인가를 받은 후 이주기간까지 고려해서 계산)
	59m² 조합원분양가	3억 5,700만 원
	예상 비례율	100%
	입주까지 남은 기간	5년
	입주 시 예상 가격	59m² 8억 원

이 매물의 수익률을 분석하려면 이주비대출 가능 금액, 분담금, 초기투자금, 총투자금, 예상 투자수익, 이주비대출 전과 후의 투자금 변화, 이

STEP
5

주비대출을 받기 전화 후의 수익률 변화 등을 알아야 한다.

이주비대출 가능 금액＝감정평가액×60%

＝1억 1,250만 원×0.6＝6,750만 원

분담금＝조합원분양가－권리가액

＝3억 5,700만 원－1억 1,250만 원＝2억 4,450만 원

초기투자금＝매매가－레버리지

＝2억 7,250만 원－ 500만 원＝2억 6,750만 원

총투자금＝매매가＋분담금

＝2억 7,250만 원＋2억 4450만 원＝5억 1,700만 원

예상 투자수익＝입주 시 예상 가격－총투자금

＝8억 원－5억 1,700만 원＝2억 8,300만 원

이주비대출 전 투자금＝매매가－레버리지

＝2억 7,250만 원－500만 원＝2억 6,750만 원

이주비대출 후 투자금＝초기 투자금－이주비 대출＋기존 레버리지

＝2억 6,750만 원－6,750만 원＋500만 원＝2억 500만 원

이주비대출 전후 투자금 변화 : 6,250만 원 감소

이주비대출 실행 전 예상 투자수익률＝예상 투자수익÷초기 투자금

＝2억 8,300만 원÷2억 6,750만 원＝106%

이주비대출 실행 후 예상 투자수익률＝예상 투자수익÷이주비 대출 후 투자금

＝2억 8,300만 원÷2억 500만 원＝138%

$$\textbf{연수익률} = 수익률 \div 투자기간$$
$$= 138\% \div 5년 = 27.6\%$$

이주비대출을 활용해 투자금은 6,250만 원이 줄었고, 예상 투자수익률
은 106%에서 138%로 32%가 늘었다.

이주비대출을 활용한 투자 방법은 관리처분인가를 신청하기 전후로
매수하되, 6개월에서 1년 후 이주비대출을 실행해서 투자금을 회수하
는 전략이다. 이 방법은 관리처분인가가 난 후 오르는 프리미엄만큼 싸
게 사는 효과도 기대할 수 있다.

물론 관리처분인가가 난 후 이주시기에 매물을 사면서 이주비대출
을 실행해도 된다. 그러면 잔금을 내는 시기에 이주비대출을 바로 활용
할 수 있다. 그러나 관리처분인가를 신청할 때부터 이주시기 사이에 오
르는 프리미엄만큼 비싸게 사는 단점도 있다.

이주비대출 실행 후 투자금이 늘어나는 경우

매물 정보	재개발구역	수도권 C재개발구역
	진행 단계	관리처분인가를 신청하고 승인을 기다리고 있는 단계
	매물 종류	빌라(84m² 신청)
	매매가	4억 원
	감정평가액	1억 7,800만 원
	프리미엄	2억 2,200만 원
	임대 현황	전세(보증금 1억 5,000만 원)

☆⌂ 기타 정보	이주비대출	감정평가액의 60% 가능
	이주비대출 가능 시기	해당 시점으로부터 6개월에서 1년 사이(관리처분인가를 받고 이주기간까지 고려해서 계산)
	84m² 조합원분양가	4억 8,000만 원
	예상 비례율	100%
	입주까지 남은 기간	5년
	입주 시 예상 가격	84m² 10억 원

이 매물의 이주비대출 가능 금액, 분담금, 초기투자금, 총투자금, 예상 투자수익, 이주비대출을 받기 전 투자금 이주비대출을 받은 후 투자금 이주비대출을 받기 전, 수익률 이주비대출을 받은 후의 수익률을 계산 해보자.

이주비대출 가능 금액＝감정평가액×60%

＝1억 7,800만 원×0.6＝1억 680만 원

분담금＝조합원분양가－권리가액

＝4억 8,000만 원－1억 7,800만 원＝3억 200만 원

초기투자금＝매매가－레버리지

＝4억 원－1억 5,000만 원＝2억 5,000만 원

총투자금＝매매가+분담금＝4억 원+3억 200만 원＝7억 200만 원

예상 투자수익＝입주 시 예상 가격－총투자금

＝10억 원－7억 200만 원＝2억 9,800만 원

이주비대출 전 투자금＝매매가－레버리지

＝4억 원－1억 5,000만 원＝2억 5,000만 원

이주비대출 후 투자금＝초기 투자금－이주비대출＋기존 레버리지

＝2억 5,000만 원－1억 680만 원＋1억 5,000만 원＝2억

9,320만 원

이주비대출 전후 투자금 변화 : 추가로 4,320만 원 필요

이주비대출 실행 전 예상 투자수익률＝예상 투자수익÷초기 투자금

＝2억 9,800만 원÷2억 5,000만 원＝119%

이주비대출 실행 후 예상 투자수익률＝예상 투자수익÷이주비 대출 후 투자금

＝2억 9,800만 원÷2억 9,320만 원＝102%

연수익률＝수익률÷투자 기간

＝102%÷5년＝20.4%

이주비대출을 실행한 후 오히려 투자금은 4,320만 원 늘어났고 예상 투자수익률은 119%에서 102%로 17%가 줄었다. 이처럼 이주비대출을 실행했을 때 투자금이 늘어나는 것은 기존 임대보증금보다 이주비대출 금액이 적기 때문이다. 이주시기가 되면 임차인에게 보증금을 돌려줘야 해서 추가 자금이 필요하다. 그래서 추가로 필요한 투자금과 필요한 시기를 파악하여 자금계획을 세우고 매수해야 한다.

이주비대출로 투자금이 줄어드는 '1+1 매물'의 경우

매물 정보	재개발구역	수도권 C재개발구역
	진행 단계	관리처분인가를 신청하고 승인을 기다리고 있는 단계
	매물 종류	주택(84㎡＋59㎡ 신청)

매물 정보	매매가	8억 5,000만 원
	감정평가액	6억 3,800만 원
	프리미엄	2억 1,200만 원
	임대 현황	월세(보증금 3,700만 원/월세 160만 원)

기타 정보	이주비대출	감정평가액의 60% 가능
	이주비대출 가능 시기	해당 시점으로부터 6개월에서 1년 사이(관리처분인가를 받은 후 이주기간까지 고려해 계산)
	84m² 조합원분양가	4억 8,000만 원
	59m² 조합원분양가	3억 5,700만 원
	예상 비례율	100%
	입주까지 남은 기간	5년
	입주 시 예상 가격	84m² 10억 원, 59m² 8억 원

84m²와 59m²를 신청할 수 있는 1+1 매물을 예로 수익률을 분석하기 위해 이주비대출 가능 금약, 분담금, 초기투자금, 총투자금, 예상 투자 수익, 이주비대출을 받기 전과 후의 투자금 변화, 이주비대출을 받기 전과 후의 수익률 변화를 알아보자.

이주비대출 가능 금액=감정평가액×60%

=6억 3,800만 원×0.6=3억 8,280만 원

분담금=조합원분양가−권리가액

=(4억 8,000만 원+3억 5,700만 원)−6억 3,800만 원=1억 9,900만 원

초기투자금=매매가−레버리지

=8억 5,000만 원−3,700만 원=8억 1,300만 원

총투자금＝매매가＋분담금

　　　　＝8억 5,000만 원＋1억 9,900만 원＝10억 4,900만 원

예상 투자수익＝입주 시 예상 가격－총투자금

　　　　＝18억 원 －10억 4,900만 원＝7억 5,100만 원

이주비대출 전 투자금＝매매가－레버리지

　　　　＝8억 5,000만 원－3,700만 원＝8억 1,300만 원

이주비대출 후 투자금＝초기 투자금－이주비대출＋기존 레버리지

　　　　＝8억 1,300만 원－3억 8,280만 원＋3,700만 원

　　　　＝4억 6,720만 원

이주비대출 전후 투자금 변화 : 3억 4,580만 원 감소

이주비대출 실행 전 예상 투자수익률＝예상 투자수익÷초기 투자금

　　　　＝7억 5,100만 원÷8억 1,300만 원＝92%

이주비대출 실행 후 예상 투자수익률＝예상 투자수익÷이주비대출 후 투자금

　　　　＝7억 5,100만 원÷4억 6,720만 원＝161%

연수익률＝수익률÷투자 기간

　　　　＝161%÷5년＝32.2%

이 경우 투자금은 3억 4,580만 원이 줄었고 예상 투자수익률은 92%에서 161%로 69%가 늘었다. 첫 번째 예로 든 빌라보다 회수한 투자금도 크고 수익률 증가폭도 크다.

소유권이전등기를 하고 이주비대출을 받을 때까지 6개월에서 1년 동안 투자금의 차이만큼 자금을 융통할 수 있으면 이런 매물을 사는

것이 유리하다. 수익금이 다른 매물과 비교할 수 없을 만큼 높기 때문이다. 단, 여기서는 두 가지 평형을 배정받는 1+1 매물의 세금(양도세 중과)과 추가로 받는 한 채를 입주 후 3년 동안 팔지 못하는 제약 등은 고려하지 않았다.

어떤 매물을 선택해야 수익이 가장 클까

앞에서 사례로 든 물건은 모두 같은 시기에 실제로 나왔던 매물이다. 여러분이라면 어떤 매물을 선택했을까?

만약 3억 원을 투자할 수 있다면 59m²를 신청한 빌라를 선택하는 것이 유리하다. 투자수익률도 높고, 투자금 일부(6,250만 원)도 1년 안에 회수할 수 있기 때문이다.

그런데 현재 투자금이 4억 7,000만 원이고 1년 동안 3억 5,000만 원을 더 융통할 수 있다면 84m²와 59m²를 신청한 단독주택을 추천한다. 예상 투자수익이 가장 크고 수익률도 가장 높다. 1년 동안 자금을 융통할 수 있다면 1년 후 이주비대출을 활용하는 기간에 3억 5,000만 원을 회수해서 더 높은 수익을 낼 수 있다.

⬇ 표 5-2 매물의 비교

	초기투자금	이주비대출 후 투자금	회수 투자금	예상 투자수익	수익률
59m² 신청한 빌라	2억 6,750만 원	2억 500만 원	6,250만 원	2억 8,300만 원	138%
84m² 신청한 빌라	2억 5,000만 원	2억 9,300만 원	-4,320만 원	2억 9,800만 원	102%
84m²+59m² 신청한 주택	8억 1,300만 원	4억 6,720만 원	3억 4,580만 원	7억 5,100만 원	161%

◀◀ 빌라냐 단독주택이냐 그것이 문제로다

재개발구역에 임장을 가면 여러 매물을 접하게 된다. 그중에서도 빌라와 단독주택을 비교할 때가 많은데 어떤 매물을 선택하느냐에 따라서 초기투자금이나 향후 추가로 들어가는 투자금과 배정받는 평형이 달라진다. 이번에는 이주비대출을 활용했을 때 빌라와 단독주택은 어떤 차이가 있고, 투자금은 얼마나 달라지는지 확인해보자. 한 재개발구역을 조사한 후 최종적으로 다음과 같은 두 개의 매물 중 하나를 선택해야 한다고 가정하자.

예로 든 단독주택과 빌라에 대한 투자를 결정할 때 고려할 사항이 있다. 바로 매도시기다. 매도시기에 따라 수익이 달라지므로 사업시행

⬇ **표 5-3 단독주택 투자 vs 빌라 투자**

		단독주택(84m²)	빌라(84m²)	비고
매물 정보	매매가	5억 원	3억 원	
	전세보증금	1억 5,000만 원	1억 원	
	초기투자금	3억 5,000만 원	2억 원	매매가 − 전세보증금
	감정평가액	4억 원	1억 5,000만 원	매매가 − 프리미엄
	프리미엄	1억 원	1억 5,000만 원	매매가 − 감정평가액
실투금 변화	이주비(60%)	2억 4,000만 원	9,000만 원	감정평가액 × 60%
	이주비대출 후 투자금	2억 6,000만 원	2억 1,000만 원	매매가 − 이주비
	분담금	2억 원	4억 5,000만 원	조합원분양가 − 권리가액(감평가)
수익률 분석	총투자금	7억 원	7억 5,000만 원	매매가 + 분담금
	예상 수익	3억 원	2억 5,000만 원	입주 시 예상 가격 − 총투자금
	수익률	42.9%	33.3%	예상 수익 ÷ 총투자금 × 100

인가 후에 매수하되 이주비대출이 나오기 전에 매도할지, 이주비대출을 받고 그 이후에 매도할지 결정해야 한다.

만일 사업시행인가 후에 매수해 이주비대출을 받기 전에 매도할 계획이라면 초기투자금을 비교한다. 예로 든 단독주택 초기투자금은 3억 5,000만 원이고 빌라의 초기투자금은 2억 원이다. 이 시기에는 빌라의 프리미엄이 단독주택의 프리미엄보다 5,000만 원 비싸도 빌라가 더 빨리 거래될 수 있다. 1억 5,000만 원이라는 투자금의 차이 때문이다. 3억 5,000만 원의 투자금을 갖고 있는 투자자보다 2억 원의 투자금이 있는 투자자가 상대적으로 많아서 이런 현상이 나타나는 것이다. 따라서 사업시행인가가 난 직후에 매수해서 이주비대출이 나오기 전에 매도하려는 투자자는 빌라를 선택하는 것이 유리하다. 사기도 쉽고 팔기도 쉽다. 투자를 할 때 출구전략을 미리 고려하는 것은 매우 중요하다.

그러나 이주비대출을 받은 후에 매도할 계획이라면 상황이 달라진다. 〈표 5-3〉에서처럼 이주비대출을 실행하면 단독주택은 초기투자금보다 9,000만 원이 감소해 투자금은 2억 6,000만 원이 된다. 반면 빌라는 오히려 투자금이 1,000만 원 증가해서 2억 1,000만 원이 된다. 이주비대출을 실행하기 전에는 단독주택과 빌라의 투자금 차이가 1억 5,000만 원이었지만, 이주비대출을 실행한 후에는 투자금 차이가 5,000만 원밖에 나지 않는다.

또한 단독주택은 84m²짜리 새 아파트를 받기 위해 분담금을 2억 원만 내면 되지만, 빌라는 4억 5,000만 원을 내야 한다. 입주할 때까지 보유한다면 단독주택은 예상 수익 3억 원, 수익률은 42.9%지만 빌라는 2

억 5,000만 원, 33.3%다. 따라서 사업시행인가 직후에 매수해서 이주비대출을 실행한 후에 매도하거나 입주할 때까지 기다릴 계획이라면 단독주택을 매입하는 것이 좋다.

이처럼 재개발사업 초기에는 빌라가 유리하고, 이주비대출을 활용해 매입할 때는 단독주택을 선택하는 것이 유리할 수 있다. 또 큰 평형을 배정받고 싶다면 대지 지분이 커서 권리가액이 높은 매물을 사는 것이 원하는 평형을 배정받을 확률을 높이는 방법이다. 권리가액이 낮은 매물(무허가 건축물, 대지 지분이 적은 빌라)을 사면 순위에서 밀려 원하는 평형을 배정받지 못할 수 있다.

◀◀ 분담금·추가분담금으로 인한 투자금 변화

조합원들이 가진 개별 부동산의 감정평가액은 모두 다르다. 따라서 같은 구역의 조합원들이 같은 평형의 아파트를 신청해도 내야 할 분담금은 제각각이다. 분담금은 조합원분양가에서 권리가액을 뺀 금액이다.

> 분담금 = 조합원분양가 − 권리가액
> 분담금 = 조합원분양가 − (감정평가액 × 비례율)

비례율은 대개 관리처분인가가 난 후에 결정되고, 대부분 100%에 수렴하므로 정확한 비례율이 나오기 전에는 100%로 가정하고 계산한다. 그러나 사업 후반부에 비례율이 나오면 조합원들의 희비가 엇갈린다.

어느 재개발구역의 84m² 조합원분양가가 5억 원이라고 하자. 박씨가 소유한 부동산의 감정평가액은 1억 원이고, 이씨의 부동산은 4억 원이다. 이때 비례율이 100%라면 박씨와 이씨의 분담금은 얼마일까?

- 박씨의 분담금 = 5억 원(조합원분양가) – 1억 원(감정평가액 1억 원 × 비례율 100%) = 4억 원
- 이씨의 분담금 = 5억 원(조합원분양가) – 4억 원(감정평가액 4억 원 × 비례율 100%) = 1억 원

박씨의 분담금은 4억 원, 이씨의 분담금은 1억 원이다. 정확한 비례율이 나오기 전에는 비례율을 100%로 가정해서 권리가액을 감정평가액으로 보고 분담금을 구한다.

그런데 사업 후반부에 들어서 높은 가격에 성공적으로 일반분양을 했거나, 사업비가 예상보다 적게 들어가는 등 여러 이유로 조합의 사업성이 좋아져서 비례율이 10% 오른다면 분담금은 어떻게 변할까?

비례율이 10% 올라 110%가 됐을 경우

- 박씨의 분담금 : 5억 원(조합원분양가) – 1억 1,000만 원(감정평가액 1억 원 × 비례율 110%) = 3억 9,000만 원
- 이씨의 분담금 : 5억 원(84m² 조합원분양가) – 4억 4,000만 원(감정평가액 4억 원 × 비례율 110%) = 6,000만 원

비례율이 10% 상승하면 박씨의 분담금은 1,000만 원이 줄어 3억 9,000만 원이 된다. 이씨의 분담금은 4,000만 원이 줄어 6,000만 원이 됐다. 여기서 알 수 있는 것은 감정평가액이 클수록 비례율에 의한 분담금의 변화가 크다는 점이다.

반대의 경우는 어떨까? 사업 후반부에 부동산시장 침체로 미분양이 생기거나 사업이 지연되면서 사업비가 늘어나는 등 조합의 사업성이 악화해 비례율이 10% 줄어들었다면 분담금은 어떻게 달라질까?

비례율이 10% 줄어 90%가 됐을 경우

- 박씨의 분담금 : 5억 원(조합원분양가) −9,000만 원(감정평가액 1억 원×비례율 90%) = 4억 1,000만 원
- 이씨의 분담금 : 5억 원(조합원분양가) −3억 6,000만 원(감정평가액 4억 원×비례율 90%) = 1억 4,000만 원

비례율이 10% 하락하면 박씨의 분담금은 1,000만 원이 늘어 4억 1,000만 원이 되고, 이씨는 4,000만 원이 늘어 1억 4,000만 원이 된다. 이처럼 원래 예상했던 분담금에서 추가로 내야 하는 분담금을 추가분담금이라고 한다. 현장에서는 추가분담금이라는 용어를 분담금과 혼용하곤 하는데 추가분담금은 분담금이 늘어나서 더 내야 하는 분담금을 의미하므로 구별해서 써야 한다. 하지만 현장에서는 대부분 추가분담금이라느 단어를 분담금의 의미로 사용한다.

◘ 표 5-4 비례율 변화에 따른 분담금 변화

	박씨			이씨		
84m² 조합원 분양가	5억 원					
감정평가액	1억 원			4억 원		
비례율	90%	100%	110%	90%	100%	110%
권리가액	9,000만 원	1억 원	1억 1,000만 원	3억 6,000만 원	4억 원	4억 4,000만 원
분담금	4억 1,000만 원	4억 원	4억 1,000만 원	1억 4,000만 원	1억 원	6,000만 원

　재개발 매물은 무조건 감정평가액이 크거나 혹은 작은 물건이 좋다고 말할 수 없다. 갖고 있는 투자금과 이주비대출을 받은 후 추가로 내는 금액 등을 고려해서 본인에게 맞는 물건을 매수하면 된다. 단, 두 가지를 기억해야 한다. 첫째, 감정평가액이 큰 물건일수록 큰 평형을 배정받는 데 유리하다. 둘째, 이주비대출을 실행하는 시기(이주 시), 분담금을 내는 시기(착공 시) 등에 추가로 들어가는 비용을 미리 계산하고 매수해야 한다. 이 두 가지를 명심하고 매수하기 전에 자금계획을 꼼꼼히 세우기 바란다.

적재적소 대출 활용법

현 정부의 부동산 규제 정책들로 인해 주택을 구입할 때 대출을 활용하는데 굉장히 많은 제약이 생겼다. 하지만 재개발 투자는 대출을 레버리지로 활용할 수 있다는 장점이 있다. 나 역시 여러 대출을 레버리지로 활용해 투자금을 줄이고 그로 인해 투자수익률을 많이 높였다. 부동산 투자에서 레버리지가 미치는 영향은 크다. 레버리지를 어떻게 활용하느냐에 따라 투자금과 수익률이 매우 달라지기 때문이다. 시세가 5억 원인 아파트를 산다면 레버리지에 따라서 투자금은 다음과 같이 달라진다.

- 현금 5억 원으로 아파트 구입 : 투자금 5억 원
- 전세 세입자를 들이고 전세보증금 3억 원을 받아 구입 : 투자금 2억 원

- 4억 원을 대출받고 월세보증금 2,000만 원(월세 100만 원)을 받아 구입 : 투자금 8,000만 원

재개발 투자를 할 때도 자금계획을 꼼꼼히 세워야 하는데 이때 중요한 것이 대출이다. 지금부터 재개발 투자에서 활용할 수 있는 대출에 대해 알아보겠다.

⬙ 표 5-5 재개발 투자에 활용 가능한 대출

구분	대출 금액	이자 부담
이주비대출	감정평가액의 40~60%	대부분 조합에서 부담
중도금대출	분담금의 40~60%	무이자 또는 후불
담보대출	담보가치의 40~70%	소유자(매수자) 본인 부담

◀◀ 이주비대출

관리처분인가 이후 조합에서는 이주기간을 공시한다. 재개발구역에 사는 사람은 이 기간에 이주해야 하고, 조합원은 이주하는 조건으로 이주비대출을 받을 수 있다. 재개발구역에 조합원 본인이 거주했다면 대출받은 이주비는 새 아파트에 입주할 때까지 거주할 주택의 임대보증금으로 활용한다. 만일 임차인이 살고 있다면 임차인의 임대보증금을 돌려주는 데 활용할 수 있다.

규제지역의 대출 조건

이주비대출은 규제지역 여부와 조합의 사정에 따라 규모가 정해진다. 법인이나 다주택자에게 이주비대출을 해주는 조합도 간혹 있지만 기본적으로 법인은 이주비를 대출받을 수 없다. 규제지역에서는 다주택자도 법인과 마찬가지로 이주비 대출을 받기 어렵다. 무주택자는 조건 없이 이주비대출을 받을 수 있고, 1주택자는 소유권이전등기를 한 날로부터 2년 안에 기존주택을 처분하는 조건으로 받을 수 있다.

조합에 따라 다른 대출 금액

이주비는 감정평가액의 40~60% 사이에서 대출해주는데, 조합마다 금액이 다르다. 감정평가액의 40%로 제한하고 이자를 조합이 전액 부담하는 곳이 있는가 하면, 똑같이 40%를 대출해주지만 조합원이 이자를 부담하는 곳도 있다. 60%를 대출해주되 40%는 무이자로, 나머지 20%는 2%대의 이자를 받는 곳도 있다. 조합에서 이자를 부담할 때는 조합의 사업비로 조달한다. 조합원 중에 이주비를 대출받을 조건이 안 되거나, 조건은 되지만 필요가 없어서 대출을 받지 않는 조합원에게 조합원이 이주비를 대출받았다고 가정하고 입주할 때 그만큼의 이자비용을 돌려주는 구역도 있다. 이런 구역에서는 입주할 때 조합원이 내야 하는 분담금에서 이자비용에 해당하는 금액을 빼고 분담금을 청구한다.

◀◀ 중도금대출

중도금대출은 조합원이 내야 할 분담금의 중도금(전체 분담금의 60%)을 빌려주는 것이다. 앞서 설명했듯이 분담금은 조합원분양가에서 권리가액을 뺀 금액이다.

규제지역의 대출 조건

중도금대출 역시 규제지역에서는 무주택자 혹은 1주택자가 기존주택을 처분하는 조건으로 대출받을 수 있다. 보유한 주택 수에 상관하지 않고 시공사 보증으로 대출해주는 조합도 있지만 일반적이지 않다. 또한 재개발구역의 규제지역 종류에 따라 대출 비율이 달라진다.

조합에 따라 다른 대출 비율

중도금대출 역시 이자를 후불로 내는 곳도 있고 사업성이 좋은 조합에서는 무이자로 대출해주기도 한다. 분담금은 청약에 당첨돼 분양 대금을 지불하는 것과 같은 방식으로 낸다. 착공할 때 분담금의 10%를

분담금을 100% 잔금으로 납부하는 구역(2021년 7월 기준)

- **서울** : 한남 3구역, 노량진 6구역, 상계 6구역, 방배 5구역, 갈현 1구역, 장위 4·6·10·14구역, 신당 8구역, 대조 1구역, 흥은 13구역, 용두 6구역
- **수도권** : 광명 4·11·12구역, 창천 1구역, 부개 4구역, 도화 1구역, 삼산 5구역, 능곡 5구역, 숭의 3구역

내고 이후 중도금으로 60%(보통은 3개월마다 10%씩 납부)를, 입주할 때 잔금으로 30%를 내는 식이다. 사업성이 좋은 곳은 분담금을 입주 시 100% 잔금으로 내기도 한다. 분담금을 내는 조합원들의 부담을 덜어주기 위해 나온 방식인데 투자자들이 이런 사업장에 많은 관심을 보인다. 서울 및 수도권의 재개발사업지에서 '분담금 잔금 100%'를 시행해 조합원들의 큰 호응을 얻은 곳이 몇몇 있다. 이런 구역에 투자하는 것도 좋은 전략이 될 수 있다.

◀◀ 담보대출

이주비대출이나 중도금대출은 재개발사업의 후반부인 관리처분인가가 난 이후에 활용할 수 있는 레버리지다. 재개발사업의 초기(조합설립 전후~사업시행인가 전후)에 투자할 때는 담보대출을 활용할 수 있다. 빌라는 임대보증금 외에 담보대출을 추가로 받기 어렵지만 단독주택, 다가구주택, 상가는 임대보증금이 적으면 담보대출을 활용해 투자금을 줄일 수도 있다. 나 역시 영등포 재개발구역의 상가에 투자할 때 매매가의 40%까지 담보대출을 받아 투자금을 많이 줄였다. 송파구 재개발구역의 상가주택을 매수할 때도 담보대출을 활용했다. 서울의 핵심 재개발구역의 다가구주택을 매입할 때도 토지에 대한 담보가치를 인정받아 담보대출을 활용하기도 했다. 재개발구역의 단독주택이나 다가구주택을 담보로 대출받을 수 있는 금액의 기준은 다음과 같다.

> 담보대출 가능 금액＝토지 면적×공시지가×공시가격 비율(100~150%)×70%

예를 들어 단독주택의 대지 면적이 50평, 공시지가가 평당 1,000만 원, 공시가격 비율이 100%이며 임대보증금이 없다고 하자. 이 단독주택을 담보로 대출받을 수 있는 금액은 '대지면적 50평×평당 공시지가 1,000만 원×공시가격 비율 70%'로 3억 5,000만 원이다. 그러나 담보대출은 매수자의 조건에 따라, 물건에 따라, 방 개수에 따라, 금융기관에 따라 가능 금액이 달라지므로 여러 은행에 문의해서 파악해야 한다.

◀◀ 재개발 투자 시 대출 활용법

앞서 설명한 각각의 대출을 재개발 투자에서 어떻게 활용할 수 있는지 알아보자.

이주비대출 활용

이주비대출을 활용해서 매수 잔금을 치르려면 관리처분인가가 난 이후 매수해야 한다. 그리고 매매계약서를 작성할 때 잔금 치르는 날짜를 이주비대출이 실행되는 시기로 정한다. 이미 매도자가 이주비대출을 신청했다면는 대출을 승계하는 조건으로 계약하면 된다. 또한 해당 조합과 은행에 이주비대출을 신청하거나 승계하는 데 문제가 없는지 꼼꼼히 확인하고 계약해야 한다.

중도금대출 활용

중도금대출을 활용하려면 먼저 분담금을 알아야 한다. 분담금을 알아본 후 그 10%에 해당하는 금액을 착공할 때 납부할 수 있는지 확인하고 자금계획을 세워 매수해야 한다. 중도금대출 조건도 알고 있어야 한다. 앞서 말했듯이 분담금을 모두 잔금으로 내면 그만큼 부담을 덜 수 있다. 자금이 여의치 않은데 분담금이 잔금 100% 조건이 아니라 분할해서 내는 매물에 투자할 때는 분담금에 대한 계약금으로 10%만 내고 중도금으로 내야 하는 60%는 연체이자를 내더라도 입주할 때까지 미루는 전략을 쓸 수 있다. 다른 조건이 같다면 분담금을 100% 잔금으로 내는 구역을 공략하는 것이 유리하다.

담보대출 활용

재개발사업 초기에는 단독주택이나 다가구주택보다는 빌라가 인기가 많고 프리미엄도 높게 형성된다. 초기투자금이 적기 때문이다. 하지만 담보대출을 활용해 단독주택이나 다가구주택을 사면 프리미엄은 적게 주면서 투자금을 줄일 수 있다. 그러므로 단독주택이나 다가구주택을 살 때 해당 부동산과 연계된 은행에 담보대출이 가능한지 반드시 확인해야 한다. 상가를 살 때도 대출 조건을 꼼꼼히 비교해야 한다. 재개발구역의 상가는 대출 규제를 적용받지 않으므로 대출을 활용할 수 있다.

규제지역 및 비규제지역의 대출 활용법

규제지역의 재개발 물건을 매수한 무주택자나 규제지역에 재개발 매

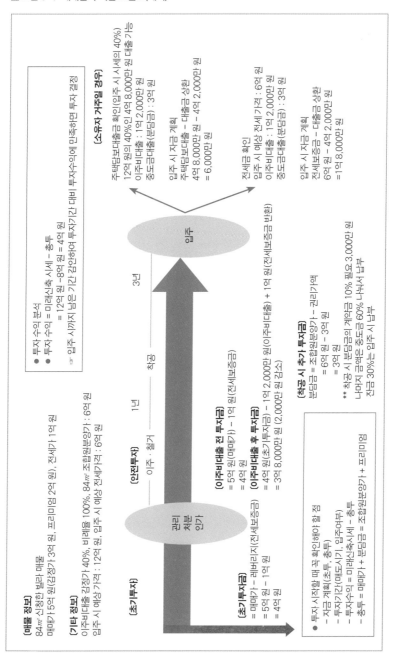

[매물 정보]
84㎡ 신청한 빌라 매물
매매가 5억 원(감정가 3억 원, 프리미엄 2억 원), 전세가 1억 원

[기타 정보]
이주비대출 감정가 40%, 비례율 100%, 84㎡ 조합원분양가 : 6억 원
입주 시 예상 가격 : 12억 원, 입주 시 예상 전세가격 : 6억 원

[초기투자]
= 매매가 - 레버리지(전세보증금)
= 5억 원 - 1억 원
= 4억 원

● 투자 시작할 때 꼭 확인해야 할 점
  - 자금 계획(초투, 총투)
  - 투자기간(매도시기, 입주여부)
  - 투자수익 = 미래신축시세 - 총투
  - 총투 = 매매가 + 분담금 = 조합원분양가 + 프리미엄

[초기투자]
= 4억 원

[이주비대출 전 투자금]
= 5억 원(매매가) - 1억 원(전세보증금)
= 4억 원

[이주비대출 후 투자금]
= 4억 원(초기투자) - 1억 2,000만 원(이주비대출) + 1억(전세보증금 반환)
= 3억 8,000만 원(2,000만 원 감소)

[착공 시 추가 투자금]
분담금 = 조합원분양가 - 관리처분가액
= 6억 원 - 3억 원
= 3억 원
** 착공 시 분담금이 계약금 10% 필요 3,000만 원
나머지 금액은 중도금 60% 나눠서 입주 시 납부
잔금 30%는 입주 시 납부

● 투자 수익 분석
● 투자 수익 = 미래신축 시세 - 총투
= 12억 원 -8억 원 = 4억 원
☞ 입주 시까지 남은 기간 감안하여 투자수익에 만족하면 투자 결정

(소유자 거주일 경우)

주택담보대출금 확인(입주 시 시세의 40%)
12억 원의 40%인 4억 8,000만 원 대출 가능
이주비대출 : 1억 2,000만 원
중도금대출(분담금) : 3억 원

입주 시 자금 계획
주택담보대출 - 대출금 상환
4억 8,000만 원 - 4억 2,000만 원
= 6,000만 원

전세금 확인
입주 시 예상 전세 가격 : 6억 원
이주비대출 : 1억 2,000만 원
중도금대출(분담금) : 3억 원

입주 시 자금 계획
전세보증금 - 대출금 상환
6억 원 - 4억 2,000만 원
= 1억 8,000만 원

[안전투자]
이주 · 철거 1년
착공 3년
입주

관리
처분
인가

물 한 채를 보유한 투자자가 다른 재개발 투자를 하고 싶을 때는 어떻게 해야 할까? 이럴 때는 규제지역의 이주비 신청 기간이 되기 전에 비규제지역에서 투자가치가 있는 분양권(입주권)을 하나 더 매수하는 방법이 있다. 그리고 규제지역 이주비를 신청할 때 추가로 매수한 분양권(입주권)을 입주 전까지 처분하는 조건으로 이주비대출을 신청한다. 비규제지역은 이주비대출이나 중도금대출을 받을 때 보유한 주택 수가 상관이 없으므로 추가로 매수한 비규제지역 분양권(입주권)에 대해서도 이주비대출이나 중도금대출을 받을 수 있다. 그리고 이주비대출을 신청한 후부터 입주 때까지 보통 3년 넘게 걸리므로 그 안에 비규제지역의 분양권(입주권)을 팔면 규제지역과 비규제지역에 한 채씩 두 채 모두 대출을 활용해 투자할 수 있다. 부동산 투자에서 대출을 투자금의 일부로 활용하는 것은 중요한 전략이다. 따라서 대출할 수 있는 조건을 잘 이해하고 적재적소에 활용하는 투자를 고민해야 한다.

평형 변경 신청을 활용한 투자법

조합원분양 신청이란 사업시행인가 후에 조합원들을 대상으로 원하는 평형과 타입을 선택할 기회를 주는 것이다. 조합원분양 신청 기간은 보통 60일인데, 이 기간에 분양 신청을 하지 않은 조합원은 자동으로 현금청산자가 된다. 현금청산자는 새 아파트를 분양받지 않고 현금으로 보상받은 후 재개발사업에서 제외되는 사람이다.

조합원 본인이 분양 신청 기간에 해외에 있었다거나 공교롭게 재개발 물건을 상속받아 경황이 없었다거나 기타 개인 사정으로 분양을 신청하지 못했어도 예외 없이 현금청산 대상자가 된다. 따라서 새 아파트를 받으려면 반드시 기한 안에 분양 신청을 해야 한다.

부동산시장이 불황일 때는 현금청산자가 늘어나고, 호황일 때는 현금 청산자 비율이 줄어든다는 말도 있다. 그러나 요즘은 신축 아파트에 대한 수요가 풍부하고 그에 따라 시세가 올라가기 때문에 의도적인 현금청산자는 거의 없다.

재분양 신청 vs 평형 변경 신청

사업시행인가 후에 실시하는 것이 조합원분양 신청이고, 그 후에 특별한 사유로 분양 신청을 다시 하는 것이 조합원 재분양 신청이다. 다음과 같은 사유가 발생했을 때 조합원 재분양 신청을 하게 된다.

① 관리처분계획을 인가받은 후 재개발구역에 중대한 사안이 발생했을 때
   예) 조합설립인가 취소소송 등으로 기존의 사업 과정을 모두 다시 진행해야 할 때
② 관리처분계획을 인가받은 후 사업 진행 중 현금청산자들의 소송으로 현금청산자들을 다시 조합원으로 받아들여야 한다는 사법부의 판결이 난 경우, 기존의 분양 신청 조합원과 현금청산자 중 분양 자격을 얻고자 하는 사람을 포함해서 재분양 신청 실시

이외에도 다른 여러 사유로 조합원분양을 다시 해야 하는 상황이 발생하면 조합원 재분양 신청을 실시한다. 재분양 신청을 하면 사업시행인가 시점으로 다시 돌아가서 사업시행인가 변경을 해야 한다. 그리고 다시 관리처분계획 변경 인가를 받아야 하는 어려움이 있다.

이에 반해 평형 변경 신청은 대부분 경미한 사유로 진행되며, 분양 평형 신청을 다시 받는 것이다. 사업시행인가 변경을 하지 않고 관리처분계획을 변경하는 것으로, 재분양 신청과 차이가 있다. 절차가 복잡하지 않아서 조합원의 요구나 조합의 사정이 있을 때 종종 발생한다.

평형 변경 신청 전략

사업시행인가가 나고 조합원분양 신청이 진행되는 시기부터 재개발 물건은 몇 평형을 신청한 매물인지를 기준으로 거래된다. 서울이나 수도권의 입지가 괜찮은 재개발구역은 큰 평형을 신청한 매물일수록 프리미엄이 높다. 예를 들어 59m²를 신청한 매물의 프리미엄이 2억 원이면 84m²를 신청한 매물의 프리미엄은 대개 2억 5,000만 원 정도다.

만약 임장을 갔는데 해당 구역에서 평형 변경 신청을 준비하고 있다면 매수자에게는 호재다. 84m²를 배정받으려는 투자자가 59m²를 신청한 매물을 구입한 후 84m²로 평형 변경 신청을 하면 5,000만 원의 프리미엄을 할인해서 산 효과가 있기 때문이다.

평형 변경 신청 전략에는 몇 가지 고려해야 할 사항이 있다. 변경되는 평형별 세대수도 고려해야 하고 기존 조합원들이 어떤 평형에 많이 신청할지 예측해서 변경될 확률이 높은 평형으로 변경 신청을 하는 것이 안전하다. 실제 재개발구역의 평형 변경 내용을 보자(표 5-6).

이 평형 변경 계획을 보면 39A형, 51형 타입의 세대수가 많이 감소하고 59A형, 84A형의 세대수가 증가했다. 특히 59A 타입이 많이 늘어났다. 이런 경우 매물 간 프리미엄의 가격 차이가 있다고 가정했을 때 39m²나 51m²를 신청한 물건을 매수해서 59m²로 평형 변경 신청하는 것이 유리하다.

매수하는 물건의 권리가액이 높으면 84m²로 평형 변경 신청하는 것도 좋은 선택일 수 있다. 평형 배정에서 우선순위를 가려야 할 때는 권리가액이 높은 순으로 하기 때문이다.

표 5-6 평형 변경 내용의 예

구분	평형	변경 전	변경 후	증감
임대	34A형	0	145	145
	39A형	82	0	-82
	51형	73	0	-73
	소계	155	145	-10
분양	34A형	72	127	55
	34B형	18	23	5
	39A형	438	100	-338
	39B형	102	25	-77
	51형	847	346	-501
	59A형	360	859	499
	59B형	427	431	4
	71A형	270	228	-42
	71B형	112	134	22
	84A형	122	285	163
	84B형	122	129	7
	99형	46	46	0
	소계	2,936	2,733	-203
합계		3,091	2,878	-213

평형과 타입의 최신 트렌드

시대에 따라 사람들이 선호하는 아파트의 평형과 타입도 달라진다. 1980년대에는 40평대 이상에 대한 선호도가 높았고, 1990년대 후반 이후에는 핵가족화가 진행되면서 20~30평형대의 선호도가 높았다. 이런 추세는 2000년대에도 이어졌다. 그로 인해 대형 평형 공급이 크게 줄어들면서 최근 서울의 핵심 지역에서는 대형 평형이 다시 인기를 끌고 있다. 수요는 여전히 20~30평대가 많지만 대형 평형의 희소성이 주목받으면서 재개발구역의 매물도 평형이 클수록 프리미엄이 높은 것이 사실이다. 평형뿐 아니라 구조도 시세에 영향을 미친다. 일반적으로 타워형보다는 판상형을 선호하고 입주 후 시세도 판상형이 더 높게 형성된다. 또한 2베이보다는 3베이, 3베이보다는 4베이를 선호하고 가격도 더 높게 형성된다.

최근에는 구조 변경이 가능한 알파룸이나 창고로 쓸 수 있는 팬트리가 포함된 구조를 선호하는 경향이 뚜렷하다. 4인 가족이 가장 선호하는 평형인 59㎡나 84㎡는 방 3개, 욕실 2개가 대부분이다. 이 구조에 4인 가족이 살면 보통 안방은 부부가 쓰고 작은방은 두 자녀가 하나씩 사용하게 되는데, 그러면 어른만의 독립적인 공간이 없다. 요즘은 개인 공간을 원하는 소비자들이 많아졌고 이런 욕구를 반영해 알파룸을 만들어 서재로 사용하거나 운동이나 취미생활을 하는 방으로 제공하고 있다. 알파룸을 따로 사용하지 않는다면 안방과 합쳐서 더 큰 안방으로 사용하거나 거실로 터서 더 큰 거실로 활용할 수도 있다. 팬트리도 분리된 수납공간을 선호하는 주부들의 욕구를 충족시킨 아이디어라고 할 수 있다. 공동주택에는 창고가 따로 없어서 큰 짐이나 자전거 등을 두는 공간이 부족한데 이를 해결한 설계가 팬트리 공간이다.

베이(bay)란 전면 발코니를 기준으로 건물의 기둥과 기둥 사이에 햇빛이 들어오는 공간을 말한다. 보통 2베이, 3베이, 4베이로 나뉘는데 2베이보다 3베이, 4베이가 인기 있는 이유는 4베이를 보면 알 수 있다. 4베이로 설계한 판상형 구조는 거실과 방 3개가 모두 채광이 우수하고 공간 활용이 효율적이다. 겨울에는 따뜻해서 난방비를 절약할 수 있고 여름에는 통풍이 잘돼 시원하다. 또 현관 입구가 방에 가려져 사생활이 보호된다. 좌우로 넓은 구조로 다른 타입에 비해 발코니 확장 면적이 넓고 실제 사용하는 공간이 늘어나는 장점도 있다.

⬇ 그림 5-2 판상형 평면도 vs 타워형 평면도

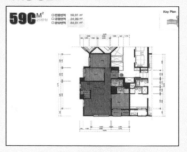

⬇ 그림 5-3 2베이·3베이·4베이 평면도

평형 변경 신청 투자 전략

- 재개발구역에 임장을 가서 신청 평형별 매물의 프리미엄을 파악한다.
- 해당 구역에서 평형 변경 신청을 계획하고 있다면 작은 평형을 신청한 매물을 알아본다.
- 해당 구역의 조합원 수, 기존 평형 신청 내역, 평형별 배정 세대수 등을 파악해 평형 변경 가능성을 타진한다.
- 평형 변경 신청이 가능하다고 판단되면, 프리미엄이 작은 평형 신청 매물을 매수해서 본인이 원하는 평형으로 평형 변경 신청을 한다.

출처 : 페리에의 실물경제 이야기 블로그

STEP
6

상가·도로·무허가 주택
투자법 알기

오래된 상가로 새 아파트 받기

01

2018년부터 2020년까지 서울 아파트 가격의 가파른 상승은 서울 재개발구역들의 프리미엄 상승 속도를 더욱 가속화했다. 2013년부터 아파트, 빌라, 상가 등 50여 채의 다양한 부동산을 매수하고 매도하는 과정을 반복하는 동안 부동산을 보는 안목과 감각이 키워졌고, 앞으로 상당 기간 서울 재개발 투자가 부동산 투자 분야에서 가장 유망하리라는 확신이 들었다. 그래서 2018년 이후 모든 투자 역량을 서울 재개발 투자에 집중했다. 부동산 투자 경험이 쌓이고 소유하고 있는 부동산의 개수가 늘어나면서 명의와 세금이라는 두 가지 부분에 대해서 더 많은 공부와 고민을 하게 됐다. 그러던 중 2019년 영등포구 재개발구역을 임장하면서 다주택자인 나에게 매우 유리한 투자 방법을 발견했다. 바로 상가를 이용한 재개발 투자다.

재개발 투자의 여러 장점 중 하나가 본인의 상황에 맞는 물건 유형을 골라서 투자할 수 있다는 점이다. 투자금을 최소로 하고 싶을 땐 무허가주택이나 빌라를, 1+1 매물이나 큰 평형을 원할 때는 단독주택이나 다가구주택을, 주택 수에 포함되지 않는 투자를 하고 싶을 때는 상가나 나대지(도로) 물건을 선택할 수 있다.

지금부터는 재개발구역 내 상가를 매수해서 새 아파트를 받는 전략에 대해 알아보자. 재개발 상가는 보유하고 있는 주택 수에 영향을 주지 않기 때문에 세금이나 대출에서 유리하다. 무주택자 역시 무주택자 자격을 유지하면서 청약 가점을 그대로 활용할 수 있고 새로운 주택을 추가로 매수할 때 양도소득세 비과세 전략도 병행할 수 있다.

1주택이나 2주택을 보유하고 있다면 일시적 1세대 2주택 양도소득세 비과세 전략을 병행할 수 있다.

◀◀ 영등포 재개발구역 상가 투자

영등포는 3대 업무지구인 여의도와 가깝고 주변 인프라가 발달해 있으며 신안산선 등 교통 호재도 풍부한 지역이다. 또한 영등포뉴타운 재개발구역 내에는 상가 매물이 많다. 월세 수입이 나오는 물건도 있고, 대출 활용도 쉬우며 주택 수에 포함되지 않는 등의 장점을 활용할 수 있음을 알게 되어 매물들을 조사하고 분석해나갔다.

내가 투자하려던 재개발구역은 조합설립총회를 며칠 앞두고 있었다. 조합설립총회가 열리고 조합설립인가가 나면 프리미엄이 다시 한번 상승할 것으로 예상하고 지금이 매수 적기라고 판단했다.

그러던 중 좋은 매물이 나오면 바로 연락해달라고 부탁해놓은 중개소에서 급매물이 나왔다는 전화가 왔다. 매물 조건을 듣고 운전 중인 차를 한쪽에 세운 후 바로 가계약금을 입금했다. 입지 좋은 서울 재개발구역에서는 좋은 매물이 나오면 몇 분만에도 거래가 이뤄지던 때였다.

결국 조합설립총회 하루 전날 계약을 하고, 추진위원회 사무실을 방문해서 아직 소유권이전등기 전인데 조합설립총회에 참석해도 되냐고 부탁했더니 추진위원장님께서 흔쾌히 승낙해주었다.

조합설립총회는 성공리에 마무리됐고 두 달 후 조합설립인가 소식이 들려왔다. 조합설립인가 후에 해당 구역의 프리미엄은 1억 원 이상 상승했다. 매수한 지 두 달 만에 들려온 반가운 소식이었다.

내가 매수한 상가는 매매가 3억 4,000만 원, 감정평가액 1억 7,000만 원, 프리미엄이 1억 7,000만 원이었다. 이 상가로 나중에 아파트를 받으려면 권리가액이 분양하는 최소 평형 아파트의 조합원분양가를 초과해야 한다. 가령 이 재개발구역의 가장 작은 분양 평형이 21평형이고, 해당 평형의 조합원분양가가 3억 원이라면 소유하고 있는 상가의 권리가액이 3억 원을 넘어야만 아파트를 분양받을 수 있는 것이다. 권리가액이 3억 원 미만인 조합원은 상가나 오피스텔을 분양받게 된다.

문제는 이제 막 조합설립인가가 났는데 최소 평형의 조합원분양가를 어떻게 알 수 있느냐다. 이럴 때는 인근에 진행되고 있거나 이미 완성된 재개발구역 사례를 참고해 예측할 수 있다. 인근 사례를 참고하고 중개소장님들과 조합 관계자들께 파악한 바로는 감정평가액이 최소 3억 원은 돼야 하지 않을까 싶었다. 내가 매수한 상가의 감정평가액은 1

억 7,000만 원인데, 그렇다면 아파트를 받을 수 없는 걸까?

그렇지 않다. 나중에 조합원분양가가 결정되면 해당 구역 내 다른 매물을 추가 매수해서 권리가액 기준으로 최소 평형의 조합원분양가를 넘기면 된다. 예를 들어서 최소 평형의 조합원분양가가 3억 원으로 결정되면, 내가 보유한 상가의 권리가액 1억 7,000만 원에서 부족한 1억 3,000만 원 이상의 감정평가액을 가진 상가를 추가 매수하면 된다. 역으로 내가 보유한 상가의 권리가액만큼 필요한 조합원에게 좋은 가격으로 매도할 수도 있다.

레버리지 활용은, 매매가 3억 4,000만 원의 상가를 담보로 1억 5,000만 원을 대출받았다. 임차인은 보증금 없이 월세 15만 원에 한복점을 운영하고 있는 상태였다. 재개발사업이 진행될 만큼 낙후된 시장 내 점포여서 임대료가 저렴했다. 월세 15만 원과 함께 내가 소유한 상가의 지분으로 인해 상가번영회에서 격월로 25만 원씩 배당금을 받을 수 있었다. 재개발 투자를 통해 월 평균 27만 원 정도의 현금흐름도 확보한 것이다. 매달 내야 하는 대출이자를 이 월세로 충당했다.

내가 투자한 재개발구역에 바로 인접한 2년 차 신축 아파트의 84m²의 시세가 17억 원을 넘어가고 있는 상황이다. 매수한 지 2년이 채 안된 지금 시점에서 프리미엄만 3억 원 이상 상승했다.

◤◤ 재개발 상가 투자의 장점과 단점

우리가 흔히 상가라고 부르는 물건은 등기부등본에 '근린생활시설'로 표기돼 있다. 그래서 현장에서는 줄여서 '근생'이라고도 한다. 도정법에서는 상가를 보유한 조합원은 재개발 후에 상가를 분양받도록 규정하고 있지만, 조건을 충족하면 아파트를 분양받을 수도 있다. 그 조건은 다음과 같다.

- 상가의 대지 지분이 90m² 이상일 때
- 상가의 대지 지분이 30m² 이상 90m² 미만일 때
  이 조건은 2003년 12월 30일 이전에 분할된 상가일 때 적용되며, 지목과 현황이 모두 도로여서는 안 된다. 무주택자의 조건도 맞아야 한다.
- 권리가액이 분양용 최소 평형의 조합원분양가 이상일 때

최근 다주택자에 대한 규제가 늘어나면서 주택 수에 포함되지 않는 상가에 대한 관심과 수요가 늘어나는 추세다. 따라서 재개발 투자와 상가를 연결하면 좋은 투자 조합이 가능하다.

단, 재개발구역 상가는 장단점이 확실한 물건이다. 투자자의 조건과 상황에 맞는 재개발 상가 투자는 최고의 선택이 될 수 있다. 그러나 재개발구역 상가에 대해 잘 모르고 매수하면 골치 아픈 투자가 될 수 있음을 기억해야 한다.

그럼 재개발구역 상가 매물의 장단점을 구체적으로 살펴보자.

상가의 장점

주택 수에 포함되지 않는다

재개발구역 상가는 관리처분인가가 나고 입주권으로 전환되기 전까지 주택 수에 포함되지 않는다. 그래서 다주택자가 소유한 주택의 세금이나 대출에 영향을 주지 않는다. 무주택자나 1주택자는 청약 가점이나 양도소득세 비과세 혜택 등을 유지할 수 있다.

임대수입을 얻을 수 있다

재개발구역의 상권이 유지된다면 임대수익을 누리면서 재개발 투자도 할 수 있어 일거양득이다. 단, 그 구역이 낙후돼 재개발하는 것이므로 상권이 죽으면 임대수익이 줄거나 공실이 될 가능성이 있다.

사업자대출을 많이 받을 수 있다

상가는 상가를 담보로 하는 사업자대출을 많이 받을 수 있다. 빌라나 다가구주택과 같은 주택을 매수하면 임대보증금이 선순위로 설정돼 있고 은행 감정평가액도 크지 않아 대출받기가 어렵다. 그러나 상가는 주택에만 적용되는 LTV 40%나 방 공제 등의 규제에서 자유로워 대출받기가 수월하다.

부동산 투자에서 레버리지를 활용해 투자금을 최소화할 수 있다는 것은 굉장히 큰 장점이다.

상가와 주택 중 선택할 수 있다

재개발구역 상가는 조합원분양 시기에 상가와 주택 중에 선택할 수 있다. 부동산경기가 좋고 인근 신축 아파트의 시세가 많이 올라서 주택(아파트)으로 받는 게 유리하면 분양 신청을 주택으로 하고(조건을 갖췄을 경우), 입주 후에 해당 구역의 상권이 좋을 것으로 예상된다면 상가를 받아서 임대수익을 노릴 수도 있다. 조합원이 분양받는 상가는 일반분양가보다 30% 이상 저렴하다. 그래서 일반분양보다 높은 임대수익을 기대할 수 있다.

상가의 단점

취득세율이 높다

무주택자의 주택에 대한 취득세율은 1~3%인데 상가는 4.6%다. 단, 2020년 7·10 대책 이후 1주택 이상 보유한 경우 취득세율이 8~12%까지 높아져 1주택 이상 보유한 사람에게는 오히려 주택보다는 상가를 취득할 때 취득세율이 낮다.

아파트를 못 받을 수도 있다

조건을 충족하지 못하면 아파트을 받을 수 없는 위험이 따른다. 재개발 초기에는 상가의 권리가액을 정확히 알기 어렵고, 해당 구역에서 분양하는 최소 평형의 조합원분양가도 파악하기 어렵다. 따라서 매수한 상가가 이 조건을 충족하지 못할 경우 아파트를 분양받지 못하고 상가나 오피스텔을 분양받거나 현금청산이 될 수도 있다.

이런 경우에는 나중에 부족한 권리가액만큼 구역 내 다른 매물을 매수해서 요건을 충족하면 아파트를 분양받을 수 있다.

공실 가능성이 있다

재개발사업이 진행되면서 주변 환경이 열악해지고 상권이 쇠퇴하면 임대수입이 줄어들거나 공실 가능성이 커진다. 나 역시 영등포 재개발 상가를 처음 매수했을 때는 월세 15만 원과 상가번영회 배당금 25만 원을 받았지만 재개발사업이 진행되면서 상권이 죽고 공실이 되면서 어느 시점부터는 월세 15만 원을 받지 못하고 상가번영회 배당금만 받게 되었다.

재개발사업이 지체될 수 있다

주택이 적거나 아예 없고 대부분 상가로만 이뤄진 재개발구역은 서로의 이해관계가 다양해서 재개발사업이 지체되는 경우도 있다. 하지만 사업성이 좋은 재개발구역은 임대수익에 대한 기대보다 재개발사업으로 인한 개발 이익이 더 커서 이런 리스크가 줄어들기도 한다.

서울 영등포구 재개발구역 상가

내가 투자한 영등포 재개발구역은 현재 건축심의를 준비하는 단계지만, 현시점에서 입주 시까지 보유한다고 가정하고 수익을 분석해보자.

> 입주 시까지 보유해서 84m^{2}를 분양받는다고 가정
>
> (예상 조합원분양가 6억 3,000만 원, 입주 시 예상 시세 18억 원)
>
> **초기투자금**=매매가-레버리지
>
> =3억 4,000만원-1억 5,000만원(사업자대출)
>
> =1억 9,000만 원
>
> **분담금**=조합원분양가-권리가액
>
> =6억 3,000만 원-1억 7,000만 원=4억 6,000만 원
>
> **총투자금**=조합원분양가+프리미엄
>
> =6억 3,000만 원+1억 7,000만 원=8억 원
>
> =매매가+분담금
>
> =3억 4,000만 원+4억 6,000만 원=8억 원

> **예상 수익** = 입주 시 예상 가격 − 총투자금
>
> = 18억 원 − 8억 원 = 10억 원

지금 시점에서는 상상도 할 수 없지만 불과 2년 전인 2019년만 해도 1억 원대로 서울 핵심 입지에 재개발 투자가 가능했다. 물론 초기투자이기 때문에 입주 시(2028년 예상)까지 보유해도 되고 프리미엄 상승분만 취하고 중간에 매도해도 된다.

현재 기준으로 프리미엄 상승분만 3억 원 이상이다. 하지만 상가 물건이어서 주택 수에 포함되지 않기 때문에 계속 보유하면 큰 수익을 기대할 수 있다. 물론 중간에 최소 평형의 조합원분양가를 넘기기 위해 같은 구역 내 매물을 추가로 매수해야 할 수도 있고, 추가분담금을 내야 할 수도 있지만 그건 향후 다시 고민할 부분이다.

앞으로 7~8년의 시간을 10억 원의 수익으로 바꾸는 투자라면 도전해볼 만하지 않을까.

무허가 주택·도로로 새 아파트 받기

02

재개발 물건 중 상가와 도로는 공통점이 있다. 주택 수에 포함되지 않는다는 것이다. 상가, 도로, 무허가 주택의 공통점도 있다. 취득세율이 4.6%로 같다. 2020년에 발표된 7·10 대책으로 다주택자의 취득세와 보유세가 인상되면서 재개발 상가, 도로(대지), 무허가 주택 등의 인기는 날로 상승하고 있다.

◀◀ 무허가 주택 투자

입주권을 받을 수 있는 무허가 주택

재개발구역에는 무허가 주택들도 있다. 무허가 주택은 시유지나 국유지에 허가를 받지 않고 지어진 주택을 말한다. 사유지 무허가 주택의 경우에는 대지 지분을 갖고 있는 매물도 있지만 대부분 시유지나 국유지에 지어진 건축물이 많다. 이런 무허가 주택도 일정 요건을 갖추면 입주권을 받을 수 있다. 서울시는 도정법에 근거해 1981년 12월 31일 이전에 지어진 무허가 주택은 입주권을 받을 수 있도록 했다.

무허가 주택의 입주권 여부는 관할 구청에서 무허가 건물 확인 대장을 발급해보면 알 수 있다. 무허가 건물 확인 대장에 없으면 항공사진과 같이 증명할 수 있는 다른 자료가 있어도 입주권이 나온다. 무허가 주택은 시유지나 국유지에 지어진 건축물이어서 토지는 없고 주택만 있는 경우가 대부분이고 감정평가액이 매우 작다. 재개발 물건 유형 중 투자금이 가장 적게 들어가기 때문에 소액투자자에게 인기가 높다. 무허가 주택은 취득세가 4.6%로 초기에는 빌라나 다가구주택보다 취득세 부담이 크지만, 이주가 마무리되고 멸실등기가 끝나면 상대적으로 가치가 상승한다. 이때는 모든 입주권이 토지의 취득세인 4.6%를 적용받기 때문이다. 또한 무주택자를 제외한 1주택자 이상에게도 취득세는 상대적으로 저렴하다. 무허가 주택은 소액으로 재개발사업 단계별 프리미엄 상승분을 취하는 단기투자에 유리하다. 그러나 권리가액이 매우 낮고 매

알쏭달쏭 용어 해석

● **멸실등기**
재개발구역에서 이주가 완료되고 건축물을 철거한 후 건축물 등기부등본을 말소하는데, 이를 멸실등기라고 한다. 멸실등기 후에는 새 아파트를 짓기 위해 부동산의 집행 권리가 조합으로 이관된다.
이 시점부터는 주택이 아닌 입주권의 형태로 매매가 이뤄진다. 입주권은 주택이 아니므로 종합부동산세 대상에서 제외된다.

매가의 대부분이 프리미엄인 물건이 많아서 원하는 평형을 배정받기는 어렵다. 또 이주가 끝나고 착공에 들어가면 추가로 내야 하는 분담금이 많은 경우가 대부분이기 때문에 이를 고려해서 자금계획을 세워야 한다.

투자 적기는 재개발 초기(조합설립 이후~건축심의 전) 혹은 이주 및 철거 이후 멸실등기를 한 다음 구역 내 모든 입주권의 취득세가 4.6%로 바뀌는 시기다. 7·10 대책으로 다주택자는 재개발 빌라나 다가구주택 등을 살 때 12%까지 취득세를 내야 하는데 무허가 주택은 4.6%만 내면 되므로 취득세 면에서는 더 매력적인 매물이 될 수 있다.

투자 전략

재개발구역에서 빌라를 살 때와 무허가 주택을 살 때 시기별로 어떤 차이가 있는지 알아보자. 두 매물 모두 서울 A재개발구역에 있고 멸실등기 이후라고 가정하자.

빌라

평형	59m^2
조합원분양가	5억 원
이주비대출	권리가액의 40%, 무이자
분담금	잔금으로 100%
3년 후 입주 시 예상 시세	10억 원

이 빌라는 59m^2 아파트를 신청했고, 매매가가 6억 원(권리가액 3억 원 + 프리미엄 3억 원)이며, 이주비대출은 1억 2,000만 원(3억 원×40%)을 받을 수 있다. 투자금과 예상 수익은 다음과 같다.

> **초기투자금**＝매매가－레버리지＋취득세
>
> ＝6억 원－1억 2,000만 원(이주비대출)＋2,760만 원(매매가 6억 원
>
> ×취득세율 4.6%)＝5억 760만 원
>
> **분담금**＝조합원분양가－권리가액
>
> ＝5억 원－3억 원＝2억 원
>
> **총투자금**＝매매가＋분담금＋취득세
>
> ＝6억 원＋2억 원＋2,760만 원
>
> ＝8억 2,760만 원
>
> **예상 수익**＝입주 시 예상 시세－종투자금
>
> ＝10억 원－8억 2,760만 원
>
> ＝1억 7,240만 원

이번에는 무허가 주택을 알아보자. 59m^2 아파트를 신청했고, 매매가는 3억 7,000만 원(권리가액 2,000만 원＋프리미엄 3억 5,000만 원)이며, 권리가 액이 작아 이주비대출은 불가능하다. 이 물건의 투자금과 예상 수익은 다음과 같다.

무허가 주택

> **초기투자금**＝매매가－레버리지＋취득세
>
> ＝3억 7,000만 원＋1,700만 원(매매가 3억 7,000만 원×취득세율
>
> 4.6%)
>
> ＝3억 8,700만 원

분담금＝조합원분양가－권리가액

=5억 원－2,000만 원

=4억 8,000만 원

총투자금＝매매가＋분담금＋취득세

=3억 7,000만 원＋4억 8,000만 원＋1,700만 원

=8억 6,700만 원

예상 수익＝입주 시 예상 시세－총투자금

=10억 원－8억 6,700만 원

=1억 3,300만 원

둘 중에서 먼저 거래되는 물건은 어느 것일까? 총투자금은 빌라가 더 적지만 실제로는 초기투자금이 2억 원 가까이 적은 무허가 주택이 먼저 거래될 확률이 높다. 무허가 주택은 빌라보다 프리미엄이 5,000만 원이나 비싸고 총투자금은 4,000만 원이 많은데 예상 수익은 오히려 4,000만 원이 적다. 그런데도 먼저 거래되는 것은 투자금의 차이가 크기 때문이다. 투자금에 여유가 있다면 반대의 선택을 하는 것이 유리하다.

무허가 주택 매수 시 주의사항

무허가 주택을 살 때는 반드시 구청에서 무허가 건물 확인 대장을 발급받아 내용을 확인해야 한다. 또 조합에 문의해서 입주권이 나오는 물건인지 한 번 더 확인하는 것이 안전하다. 무허가 주택은 대부분 시나

국가의 토지를 점유한 형태로 일정한 기간마다 토지 사용료(지료)를 낸다. 이때 토지 사용료는 점유한 땅의 크기에 비례한다. 무허가 주택의 임차인은 대개 월세로 거주하는데 이런 무허가 주택을 매수한다면 월세를 받아 토지 사용료를 내는 경우가 많다. 재개발사업이 무산되면 가장 손해가 큰 물건 유형이 무허가 주택이다. 따라서 반드시 조합설립을 하고 사업 진행 가능성이 높은 구역에 있는 무허가 주택에 투자해야 한다.

◀◀ 도로 및 나대지

재개발구역 물건 유형 중 도로 및 나대지도 대지 면적이 $90\,m^2$ 이상이면 주택(아파트)을 분양받을 수 있다. 도로는 주변 나대지 감정평가액의 3분의 1 전후로 해서 감정평가액이 나온다.

도로도 상가와 마찬가지로 장단점이 확실하다. 도로나 나대지는 거래 비율이 가장 낮지만 투자자의 상황에 맞게 활용하면 좋은 투자가 된다. 도로 및 나대지 투자의 장단점을 알아보자.

장점

- **주택 수에 미포함**

  상가와 마찬가지로 관리처분계획을 인가받아 입주권으로 전환되기 전까지 주택 수에 포함되지 않는다. 이는 다주택자에게 큰 장점이다.

- **저렴한 가격**

  도로의 경우 감정평가액이 낮기 때문에 매매가가 다른 유형의 물건보다 저렴하다.

- **상급지 진입이 용이**

  하나의 필지가 90m² 이상의 면적이어야 하는 것이 아니라 같은 재개발구역 안에서 90m² 이상의 면적을 소유하면 된다. 그러므로 면적이 90m² 미만인 여러 필지를 사서 90m² 이상의 분양 자격을 갖추면 저렴한 가격으로 입주권을 취득할 수 있다.

  특히 성수전략정비구역이나 한남뉴타운처럼 최상의 입지를 자랑하는 재개발구역에서 이런 전략을 구사한다면 아주 저렴하게 최고의 투자를 할 수 있다.

단점

- **높은 취득세율**

  무주택자의 주택 취득세율은 1~3%인 데 반해 도로나 나대지는 상가와 마찬가지로 취득세율이 4.6%로 높다. 단, 7·10 대책 이후 1주택 이상 보유자는 추가 매입하는 주택 취득세율이 8~12%까지 높아져 오히려 도로, 나대지, 상가의 취득세율 4.6%가 상대적으로 취득세율이 낮아지는 장점이 될 수 있다.

- **30m² 이하는 현금청산**

  도로나 나대지는 30m² 이하는 입주권을 받을 수 없고 현금청산을 당한다. 단, 30m² 이상~90m² 미만일 경우 무주택자이면서

(2010년 7월 30일 이전에 구역지정이 되어 있어야 함) 지목과 현황이 모두 도로가 아닌 경우에는 입주권이 나온다.

- **대출 불가**

  나대지는 대출이 가능하지만 도로의 경우 대출이 나오지 않는다. 매매 가격이 저렴한 대신 레버리지를 활용할 수 없으므로 초기투자금이 많이 필요할 수 있다.

지금까지 인천 재개발 투자 사례를 통해서 빌라의 장단점을 설명했고, 노원구 재개발 투자 사례를 통해서 다가구주택의 장단점도 살펴봤다. 영등포구 재개발 투자 사례를 통해서는 상가의 장단점을 알아봤고 무허가 주택과 도로 및 나대지 투자의 장단점까지 정리했다. 〈표 6-1〉에 물건 유형별 장단점을 정리했으니 참고하기 바란다.

표 6-1 재개발 물건의 유형별 장단점

	장점	단점	투자 적기	적합투자자
빌라	- 초기투자금이 저렴함 - 임대관리 쉬움 - 몸테크도 수월함 - 대지 지분 대비 감정평가액 높음	- 대지 지분이 적으면 원하는 평형을 배정 받기 어려울 수 있음	- 조합설립인가~ 관리처분인가	- 초보투자자 - 소액투자자
단독 주택 다가구 주택	- 큰 평형 배정도 가능 - 이주비대출 후 투자금 회수 가능성 높음 - 임대 잘되면 월세도 가능 - 1+1 배정 가능할 수 있음	- 초기투자금 많음 - 임대관리가 어려움	- 추진위설립~조합 설립 - 관리처분인가 이후(이주비대출 활용)	- 중대형 평형 수요자 - 1+1 수요자 - 이주비대출 활용 투자자
무허가 주택	- 투자금이 가장 저렴함 - 다주택자에게는 취득세가 상대적으로 저렴함 - 단기투자에 유리	- 권리가액이 낮아 원하는 평형 배정 불리 - 토지 사용료(지료) 납부	- 조합설립 전후 ~관리처분인가	- 소액투자자 - 단기투자자
상가	- 주택 수에 포함 안 됨 - 임대수익 기대 - 담보대출 가능 - 아파트가 아니라 상가를 분양받을 수도 있음	- 조건(최소 평형 분양 가격)을 맞추지 못하면 아파트 분양 불가 - 재개발구역 내 상가 공실 가능성 큼 - 상가의 이해관계가 얽힐 경우 사업 추진 지연 가능성	- 시기 상관없음	- 다주택자 - 임대수익 수요자 - 상가분양 희망자 - 대출 활용 희망자
도로 나대지	- 주택 수에 포함되지 않음 - 가격이 상대적으로 저렴	- 30㎡ 미만 시 현금 청산 - 대출 어려움	- 시기 상관없음	- 다주택자 - 상급지 투자자

헌 집 한 채로 새 집 두 채 받기

03

2019년 9월, 추석 연휴가 시작되기 전날 재개발 투자 과정에서 알게 된 지인으로부터 전화가 걸려왔다. 얼마 전 송파구 재개발구역의 1+1 매물에 투자했는데 본인이 투자한 물건보다 훨씬 조건이 좋은 1+1 매물이 나왔다는 것이다. 정말 좋은 물건이어서 가족들에게만 말했는데 자금이 부족해서 투자할 수 없는 상황이니 검토해보라고 했다. 감사한 마음으로 전화를 끊자마자 해당 구역에 대해서 자세히 알아보기 시작했다.

◀◀ 송파구 문정동 재건축 투자

송파구는 강남구, 서초구와 함께 강남 3구라고 불리는 핵심 입지다. 지인이 소개해준 지역은 송파구 문정동에 위치한 단독주택 재건축 지역으로, 재개발구역과는 몇 가지 차이가 있었다. 앞서 재건축과 재개발을 구분 짓는 기준은 아파트와 빌라가 아니라 주변 정비기반시설의 낙후 여부라고 했다.

송파구 문정동은 어떤 지역일까? 동부지방법원을 포함한 법조단지 와 각종 편의시설, 상업시설이 즐비한 곳이다. 주변 정비기반시설이 낙후되지 않은 곳이다. 다만 해당 지역의 주택들이 노후화돼 주변 정비기반시설은 그대로 두고 주택만 부수고 다시 짓는 일명 '주택 재건축사업 지역'이었다.

겉으로 보기에는 단독주택과 빌라들로 이루어진 곳을 허물고 다시 지으니 재개발사업으로 보이지만 재건축사업인 것이다. 따라서 재개발에는 적용되지 않는 재건축초과이익환수제가 적용되고 조합원 지위 양도도 조합설립 이후 금지된다(재개발지역은 관리처분인가 이후 금지). 서울에는 이처럼 재개발사업지로 보이지만 재건축사업으로 분류되는 정비사업지들이 몇 곳 있다. 가장 대표적인 사례가 서초구 방배동의 주택 재건축사업이다.

지인에게 추천받은 물건은 재건축사업지 물건이기 때문에 조합설립 이후 매매가 불가능한데 나는 관리처분인가 이후 매수했다. 어떻게 가능했을까? 앞에서 설명드린 조합원 지위 양도 금지 예외 조항 때문이다. 투기과열지구 내의 재건축 물건은 조합설립 이후 조합원 지위 양도가 금지된다. 하지만 매도자가 '10년 이상 보유, 5년 이상 거주, 1세대 1주택자'의 세 가지 요건을 갖췄다면 예외적으로 그 물건은 거래가 가능하다. 추천받은 물건은 이 조건에 부합하는 매물이었다.

강남 3구의 핵심 입지, 이것만으로도 조사하는 내내 가슴이 설렜다. 당시 웬만한 입지의 서울 재개발사업지는 프리미엄이 5억 원을 훌쩍 넘었고, 더군다나 관리처분인가 이후 단계의 핵심 입지는 프리미엄만 7~8억 원이 넘는 구역도 많았다. 그런데 강남 3구의 핵심 입지에 관리처분인가도 나서 안전투자가 가능한 구역임에도 불구하고 프리미엄이 2억 2,000만 원밖에 하지 않았다.

해당 구역이 많이 저평가돼 있기도 했지만, 해당 구역 내에서도 $84m^2$ 한 채를 분양받는 매물의 프리미엄이 3억 원이 넘는데 $84m^2$와 $49m^2$ 두 채를 분양받는 매물의 프리미엄이 2억 2,000만 원밖에 하지 않았다.

해당 구역과 물건의 가치는 판단했으니 자금계획을 세울 차례였다. 추천받은 매물은 상가주택으로 매매가는 16억 2,000만 원(감정평가액 14억 원＋프리미엄 2억 2,000만 원)이었다. 관리처분인가를 득하고 한 달 후부터 이주가 진행될 예정이었기 때문에 잔금을 치를 때는 이주비대출도 가능했다. 이주비대출은 감정평가액의 60%까지 가능해서 8억 4,000만 원을 레버리지로 활용해 투자금을 줄일 수 있었다. 마침 보유하던 아파트를 매도하면서 매도 잔금일을 얼마 남겨두지 않은 상태였기 때문에 이주비대출까지 활용하면 투자금 마련은 가능했다.

추석 연휴 내내 해당 구역과 매물을 분석하고 다른 물건들과 비교하면서 물건의 가치를 확인했다. 연휴가 끝난 월요일 오전 근무를 마치고 한걸음에 달려가 매매계약을 진행했다.

이 물건에 투자를 결정한 데는 다음과 같은 이유가 있었다.

- 강남 3구의 신축 아파트 두 채를 7억 원대 자금으로 투자할 수 있는 초특급 매물
- 관리처분인가 이후의 안전투자 가능
- 이주비대출 활용 가능
- 높은 감정평가액으로 분담금이 없어 추가로 들어가는 투자금이 없음
- 1 + 1 매물로 입주 시 84m²는 실거주, 49m²는 임대수익을 누릴 수 있음
- 훌륭한 주변 인프라
- 각종 개발 호재

2019년 9월에 계약을 하고, 잔금을 치를 때는 이주비대출도 받으며 11월에 소유권이전등기를 했다. 2021년 상반기에는 이주가 완료되고 철거 예정이며 하반기에는 착공해 2024년 입주 예정이다.

2021년 1월 현재 프리미엄 상승분만 7억 원이 넘지만 입주 시까지 매도할 생각이 없다. 인근에 있는 9,500세대의 대단지 헬리오시티 시세가 최근 꾸준히 오르고 있다. 2021년 1월 기준 헬리오시티의 84m² 매매가는 21억 원, 전세가는 13억 원, 월세는 보증금 1억 원에 월 350만 원 수준이다. 49m² 매매가는 15억 원, 전세가는 8억 5,000만 원, 월세는 보증금 1억 원에 월 220만 원 수준이다.

재건축사업이 완료돼 84m²에 입주하고 49m²는 월세를 준다면 강남 3구 34평형 새 아파트에 실거주하면서 월세 200만 원 이상을 누릴 수

있는데 프리미엄 상승분만 취하고 지금 팔 이유가 없다.

이 사례를 통해 1+1 매물 투자 전략 및 장단점에 대해서 많이 공부하고 경험할 수 있었다.

◀◀ 1+1 매물 접근 전략

재개발구역에 임장을 가면 1+1 매물을 추천받을 때가 있다. 1+1 매물이란 물건 하나로 아파트 두 채를 분양받는 매물을 말한다. 이런 매물을 구입하면 새 아파트를 분양받은 후 큰 평형에는 조합원 본인이 살고 작은 평형은 임대해서 수익을 올릴 수 있다. 자녀를 돌봐줄 부모님과 같은 단지에 살 수도 있다.

또한 같은 구역에서 두 개의 매물을 사는 것보다 프리미엄이 저렴하다. 재개발구역에서 84m²를 신청한 매물과 59m²를 신청한 매물을 사려면 두 채에 대해 각각 프리미엄을 지불해야 한다. 그런데 84m²와 59m²를 같이 받을 수 있는 1+1 매물은 대개 두 채를 따로 사는 것보다 프리미엄이 훨씬 적다.

그래서 굉장히 매력적인 투자 대상이지만 그만큼 고려해야 할 부분도 많다. 지금부터 1+1 매물 접근 전략을 자세히 알아보겠다.

1+1 매물은 왜 생겨났을까?

재개발사업은 각 진행 단계마다 주민의 동의를 받아야 한다. 추진위원회를 설립하려면 전체 토지등소유자의 50%가 동의해야 하고, 조합을 설립하려면 75%가 동의해야 한다. 이외에도 사업시행인가, 관리처분 인가 등 사업이 진행될 때마다 총회를 열고 세부 안건에 대해 조합원의 동의를 받아야 한다.

예전에는 조합원 한 명에게 하나의 주택만 공급할 수 있다는 도정법 규정 때문에 다가구주택처럼 큰 주택을 소유한 조합원에게 동의를 얻기 어려울 때가 종종 있었다. 다가구주택 소유자는 대부분 그곳에 사는 임차인에게 받는 임대료가 큰 수입원이다. 이런 주택을 헐고 아파트를 한 채만 준다고 하니 불공평하게 느끼거나 실제로 손해가 생기기도 했다. 따라서 재개발사업에 동의하지 않는 사례가 발생하고 이로 인해 사업 진행이 어려운 구역들도 생겨났다.

이런 문제가 지적되자 재개발구역에서 큰 주택을 소유한 조합원들의 동의율을 높이고 원활한 사업 진행을 위해 도정법을 다음과 같이 개정했다.

도시 및 주거환경 정비법 48조 (관리처분계획의 인가) 제2항 제7항 다목에서 2주택 분양 규정을 요약하면, 도정법 제48조 제1항 4호에 따른 **가격의 범위 또는 종전주택의 주거전용면적의 범위에서 2주택을 공급할 수 있고,** 이 중 1주택은 주거전용면적을 $60m^2$ 이하로 한다.

다만, $60m^2$ 이하로 공급받은 1주택은 제54조 제2항에 따른 이전고시일 다음 날부터 3년이 지나기 전에는 주택을 전매(매매, 증여나 그밖에 권리의 변동을 수반하는 모든 행위. 상속의 경우에는 제외한다)하거나 이의 전매를 알선할 수 없다.

1+1 매물의 요건

그렇다면 1+1 분양을 받을 수 있는 조건은 무엇일까? 개정된 도정법에 따르면 조합원이 소유한 부동산의 감정평가액(권리가액)이 1+1으로 분양받는 아파트의 조합원분양가의 합보다 크거나, 주거전용면적이 1+1으로 분양받는 아파트의 전용면적의 합보다 커야 한다.

조합원이 소유한 부동산의 권리가액이 9억 원인 경우에 $84m^2$의 조합원분양가가 5억 원이고 $59m^2$의 조합원분양가가 4억 원이라면 $84m^2$와 $59m^2$를 분양 신청할 수 있다.

그런데 권리가액이 8억 원이고 $84m^2$와 $59m^2$의 조합원분양가 합이 9억 원이라면 종전자산평가액 요건을 충족하지 않는다. 이런 경우 조합원이 소유한 주택의 전용면적이 분양받을 $84m^2$와 $59m^2$를 더한 $143m^2$가 넘으면 두 채를 받을 수 있다.

권리가액이 8억 원이고 주거전용면적이 $150m^2$인 부동산을 갖고 있다면 종전자산평가액 기준에는 맞지 않지만 분양받는 $84m^2$와 $59m^2$를 더한 면적이 갖고 있는 $150m^2$보다 작아 주거전용면적의 기준에 부합한다. 그래서 $84m^2$와 $59m^2$를 분양 신청할 수 있다.

이 경우에는 조합원분양가의 합이 9억 원이고 권리가액이 8억 원이므로 부족한 1억 원을 분담금으로 납부하면 된다. 그리고 추가로 분양받는 아파트는 반드시 전용면적이 $60m^2$ 이하여야 한다. 재개발사업에서 두 채를 동시에 분양받을 수 있는 평형과 조합원이 소유한 부동산의 주거전용면적 기준은 〈표 6-2〉와 같다.

표 6-2 1+1 분양을 받을 수 있는 주거전용면적

조합원이 소유한 부동산의 주거전용면적	분양받을 수 있는 평형
100m^2 이상	21평형 2채(49m^2 + 49m^2)
120m^2 이상	25평형 2채(59m^2 + 59m^2)
135m^2 이상	34평형 + 21평형(84m^2 + 49m^2)
145m^2 이상	34평형 + 25평형(84m^2 + 59m^2)

1+1 매물 구매 시 유의사항

재개발 물건 하나로 두 채의 새 아파트를 받는다는 것은 굉장히 매력적이다. 하지만 1+1 매물을 살 때는 여러 가지 고려해야 할 사항이 있다.

우선 배정 순위

1+1 물건에서 추가로 공급하는 주택은 '공급할 수 있다'는 것이지 '반드시 공급한다'가 아니라는 점을 명심해야 한다. 1+1 분양은 조합의 일반분양 물량이나 사업성에 따라 달라질 수 있다. 조합원분양 신청을 하기 전까지는 확정이 아니라 가능성을 열어둔 것이다. 따라서 확실한 1+1 매물을 구입하고 싶다면 조합원분양 신청(평형 신청)을 마친 구역에 1+1을 신청한 매물을 구입해야 한다. 조합원분양 신청을 하지 않은 단계의 재개발구역에서 1+1 분양 요건에 맞는다고 '1+1 분양을 받을 수 있겠지' 하는 막연한 기대감으로 매수하면 안 된다.

또 추가로 분양받는 주택의 평형에 신청하는 조합원들이 많아서 경합이 발생하면, 1주택만 신청한 조합원에게 우선권이 주어진다. 예를 들어 나는 '84m^2 + 59m^2'를 신청했고, 59m^2 조합원분양 세대수보다 많은 수의 조합원이 59m² 평형을 신청했다면, 배정 순위에서 밀려 84m² 한 채만 분양받게 된다. 따라서 추가로 신청하는 평형의 조합원분양 물량이 충분한지 확인해야 한다. 조합의 사정에 따라 일반분양 물량을 조합원분양 물량으로 가져오기도 한다.

추가로 받는 주택의 전매 제한

1+1 분양에서 추가로 받는 전용면적 60m² 이하의 주택은 이전고시 후 3년간 전매가 제한된다. 즉 추가로 받은 주택은 입주 후에도 3년 동안 팔 수 없다. 이때 '이전고시' 후 3년간 전매가 제한된다는 점을 유의해야 한다. 새 아파트가 다 지어지면 입주를 하게 되는데 이때도 소유권보존등기가 이뤄지지 않는 경우가 대부분이다. 이전고시가 나야 소유권보존등기가 이뤄진다. 따라서 '입주 후 3년간 전매 금지'가 아니라 '소유권보존등기 후 3년간 전매 금지'로 이해하면 쉽다.

알쏭달쏭 용어 해설

● **이전고시**
  주택 재개발사업으로 조성된 대지 및 건축물 따위의 소유권을 공사가 완료된 이후에 조합에서 분양받은 자에게 다시 이전하는 것을 알리는 일(네이버 국어사전).
  쉽게 말해 재개발 물건 철거 후 부동산의 권리를 조합에 위임했다가 새 아파트가 지어진 후 다시 조합원에게 권리를 이전하는 것을 말한다.

분리매각 금지

만약 $84m^2 + 59m^2$를 분양받았다면 추가로 받은 $59m^2$ 아파트는 이전고시가 난 후 3년간 전매가 제한된다. 그러므로 원래 신청한 주택은 이전고시가 나기 전에 매매할 수 있다. 그러나 이전고시 전에는 두 아파트를 분리해서 매각할 수 없다. 이전고시가 나기 전에는 $84m^2 + 59m^2$ 주택이 하나의 입주권으로 돼 있기 때문이다. $84m^2$ 아파트는 원칙적으로 입주 후에 매도할 수 있지만 이전고시 후에 각각 소유권보존등기를 해야 매도할 수 있다. 따라서 이전고시를 하기 전에 팔고 싶다면 두 채를 함께 매각해야 한다. 1+1 매물을 매수할 때는 이런 점도 고려해서 매도시기를 결정해야 한다.

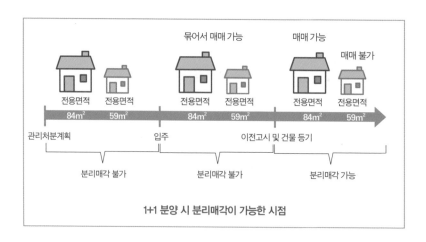

1+1 분양 시 분리매각이 가능한 시점

분양가

1+1 분양을 받더라도 두 채 모두 조합원분양가로 받는다는 보장은 없다. 일반분양 물량이 많고 사업성도 좋아서 두 채 모두 조합원분양가에

분양하는 구역도 있다. 그러나 대부분 한 채는 조합원분양가로, 추가로 분양하는 한 채는 일반분양가의 90% 전후로 공급한다. 그렇더라도 일반분양가 자체가 인근 신축 아파트 시세보다 많이 저렴하기 때문에 매력적인 공급가임에는 분명하다.

세금

무주택자가 재개발구역의 1+1 매물을 구입했다면 입주 후에 이전고시가 나서 소유권보존등기를 하는 순간 무주택자에서 다주택자(2주택자)가 된다. 1주택자에게 주어지는 양도소득세 비과세 등의 세제 혜택이 모두 소멸한다. 84㎡에서 2년 동안 실거주하고 59㎡의 전매 제한 기간이 지난 후 팔아도 마찬가지다. 심지어 조정지역에서는 양도소득세가 중과된다.

최적의 절세 솔루션은 84㎡ 아파트에 본인이 거주하고 59㎡ 아파트는 임대사업자 등록을 해서 임대하는 것이었다. 임대사업자 등록을 한 59㎡ 아파트는 보유한 주택 수에서 제외되고, 10년간 임대하면 장기보유특별공제를 받고 종합부동산세 합산 배제도 가능해서 보유하는 동안 재산세와 종합부동산세를 줄일 수 있었다. 또 2년간 거주한 84㎡ 아파트는 9억 원까지 양도소득세 비과세 혜택을 받을 수 있었다. 그러나 2020년 6·17 대책으로 임대사업자의 혜택이 모두 없어지고 아파트는 임대사업자 등록을 할 수 없게 돼 이런 절세 전략은 무용지물이 됐다. 그러므로 1+1 매물을 매수하는 투자자는 세금 부분의 실익도 잘 따져서 접근해야 한다.

헌 상가로 새 아파트 단지 상가 받는 법

재개발 투자는 궁극적으로 새 아파트를 최대한 저렴하게 사는 방법이다. 앞서 재개발구역 상가를 매수해서 새 상가를 분양받거나 일정 요건을 갖춰 새 아파트를 분양받을 수 있다고 설명했다. 재개발 투자를 통해 아파트뿐만 아니라 상가도 일반분양가보다 싼 조합원분양가로 분양받을 수 있다.

이번에는 '상가'를 사서 '아파트 단지의 상가'를 분양받는 투자 전략에 대해 알아보자. 더불어 재개발구역 인근의 상가에 투자하는 법도 알아보자.

새 아파트 단지 상가 투자

부동산 투자 방법은 목적에 따라 크게 두 가지로 나눌 수 있다. 하나는 자산을 증식할 목적으로 시세차익을 실현하는 투자이고, 다른 하나는 임대수익을 올릴 목적으로 수익형 부동산을 매수하는 투자다. 그리고 재개발 투자는 시세차익을 목적으로 새 아파트를 분양받는 투자다. 그러나 재개발 투자가 주택(아파트)만 분양받는 것은 아니다. 재개발사업을 하면 아파트뿐만 아니라 상가도 새로 짓는다. 주상복합으로 개발되는 구역은 상가뿐만 아니라 오피스텔도 지어서 함께 분양하기도 한다. 그러므로 새로 짓는 상가를 분양받거나 상가를 분양받는 입주권을 사면 임대수익을 기대할 수 있다. 재개발 투자를 하는 이유는 일반분양가보다 조합원분양가가 더 싸기 때문이고, 그래서 입주권에는 프리미엄이 있는 것이다. 상가를 분양받는 재개발 매물을 산다면 상가도 조합원분양가로 분양받는다. 이것이 중요한 투자 포인트다. 아파트에 조합원분양 세대와 일반분양 세대가 있듯이 단지 내 상가 역시 조합원분양 상가와 일반분양 상가가 있다. 일반분양을 할 때 분양가는 인근 상가의 임대수익률을 참고해 임대수익률의 3~4%에 맞춰서 책정한다.

재개발구역 인근의 상가 임대수익을 조사했더니 전용면적 10평짜리의 월세가 100만 원, 평균 임대수익률이 3~4%였다고 가정하자. 이와 비슷한 수준으로 월세를 받고 임대수익률이 3%가 되려면 매매가가 4억 원이어야 하고, 임대수익률이 4%가 되려면 매매가가 3억 원이어야 한다. 그렇다면 전용면적 10평짜리 상가의 일반분양가를 3억 원에서 4억 원 사이에서 책정해야 분양될 확률이 높다. 재개발구역에서 월세 100만 원이 예상되는 전용면적 10평짜리 상가의 일반분양가가 3억 5,000만 원이라면 기대 임대수익률을 3.4~3.5%에 맞춘 것이다.

아파트도 일반분양가보다 조합원분양가가 10~15% 저렴하듯이 상가도 조합원분양가가 일반분양가보다 10~15% 저렴하다. 일반분양가가 3억 5,000만 원인 상가를 조합원은 15% 저렴한 2억 9,750만 원에 분양받을 수 있다. 따라서 같은 상가를 일반분양가로 분양받으면 3억 5,000만 원에 사서 월세 100만 원을 받아 3.4~3.5%의 임대수익이 생기지만, 조합원분양가로 분양받으면 일반분양보다 5,250만 원이 싼 2억 9,750만 원에 사서 월세는 동일한 100만 원을 받아 5%에 가까운 임대수익률을 낼 수 있다. 상가도 재개발 투자를 통해 조합원분양을 받는 것이 훨씬 이익이다.

재개발구역 인근 상가 투자

재개발구역은 주변 인프라가 낙후돼 상권이 쇠퇴하고 상가의 임대수익도 낮다. 상가는 대부분 임대수익률을 역산해서 매매가를 정한다. 그래서 재개발구역 인근의 상가나 건물은 상권이 활발한 다른 지역보다 가격이 싸다. 그렇지만 재개발사업이 완료돼 새 아파트와 함께 주변 인프라가 갖춰지고 소득 수준이 높은 입주민들이 들어오면 상권도 다시 살아난다. 상권이 살아나면 재개발사업이 완료된 구역뿐만 아니라 인근의 상가나 건물의 임대료와 매매가도 같이 상승한다. 그러므로 재개발구역 가까이에 지하철역이나 관공서가 있거나 상업시설이 예정돼 있어 입지가 좋고 저평가된 상가나 건물을 매수하면, 재개발사업이 완료된 후 임대료 및 시세 상승을 노려볼 수 있다.

⌂ 실제 매물 정보

상계 6구역 노원롯데캐슬시그니처

59A+상가 2층(전용 10평) 조합원입주권

매매가 : 9억 7,280만 원

이주비대출 승계 금액 : 2억 3,500만 원(누구나 가능)

초기투자금 : 7억 3,780만 원

조합원분양가 : 5억 5,200만 원(3억 8,600만 원+1억 6,600만 원)

총매매가 : 10억 1,000만 원

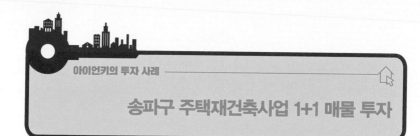

송파구 주택재건축사업 1+1 매물 투자

송파구 주택재건축사업은 2021년 상반기에 철거를 진행하고 하반기에 착공하면서 조합원 동호수 추첨을 앞두고 있다. 3년 정도 남은 입주 시까지 보유한다고 가정하고 수익을 분석해보자.

% 수익 분석

조합원분양가=84m² 8억 5,000만 원, 49m² 5억 5,000만 원

초기투자금=매매가 - 레버리지

=16억 2,000만 원 - 8억 4,000만 원(이주비대출)

=7억 8,000만 원

분담금=조합원분양가 - 권리가액

=14억 원(8억 5,000만 원+5억 5,000만원) - 14억 원=0원(분담금도 환

급금도 없음)

총투자금=조합원분양가+프리미엄

=14억 원+2억 2,000만 원

=16억 2,000만 원

=매매가+분담금

=16억 2,000만 원+0원

=16억 2,000만 원

예상 수익=입주 시 예상 가격-총투자금

=37억 원(22억 원+15억 원)-16억 2,000만 원

=22억 8,000만 원(취득비용 8,000만 원 제외 시 20억 원)

지금 매도하면 프리미엄 상승분 7억 원의 수익이 예상되지만 입주 시까지 보유하면 예상 수익만 20억 원이 넘는다(여기서 양도세는 계산하지 않겠다). 입주 후에도 신축 효과로 인해 일정 기간 상승할 것이다. 앞서 투자했던 인천 재개발 빌라, 노원구 다가구주택에 비해 수익의 절대적인 크기가 확연히 다름을 알 수 있다. 이는 인천보다는 서울 노원구가, 서울 노원구보다는 강남 3구인 송파구가 상위급지기 때문이다. 또한 59m^2나 84m^2 한 채를 분양받는 투자가 아닌 1+1 매물에 투자했기 때문이기도 하다. 7억 원대 투자금으로 5년 만에 20억 억 원이 넘는 수익을 달성할 수 있는 투자! 매력적이지 않은가.

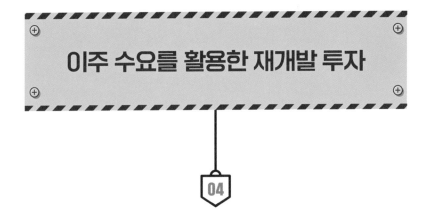

이주 수요를 활용한 재개발 투자

재개발·재건축을 하면 거주민들은 이주를 해야 한다. 관리처분인가 이후 이주가 시작되는데 이때부터 입주할 때까지 보통 4~5년이 걸린다. 이주에 6개월, 철거에 6개월, 공사에 3년~3년 6개월이 걸린다고 가정했을 때 그렇다. 만약 3,000세대가 살고 있다면 한 세대에 세 명만 살고 있다고 가정해도 9,000명이 다른 곳으로 이사해야 한다. 그런데 사람들은 될 수 있으면 가까운 곳으로 이주하려 한다. 특히 학교에 다니는 자녀가 있는 조합원은 통학할 수 있는 집을 우선순위에 두고 이사를 고려한다. 학령기 자녀를 두지 않았다 해도 굳이 먼 곳으로 이사를 하지 않는다.

이로 인해 인근 주택에 대한 수요가 폭발적으로 증가한다. 주택 수는 한정돼 있는데 수요가 늘어나니 전세 물건이 귀해지고, 인기 없던 나 홀로 아파트나 다가구주택, 다세대주택을 막론하고 전세가가 오른다. 전세가가 오르면 매매가 역시 상승하는 모습을 보인다.

이주 수요가 많아서 전세가가 오르는 지역은 전세가율이 굉장히 높아지는 특성이 있다. 매매가와 전세가의 차이가 거의 없는 매물도 등장한다. 이런 현상을 예측하고 투자계획을 세우는 것도 좋은 전략이 될 수 있다. 이주 수요를 활용한 투자는 재개발구역 인근의 주택을 미리 선점하는 것이 핵심이다. 이런 투자는 어느 시기에 하는 것이 효과적일까? 매수시기를 결정할 때 두 가지 방법을 활용할 수 있다. 첫째는 투자금의 규모가 크더라도 리스크를 감수하지 않고 안전하게 하는 방법이다. 둘째는 투자금을 최대한 줄이면서 리스크를 어느 정도 감수하는 방법이다.

그럼 재개발사업 단계별로 투자할 시기를 확인해보자.

◀◀ 재개발사업 단계별 투자 적기

사업시행인가 이후~조합원분양 신청 기간

재개발구역에 사는 사람들이 이주하는 시기에서 2년 전으로 거슬러 가면 보통 사업시행인가 이후부터 조합원분양 신청 시기다. 이 시기에 인근의 주택을 사서 이주 수요에 대비할 수 있다. 직접 살다가 이주시기에 전세로 살 임차인을 들이거나, 처음부터 전세 세입자가 있는 집을 사서 전세 만기가 되면 새로운 임차인과 계약한다. 이주 수요가 많아져서 전세가가 오를 때이므로 기존보다 높은 전세보증금을 받을 수 있다.

이 시기에 집을 사서 이주하려는 사람에게 팔아도 좋은 가격을 받을 수 있다. 단, 이런 전략은 2020년에 발표한 임대차 3법으로 제한적일 수 있으므로 기간과 여건을 고려해서 투자해야 한다.

관리처분인가 전후

관리처분인가를 전후해서 이주시기가 6개월 정도 남았을 때 인근 주택을 사면 실투자금을 줄일 수 있다. 매매계약을 할 때 잔금을 치르는 시기를 최대한 뒤로 미루고(최대 6~8개월) 그 사이에 전세로 들어올 임차인을 찾는다. 임차인은 재개발구역에서 이주해오는 사람일 가능성이 높다. 임차인이 들어오는 시기와 매수한 주택의 잔금을 내는 시기를 맞춰서 임차인에게 받은 전세보증금으로 매수 잔금을 치르면 투자금을 최소화할 수 있다. 이 시기에는 매매가와 전세가의 차이가 거의 없다. 이때 사서 2년 혹은 4년 후에 매도하면 단기간에 수익률을 최대로 끌어올리는 투자를 할 수 있다.

이주 수요를 활용한 투자 사례

재개발 투자를 하기 전에는 경매 투자로 자산을 늘렸는데, 2013부터 2018년까지 주로 서울 역세권 중·소형 아파트를 낙찰받았다. 이때도 나만의 경매 투자 물건 선정 원칙이 있었다. 지금부터는 재건축·재개발 지역의 이주 수요를 활용한 경매 투자에 대해 나의 낙찰 사례를 들어 살펴보겠다. 이 사례에서는 특히 네 번째 원칙, '개발 호재나 향후 가격 상승 요인이 있는 아파트 단지'에 중점을 두었다. 인근의 재건축·재개발 단지의 이주 수요를 향후 가격 상승 요인으로 파악하고 입찰한 것이다.

◀◀ 아이언키의 경매 물건 선정 원칙

① 서울 및 수도권의 핵심 입지에 있는 역세권 아파트

② 국민주택 규모 이하의 중·소형 아파트(20평대 초반~30평대 중반)

③ 매매가와 전세가의 차이가 적어 투자금이 적게 들어가는 아파트

④ 개발 호재나 향후 가격 상승 요인이 있는 아파트 단지

해당 아파트는 강동구 암사동 선사현대아파트로, 2년 후인 2017년부터 2020년까지 예정된 이주 수요가 1만 7,000여 세대라는 점에 주목하고 입찰하여 낙찰을 받았다. 〈그림 6-1〉에서 보듯이 선사현대아파트 주변에는 재건축을 앞두고 이주를 계획하는 단지가 많았다. 고덕시영

☑ 그림 6-1 이주 수요를 고려한 투자 물건 위치

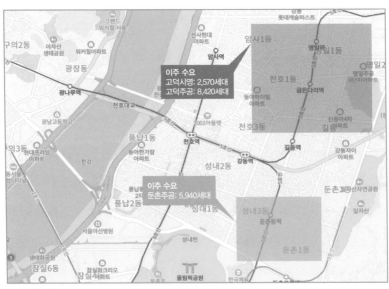

출처 : 탱크옥션

아파트 2,570세대, 고덕주공아파트 8,420세대, 둔촌주공아파트 5,940세대 등 1만 7,000여 세대의 이주가 예정돼 있었다. 낙찰받을 당시 선사현대아파트 30평형 매매가는 4억 6,000만~4억 9,500만 원 안팎이었고 전세가는 3억 8,000만~3억 9,000만 원이었다.

로열동 로열층이었던 이 물건을 시세보다 4,000만 원 정도 싼 4억 4,500만 원에 낙찰받아 명도를 하고 당시 단지 내 최고가인 4억 1,500만 원에 전세계약을 해서 실제투자금은 4,000만 원이었다. 경매로 싸게 낙찰받고 전세보증금을 비싸게 받아서 투자금을 최소화한 것이다. 이후 인근 재개발·재건축 단지들의 이주가 시작되면서 전세가가 가파

▣ 그림 6-2 이주 수요를 고려해 낙찰받은 물건

2014타경13789	서울동부지방법원 본원/매각 기일 : 2015. 04. 27(10:00)/경매6계(전화:02-2204-2410)						
소재지	서울특별시 강동구 암사동 509, 선사현대아파트 104동 18층 1807호 　[도로명검색] [D 지도] [D 지도]						
물건 종별	아파트	감정가	430,000,000원	[입찰 진행 내용]			
대지권	22.65㎡	최저가	(100%) 430,000,000원	구분	입찰 기일	최저 매각 가격	결과
건물 면적	72.85㎡	보증금	(10%) 43,000,000원	1차	2015-04-21	430,000,000원	
매각 물건	토지·건물 일괄 매각	소유자	조항복, 오희련	낙찰 : 445,000,000원(103.49%)			
경매 개시	2014-08-25 (신법 적용)	채무자	조항복	(입찰 6명, 낙찰 최진성)			
입찰 방법	기일입찰	채권자	에프케이1411 유동화전문 유한회(변경 전 (주) 국민은행)	매각 결정 기일 : 2015-05-04-매각 허가 결정			
				대금 지급 기한 : 2015-06-10			
				대금 납부 2015-06-10/배당 기일 2015-07-10			
				배당 종결 : 2015-07-10			

출처 : 탱크옥션

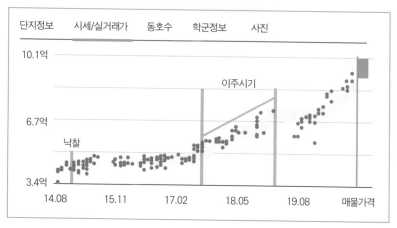

그림 6-3 선사현대아파트 매매 실거래가

출처: 네이버 부동산

르게 오르고 이로 인해 매매가도 같이 올랐다. 낙찰받을 당시 전세가 3억 9,000만 원, 매매가 4억 9,000만 원이던 선사현대아파트는 2021년 현재 12억 원 이상의 매매가를 형성하고 있다.

세금 아껴 투자수익 높이는 법

부동산은 취득할 때는 취득세를 내야 하고 보유할 때는 재산세, 종합부동산세를 내야 한다. 보유 중에 임대하면 임대소득세를 내야 하고, 매도할 때는 양도차익에 따른 양도소득세를 내야 한다. 그래서 부동산 투자는 세금을 납부하고 난 후의 수익이 중요하다. 아무리 이익이 많다 해도 그만큼 세금을 많이 내면 의미가 없어진다. 그래서 부동산을 매수하기 전부터 절세 전략을 짜야 한다. 그러려면 기본적인 세무 지식도 이해해야 하고 투자 과정에 따른 절세 방법도 미리 숙지해야 한다. 세금과 관련된 작은 지식 한두 개가 수천만 원에서 수억 원의 세금을 줄여줄 수도 있다. 그럼 재개발 투자와 관련된 절세 전략에 대해서 알아보자.

절세의 시작은 명의 결정부터!

절세를 위한 첫걸음은 명의를 결정하는 것이다. 무주택자인지 1주택자인지 다주택자인지에 따라 개인 단독명의로 할지, 부부 공동명의로 할지, 법인 명의로 할지 정해야 한다. 명의에 따라 세금이 크게 달라지기 때문이다. 소유권이전등기를 하기 전에 명의를 잘 선택해야 이후 발생하는 세금을 줄일 여지가 생긴다.

무주택자는 비규제지역에 있는 주택 여러 채에 투자하기보다 규제지역에 있는 한 채에 투자금을 집중하는 편이 낫다. 갖고 있는 자금 안에서 향후 시세차익이 클 것으로 예상되는 물건 중 가장 상급지 물건에 투자하는 것이 유리하다. 양도소득세 비과세 전략을 활용할 수 있기 때문이다.

1주택자는 기존에 보유한 주택의 양도차익이 크면 추가로 재개발 물건을 매수할 때 일시적 1가구 2주택 비과세 요건을 갖춰서 매수해야 한다. 그래야 기존주택과 새로 매수하는 재개발 물건에 대해 양도소득세 비과세 혜택을 받을 수 있다. 다주택자는 세금이나 대출 규제에서 벗어날 수 있는 비규제지역의 입주권에 초점을 맞추도록 한다. 법인은 7·10 부동산 대책으로 인해 법인 명의로 하는 투자 환경이 매우 열악해졌기 때문에 신중하게 접근해야 한다.

양도소득세 절세 전략

부동산 관련 세금 중 가장 큰 비중을 차지하는 세금은 단연 양도소득세다. 양도소득세를 어떻게 줄이느냐에 따라 절세 전략의 성패가 좌우된다. 핵심은 비과세를 활용하는 것이다. 무주택자는 양도소득세 비과세 전략을 그대로 쓰면 되고, 1주택자는 일시적 1세대 2주택 비과세 요건을 충족해서 두 채 모두 비과세 혜택을 받도록 한다. 그런데 규제지역에 따라 양도소득세 비과세 요건이 조금씩 다르니 자세히 알아보자.

1. 일시적 1세대 2주택 비과세를 활용하자

1) 비규제지역

비규제지역에서 일시적 1세대 2주택으로 양도소득세가 비과세되려면 다음과 같은 요건을 충족해야 한다.

① 기존의 집을 취득하고 1년 뒤 새 집을 사야 한다.

② 기존의 집은 2년 이상 보유(거주)해야 한다.

③ 새 집을 취득하고 3년 이내에 기존의 집을 판다.

기존의 집과 새 집 중 한 채가 비규제지역에 있거나, 두 채 모두 비규제지역에 있다면 위와 같은 '1, 2, 3 룰'을 기억하면 된다.

2) 규제지역

기존의 집과 새 집이 모두 규제지역에 있다면, 새 집을 언제 샀느냐에 따라 기존의 집을 처분하는 기준이 달라졌다. 만약 새 집을 2018년 9월 14일부터 2019년 12월 16일 사이에 취득했다면, 2018년 9월 13일에 발표한 9·13 대책에 따라 기존의 집은 3년이 아닌 2년 안에 팔아야 한다. 그러나 새 집을 2019년 12월 17일 이후에 취득했다면, 2019년 12월 16일에 발표한 12·16 대책으로 인해 기존의 집은 1년 안에 팔아야 한다. 또한 새 집으로 전입까지 해야 일시적 1세대 2주택 비과세 혜택을 받을 수 있다.

규제지역 일시적 1세대 2주택 양도소득세 비과세 요건

A

B

1년 지나서 매수

① 비규제지역 : 3년
② 규제지역 : 2018. 09. 13. 이후: 2년
　　　　　　 2019. 12. 16. 이후: 1년(전입 요건 추가)

3) 재개발 투자의 일시적 1세대 2주택 활용 방법

재개발 투자를 할 때 일시적 1세대 2주택으로 비과세 혜택을 받을 수 있는 경우는 두 가지 가 있다. 첫째, 대체주택 특례다. 재개발구역에 주택 한 채를 가진 사람이 이주하기 위해 두 번째 주택을 취득하는 것으로, 이에 대해서는 뒤에서 자세히 다루도록 한다. 둘째, 기존에 주택 한 채를 보유한 상태에서 재개발구역에 산 두 번째 주택이 관리처분인가 전의 주택이면 일시적 1세대 2주택 특례가 적용된다. 만약 관리처분인가가 난 이후의 입주권을 매수했다면 비과세 혜택을 받기 위한 조건이 있다. 즉 A주택 한 채를 보유한 상태에서 관리처분인가를 받은 B입주권을 샀다면, B입주권이 B아파트로 준공되고 2년 안에 A주택을 팔아야 한다. 또한 B아파트가 준공되고 2년 안에 입주해서 1년 이상 거주해야 한다.

이 경우 A주택과 B아파트 모두 양도소득세 비과세 혜택을 받을 수 있다.

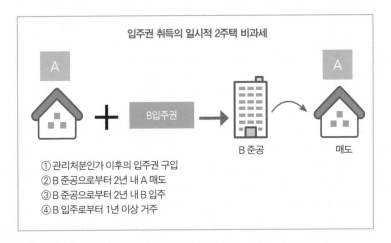

입주권 취득의 일시적 2주택 비과세

① 관리처분인가 이후의 입주권 구입
② B 준공으로부터 2년 내 A 매도
③ B 준공으로부터 2년 내 B 입주
④ B 입주로부터 1년 이상 거주

2. 공동명의로 매수하자

재개발 물건을 살 때 처음부터 개인 단독명의로 하는 것보다 부부 공동명의로 하는 것이 양도소득세를 줄이는 데 유리하다. 양도차익이 1억 원이라고 가정했을 때 개인 단독명의의 물건은 양도소득세가 2,200만 원이다. 부부 공동명의로 샀다면 1,600만 원으로 600만 원의 절세 효과가 있다.

3. 양도세율 구간을 확인하자

양도소득세는 양도차익 금액에 따라 세율이 차이 난다. 따라서 세율 구간에 맞춰 양도차익을 납부하는 것도 절세 전략이 될 수 있다. 가령 양도차익이 1억 원이고 양도소득세가 2,200만 원이라면 세금을 납부하고 난 후의 실제 수익은 7,800만 원이다. 하지만 양도차익이 2억 원이고 양도소득세가 8,000만 원이라면 세후 수익은 1억 2,000만 원이다. 즉 양도차익이 1억 원에서 2억 원이 되면 수익이 7,800만 원 늘어나는 것이 아니라 4,200만 원 늘어나는 것이다.어떻게 하면 보다 효율적으로 투자할 수 있을까? 양도차익이 1억 원이라면 양도차익이 2억 원이 될 때까지 계속 보유하기보다는 양도차익이 1억 원일 때 한 번 매도해서 이익을 실현하고 그 돈으로 다시 투자하는 것이 절세 차원에서는 유리할 수 있다.

4. 대체주택 비과세 전략

재개발구역의 주택이 철거되면 그곳에 살던 사람들은 새 아파트에 입주할 때까지 다른 곳에 가서 살아야 한다. 전세나 월세를 구해서 살 수도 있고 주택을 사서 이사를 할 수도 있다. 재개발구역에 A주택을 보유한 1주택자가 이주를 위해 B주택을 샀다고 하자. 일반적인 경우 A주택을 먼저 팔고 일시적 1세대 2주택 요건을 충족하면 A주택은 비과세를 적용받는다. 그러나 B주택을 먼저 팔면 A주택에 대해서는 비과세를 적용받을 수 없다. 그런데 재개발로 A주택이 철거된 상황에서는 B주택을 먼저 팔아도 일정 요건을 갖췄다면 비과세를 적용받는다. 이것이 바로 대체주택 특례다. 이때 B주택을 대체주택이라고 한다. 재개발구역에 주택을 보유한 1주택자가 대체주택으로 다른 한 채를 사고 두 채 모두 비과세를 적용받으려면 다음 요건을 충족하면 된다.

① 재개발구역의 A주택은 관리처분인가 이전에 취득해야 한다.

② 이주를 위한 B주택은 사업시행인가 이후에 취득해야 한다.

③ B주택에서 1년 이상 거주해야 한다.

④ A주택이 새 아파트로 준공되면 2년 안에 전입해서 1년 이상 거주해야 한다.

대체주택 비과세 전략은 재개발구역에 한 채의 주택을 보유하고 또 하나의 주택을 매입했을 때 두 채 모두 양도소득세 비과세 혜택을 받는 절세 방법이다.

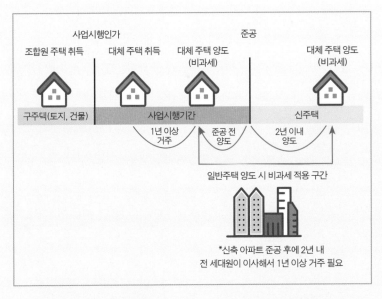

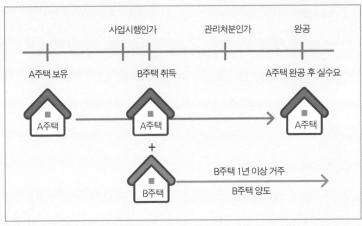

다주택자와 법인의 절세 전략

1. 다주택자의 절세 전략

다주택자가 규제지역의 재개발 물건에 투자하면 이주비대출이나 중도금대출을 받기 어렵다. 따라서 규제지역의 재개발 물건에 투자할 때는 조합설립 전후부터 사업시행인가 전후인 사업 초기에 사서 관리처분인가 전에 파는 전략이 유효하다. 또한 기존에 보유한 주택에 대해 양도소득세 비과세 혜택을 받으려면 관리처분인가 전까지 주택 수에 포함되지 않는 상가나 도로(나대지) 등을 사고, 매물이 주택 수에 포함되는 관리처분인가 전에 기존에 보유한 주택을 팔아야 한다. 또한 관리처분인가 전에 산 상가나 도로(나대지)가 새 아파트로 준공됐다면 입주해서 거주 요건을 채워야 비과세 혜택을 받을 수 있다.

입주권은 관리처분인가 이후의 재개발 물건을 말한다. 다주택자가 조정대상지역의 입주권을 매도할 때는 양도소득세가 중과되지 않는다. 조합원입주권은 주택 수에는 포함되나 이미 멸실되어 주택이 아니므로 1년 이상 보유하고 매도하면 중과세 적용에서 배제된다. 그러나 2021년 1월 1일 이후 매도하는 입주권은 2년 이상 보유해야 중과세되지 않고 일반과세된다.

2. 법인의 절세 전략

7·10 대책으로 인해 법인 명의로 부동산 투자를 하는 것이 매우 불리해졌다. 이미 법인 명의로 된 재개발 물건을 보유하고 있거나 계속 투자해야 하는 상황이라면 다음과 같은 사항을 알아두면 좋다.

① 법인 명의로 된 주택은 관리처분인가 이후 입주권 상태에서 팔면 10% 추가 과세를 피할 수 있다. 법인이 주택을 매도할 때는 기존 법인세 10%에 10%를 추가로 과세하는데 입주권은 주택 상태가 아니기 때문에 10% 추가 과세를 피할 수 있는 것이다.

② 투기과열지구에서 법인으로 매수한 입주권은 5년 재당첨 금지 규정을 피할 수 있다. 그러나 7·10 대책으로 법인은 취득세, 종합부동산세, 양도소득세 등에서 높은 세율을 적용받기 때문에 개인으로 투자할 때와 비교해서 신중하게 접근해야 한다.

경매+재개발 콤비네이션 투자법 알기

경매＋재개발 투자로 시너지 극대화

01

재개발 투자에 모든 역량을 집중한 지 2~3년이 지나자, 서울에서 진행되고 있는 대부분의 재개발구역 입지, 정보, 시세 등등이 머릿속에 바로바로 떠오르는 수준에 다다르게 됐다. 수도권에서 시작해서 서울 외곽, 서울 핵심 지역으로 재개발 투자가 이어지면서 '상급지로의 이동'이라는 투자 방향성이 더욱 확고해지기도 했다.

재개발 투자를 어느 정도 해본 이라면 한남뉴타운이나 성수전략정비구역을 재개발 투자의 최종 목표로 삼게 된다. 나 또한 경험이 쌓이고 자금이 늘어나자 한남뉴타운이나 성수전략정비구역으로 눈을 돌리는 단계에 진입했다. 둘 다 입지, 사업성, 미래가치 등 모든 면에서 최고의 재개발구역이기 때문이다. 주거 만족도도 최상이면서 입주 시점에는 84㎡ 기준 30억 원을 훌쩍 넘을 것으로 예상된다.

2020년 여름, 한남뉴타운과 성수전략정비구역 투자를 위해 두 구역

2018타경54818 　서울동부지방법원 본원 매각 기일 : 2020. 09. 21(月) 10:00 경매 4계 (전화:02-2204-2408)

소재지	서울특별시 성동구 성수동2가 577-8 외 3필지				도로명검색 ▷ 지도 ▣ 지도			
물건 종별	대지	감정가	1,751,120,000원	오늘 조회:123 2주 누적:496 2주 평균:35 조회동향			
토지 면적	212㎡ (64.18평)	최저가	(100%) 1,751,120,000원	구분	입찰 기일	처저 매각 가격	결과
건물 면적	건물은 매각 제외	보증금	(10%) 175,112,000원		2020-08-10	1,751,120,000원	변경
매각 물건	토지만 매각	소유자	최병권 외 2명	1차	2020-09-21	1,751,120,000원	
개시 결정	2018-12-21	채무자	최병권 외 1명				
사건명	임의 경매 (공유물 분할을 위한 경매)	채권자	박공휘				
관련 사건	2015타경5969(이전)						

출처 : 탱크옥션

의 매물을 비교하면서 돌아다닐 때였다. 경매정보지 앱에서 성수전략
정비구역의 경매 물건이 나왔다는 알림이 떴다. 바로 해당 물건 분석에
들어갔다. 경매 물건은 성수전략정비구역 3지구에 위치한 철재 공장으
로, 현장에 가보니 한눈에도 30년은 넘어 보였다. 감정평가액은 17억
5,000만 원이었는데 대지가 64평이 넘었고 공시지가에 공시가격비율
만 곱해봐도 내가 판단한 감정평가액은 24억 원 정도였다. 당시 성수전

략정비구역 3지구의 추정 프리미엄은 8~10억 원이었기 때문에 감정평가액으로만 낙찰을 받아도 시세보다 최소 8억 원 이상 싸게 매입하는 셈이었다.

경매 물건 자체가 권리관계가 복잡한 특수 물건이었다. 대출도 어렵고 입찰보증금도 1억 7,500만 원이나 필요해서 입찰자가 많지 않을 것으로 예상하고 최종 입찰가를 19억 5,000만 원으로 결정했다. 그런데 예상과는 다르게 15명이나 입찰을 했고 24억 원이 넘는 금액에 낙찰이 됐다. 재개발구역의 경매 물건은 신건이어도 경쟁이 치열하다는 점을 경험했다.

낙찰자는 감정평가액보다 7억 원이나 높은 가격으로 낙찰을 받았지만, 그럼에도 불구하고 성수전략정비구역의 프리미엄이나 미래가치로 판단할 때 성공적인 낙찰이었다고 생각한다. 이 사례에서 알 수 있듯이 경매 투자와 재개발 투자를 접목하면 시너지가 극대화돼 성공적인 투자를 할 수 있다.

상급지를 싸게 사는
획기적인 방법

02

왜 경매 투자를 할까? 시세보다 싸게 사기 위해서다. 시세보다 저렴하게 부동산을 매수하는 경매 투자의 원리를 재개발 투자에도 적용할 수 있다. 재개발구역 물건을 경매로 취득한다면 보다 저렴하게 살 수 있는 것이다. 재개발 투자+경매 투자는 최적의 조합이 될 수 있다.

재개발구역 물건이 경매로 나오는 경우에는 경매 진행을 위해 감정평가를 할 때 재개발사업으로 생기는 이익(프리미엄)을 많이 반영하지 않는다. 그래서 대부분은 감정평가액이 시세보다 저렴하다.

경매 투자자들은 대개 신건에는 관심을 두지 않지만, 재개발구역 경매 물건은 신건에도 입찰해볼 만하다. 감정평가액 자체가 인근 재개발 물건 시세보다 낮아서 신건에 입찰해 감정평가액보다 높은 가격에 낙찰받아도 결과적으로는 싸게 매수하는 것이다. 더구나 신건은 입찰 경쟁률도 낮다. 또한 낙찰을 받으면 경락잔금대출을 최대한 활용해서 투자금을 줄일 수 있다. 경락잔금대출을 받은 후 월세를 놓으면 투자금이 거의 들지 않을 수도 있다.

그뿐만이 아니다. 재개발구역 부동산을 사려면 자금조달계획서를 제출해야 하지만 경매는 그럴 필요가 없다. 실제로 재개발구역에서 진행됐던 경매 물건을 예로 보면서 재개발구역 물건을 낙찰받으면 얼마나 싸게 살 수 있는지, 수익은 얼마나 생기는지 알아보자.

◀◀ 경매 물건 분석

2020년 광명 11구역에서 경매로 나왔던 물건을 예로 들어 분석해보자. 이 다가구주택의 경매 감정평가액은 6억 7,972만 원이었다. 우선 자체 감정평가를 해보자. 먼저 경매정보지의 물건 정보를 이용해 감정평가를 하고, '스마트국토정보'에 해당 번지수를 검색해 공시지가와 연식 등의 정보를 얻는다. 그리고 이를 토대로 감정평가를 한다.

경매 물건 정보	유형	다가구주택
	면적	대지 40.1평, 연면적 70평
	경매 감정평가액	6억 7,972만 원(편의상 6억 8,000만 원으로 계산)

재개발 투자에 적용하는 감정평가액 구하기

토지 : 토지 면적×공시지가×인근 공동주택가격 비율

　　　　=40.1평×916만 원×150%

　　　　=약 5억 5,000만 원

2019타경7030　　수원지방법원 안산지점 매각 기일 : 2020.02.06(水) 10:30 경매11계 (전화:031-481-1248)

소재지	경기도 광명시 광명동 158-590					도로명검색 D 지도 지도		
물건 종별	다가구 (원룸동)	감정가	679,720,110원			오늘 조회:23 2주 누적:1379 2주 평균:99 조회동향		
토지 면적	132.6㎡ (40.112평)	최저가	(100%) 679,720,110원	구분	입찰 기일		최저 매각 가격	결과
건물 면적	231.37㎡ (69.989평)	보증금	(10%) 67,980,000원	1차	2020-05-06		679,720,110원	
매각 물건	토지·건물 일괄매각	소유자	-					
개시 결정	2019-07-10	채무자	-					
사건명	강제경매	채권자	-					

출처 : 탱크옥션

> **건물 :** 건물 면적×연식 기준 평가금액
>
> 　　=70평×100만 원(1988년식, 32년 경과)
>
> 　　=7,000만 원
>
> **주택 :** 토지 감정평가액＋건물 감정평가액
>
> 　　=5억 5,000만 원＋7,000만 원
>
> 　　=6억 2,000만 원

경매 감정평가액은 6억 8,000만 원인데 재개발 투자를 위한 감정평가를 했더니 6억 2,000만 원이 나왔다. 따라서 고평가된 물건이라고 생각할 수 있다. 하지만 재개발 물건에는 경매 감정평가액에는 반영되지 않은, 개발 이익에 대한 프리미엄이 붙어 있다. 이 물건이 속해 있는 광명 11구역에서 59m² 아파트를 신청한 매물의 프리미엄이 2억 5,000만 원, 84m² 아파트를 신청한 매물의 프리미엄은 3억 원이었다. 그런데 이 물건은 연면적 기준으로 1+1 분양을 받을 수 있는 조건을 갖추고 있기 때문에 84m² 아파트와 59m² 아파트를 받을 확률이 높다.

입찰 당시 광명 11구역에서 84m² 아파트와 59m² 아파트 두 채를 받을 수 있는 다가구주택의 프리미엄은 4억~4억 5,000만 원 정도였다. 그렇다면 이 물건의 가치는 감정평가액(재개발 투자를 위한 감정평가액) 6억 2,000만 원에 프리미엄 4억 원을 더한 10억 원 이상이다. 경매 감정평가액이 6억 8,000만 원이니 낙찰을 받는다면 훨씬 저렴하게 사는 셈이다.

◀◀ 재개발구역 분석

광명 11구역은 광명뉴타운에서 규모가 가장 크고 7호선 역세권이다. 재개발이 완료되면 투자가치가 매우 높을 것으로 기대된다. 광명남초등학교를 품은 '초품아' 단지로 광명중학교, 명문고등학교, 광명공업고등학교를 도보로 이용할 수 있다. 인근에는 전통시장을 비롯해 롯데시네마와 쇼핑몰 등 편의시설이 잘 갖춰져 있다. 광명시청, 광명시민회관, 광명시민운동장을 이용하기도 편리하다.

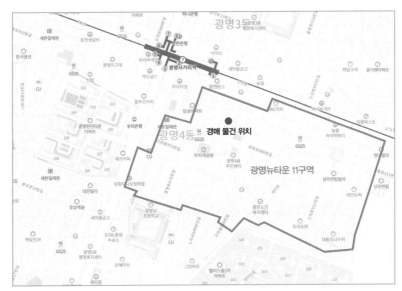

출처 : 경기도시흥시인PnB 블로그

조합원 수는 3,272명, 시공사는 현대산업개발과 현대건설 컨소시엄으로 지하 4층부터 최고 42층으로 25개 동이 지어진다. 임대 241세대를 포함해 4,314세대의 대규모 단지로 새롭게 태어날 예정이다.

◀◀ 수익 분석

이 물건을 경매로 취득했을 때 수익이 어느 정도 되는지 알아보자. 경매 감정평가액이 6억 8,000만 원인 이 물건을 신건 입찰로 7억 5,000만 원에 낙찰받은 다음 84m² + 59m² 분양 신청을 한다고 가정하겠다.

경매 물건 정보	유형	다가구주택
	낙찰가	7억 5,000만 원(감정가 6억 8,000만 원, 프리미엄 7,000만 원)
	조합원분양가	59m² 3억 8,000만 원, 84m² 5억 2,000만 원
	입주 시 예상 시세	59m² 10억 원, 84m² 12억 원

분담금＝조합원분양가－권리가액

　　　＝(5억 2,000만 원＋3억 8,000만 원)－(6억 8,000만 원×비례율 100%

　　　 가정)

　　　＝9억 원－6억 8,000만 원

　　　＝2억 2,000만 원

총투자금＝낙찰가＋분담금

　　　＝7억 5,000만 원＋2억 2,000만 원

　　　＝9억 7,000만 원

입주 시 예상 가격＝12억 원(84m²)＋10억 원(59m²)

　　　　　＝22억 원

예상 수익＝입주 시 예상 가격－총투자금액

　　　＝22억 원－9억 7,000만 원

　　　＝12억 3,000만 원

경매 감정평가액보다 7,000만 원 더 높은 금액으로 낙찰받아도 재개발사업이 완료되면 12억 원 이상의 수익을 올릴 수 있다. 또한 개인의 상황에 따라 경락잔금대출까지 활용할 수 있다. 자금조달계획서도 제출할 필요가 없다. 이는 재개발 투자를 경매로 접근했을 때 가능한 이야기다.

　서울 최고의 입지라고 할 수 있는 한남뉴타운이나 성수전략정비구역 같은 재개발구역에서도 종종 경매 물건이 나온다. 이런 매물을 경매로 취득하면 저렴한 만큼 더 높은 수익을 기대할 수 있다.

　부동산을 현재 시세보다 싸게 사는 가장 좋은 방법은 경매 투자이고, 미래의 새 아파트를 현재가치로 가장 싸게 사는 방법은 재개발 투자다. 재개발 투자와 경매 투자를 함께하면 수익률을 극대화할 수 있다. 그러므로 재개발구역에 경매가 진행되는 물건이 있는지 눈여겨봐야 한다.

상급지로 올라가야 하는 이유

그동안 투자했던 지역을 돌아보면 수도권에서는 일산 아파트보다는 분당 아파트가, 서울에서는 노원구보다는 광진구, 광진구보다는 송파구 아파트 가격이 더 많이 올랐다.

처음부터 강남 3구의 아파트에 투자했던 것은 아니다. 투자금이 적었기 때문에 경매 투자를 통해 역세권 소형 아파트를 구입했다. 서울에서도 전세가율이 높던 강북구·노원구·도봉구·강서구·구로구 아파트들이었는데, 전세를 준 후 만기가 돌아오는 2년 후에 매도했다. 그렇게 마련한 투자금으로 다시 동대문구·성북구·광진구·강동구·송파구 아파트들을 일반매매와 경매를 통해 구입했다.

2015년부터 2018년까지 서울의 아파트 가격은 가파르게 상승했다. 이때 그동안 매수했던 아파트를 매도한 후 서울에서 입지가 좋은 지역을 찾아 미래의 새 아파트를 선점하는 재개발 투자를 했다.

영등포구, 동작구, 용산구, 송파구에서 리모델링·재건축·재개발 사업이 진행되는 부동산에 투자한 것이다. 이 시기에 자산이 가장 많이 불어났다.

부동산 중에서도 아파트에 투자할 때는 반드시 '상급지로의 이동'이라는 방향성이 있어야 한다. 투자금이 부족해 서울의 아파트를 살 수 없다면, 수도권 아파트에 투자한 후 서울의 평당 가격이 낮은 지역 아파트로 갈아타야 한다. 서울에서 평당 가격이 낮은 지역의 아파트에 투자했다면 다음에는 본인의 투자금으로 살 수 있는 가장 좋은 지역으로 옮겨가면서 투자를 이어가야 한다. 최종적으로는 강남 3구의 아파트를 목표로 투자를 반복해야 자산의 크기가 커진다.

현재 투자 환경과 정부 정책을 볼 때 분산투자는 크게 의미가 없다. 지금은 본인의 투자금으로 살 수 있는 가장 상급지의 재개발구역에 투자하는 편이 낫다. 수익이 나고 자산이 늘면 상급지 재개발구역에 다시 투자하면서 자산을 키우는 것을 목표로 삼아야 한다.

나 역시 인천과 노원구 재개발구역에 투자한 후 영등포와 송파구를 거쳐 흑석뉴타운과 한남뉴타운으로 투자지역을 업그레이드해왔다. 투자를 이어가는 동안 '상급지로의 이동'은 내 확고한 원칙이었다.

◀◀ 최상급지 재개발구역의 건물주가 되다

서울 재개발구역은 입지와 투자금액을 기준으로 급지를 나눌 수 있다. 1급지는 한남뉴타운, 성수전략정비구역, 흑석뉴타운, 세 곳으로 대한

민국 재개발구역 top 3다. 세 구역 모두 2021년 6월 기준으로 초기투자금이 최소 14억 원 이상 필요하다. 그만큼 쉽게 접근하기 어려운 지역이다. 세 구역 모두 재개발사업이 완료되면 압구정이나 반포 정도를 제외하고 서울에서 가장 비싼 아파트가 될 곳들이다. 더욱 중요한 것은 앞으로 지금 이 가격에는 절대 살 수 없는 아파트가 될 것이라는 사실이다. 지금이 서울에서 명품 아파트를 가장 저렴하게 매수할 수 있는 기회다.

서울 여러 지역의 아파트에 투자하면서 급지의 중요성을 몸소 깨달았기 때문에 최근 가장 핫한 재개발구역 중 하나인 흑석뉴타운에 투자했다. 흑석 11구역은 '써밋더힐'이라는 브랜드를 내세운 대우건설을 시공사로 선정했고, 흑석 2구역은 공공재개발에 선정되면서 언론에 가장 많이 노출됐다. 흑석 9구역은 흑석뉴타운에서 가장 입지가 좋고 세대 수도 많은 대장주다. 내가 투자한 구역이기도 하다.

관리처분인가를 받았음에도 불구하고 2020년에 시공사 해지와 조합장 해임이라는 내홍을 겪으면서 몇 달간 가격이 정체기에 있었는데 이 시기가 오히려 투자 적기라고 판단해서 과감히 투자했다.

사실 흑석 9구역에 투자하기 전 성수전략정비구역과 한남뉴타운의 '올근생건물'(주택 부분 없이 근린생활시설로만 이뤄진 건물)에 투자하기 위해서 몇 달간 임장을 진행하면서 흑석 9구역을 모니터링하고 있었다. 주택 수에 포함되지 않고 대출 레버리지도 많이 활용할 수 있으며, 향후 대형 평형이나 1+1 또는 1+2(큰 평형+작은 평형+상가) 분양을 받을 수 있는 올근생건물은 다주택자인 내게 딱 맞는 유형의 물건이었다.

2020년 여름에는 한남뉴타운과 성수전략정비구역의 올근생건물에 투자할 수 있는 기회가 몇 차례 있었다. 그러나 서울 아파트 가격이 가파르게 상승하던 때라 재개발 물건도 매도인들이 계약서를 쓰는 자리에서 몇 억 원씩 금액을 올리거나, 가계약금을 받았다가 계약을 파기하는 사례가 이어졌다. 이런 경험을 수차례 반복하면서 지쳐가던 중 흑석 9구역에 올근생건물이 매물로 나온 것이다. 시세보다 몇 천만 원 저렴하기도 했지만 희소성 있는 42평 아파트와 상가를 추가분담금도 거의 없이 분양받을 수 있는 특급 매물이었다. 너무나 급매물이어서 평소 친분을 쌓아둔 중개사가 매물 공개를 하기도 전에 연락을 주었다.

흑석 9구역은 오랫동안 모니터링을 해오고 있던 터라 해당 매물의 가격이 얼마나 저렴한지, 현 단계에서의 리스크와 미래가치는 얼마인지 계산하는 데는 오랜 시간이 걸리지 않았다. 여기서 강조하고 싶은 부분이 바로 이것이다. 평소 관심 있는 재개발구역에 대해서 꾸준히 매물 가격을 모니터링하고 입지나 미래가치에 대해서 공부를 해놓는다면 정말 초급매물이 나왔을 때 빠른 결정을 통해서 성공적인 투자로 이어나갈 수 있다.

입지가 괜찮은 서울 재개발구역에서는 급매물이 반나절도 되지 않아 거래되는 경우도 있다. 재개발 매물이 나온 시점에 가격 조사를 시작하거나 투자 분석을 하면 다른 매수자에게 좋은 기회를 뺏기거나, 해당 급매물이 정말 급매물인지 파악조차 어려울 수 있다.

따라서 투자하고 싶고 관심 있는 곳에 대해서는 꾸준히 공부하고 매물 가격이나 프리미엄의 흐름을 파악하고 있어야 한다.

흑석 9구역 올근생건물은 주택 수에 포함되지 않는다는 장점도 있지만 대출을 많이 받을 수 있는 장점도 있었다. 현재 대출 규제는 대부분 주택에 대한 규제다. 하지만 상가(근린생활시설)는 대출 규제에서 벗어나 있기 때문에 대출을 최대한 실행해 투자금을 줄일 수도 있다. 나 또한 20억 원이 넘는 건물을 매매가의 절반도 안 되는 투자금으로 매수할 수 있었다. 흑석 9구역 올근생건물 투자 결정을 내린 이유는 다음과 같다.

- 서울 재개발 top 3 핵심지역에 진입할 수 있는 최적의 매수 타이밍
- 조합장 해임, 시공사 해지 등의 리스크가 존재하지만 이로 인해 오히려 저렴하게 매수 가능
- 이미 관리처분인가를 받은 상태이기 때문에 새 집행부가 선출되면 시공사 선정 후 바로 이주, 철거, 착공 단계로 접어들 수 있음
- 주택이 아니어서 대출 레버리지를 최대한 활용할 수 있고 대출이자는 상가 임대료로 충당

- 대한민국에서 아파트 가격이 가장 비싼 반포 바로 옆에 위치해서 '서반포'라고 불리는 입지

- 한강 조망이 가능한 최고의 주거 단지 예정지를 선점하는 효과

- 관리처분인가 이후의 안전투자로, 5년 이내 입주 예상

- 향후 42평 아파트＋상가 분양으로 42평 아파트는 실거주, 상가는 임대수익 실현

- 흑석 9구역은 중앙대병원 바로 앞에 위치해서 약국 등의 상가 임대 수요 풍부

그럼 매수 당시 했던 수익 분석 내용을 공개하겠다.

매매가	21억 원(권리가액 13억 1,600만 원, 프리미엄 7억 8,400만 원)
임대 현황	월세보증금 3,000만 원/월 150만 원
대출	13억 6,000만 원
42평 아파트 조합원분양가	8억 6,000만 원
상가 조합원분양가	5억 원
42평 아파트 예상 수익	30억 원(인근의 3년 차 아파트 아크로리버하임의 42평 가격 27억 원)
상가 예상 수익	15억 원(월세보증금 5,000만 원/월 350만 원)

초기투자금＝매매가－레버리지

＝21억 원－13억 6,000만 원(대출)－3,000만 원(임차보증금)

＝7억 1,000만원

분담금＝조합원분양가－권리가액

＝8억 6,000만원(42평 아파트)＋5억 원(상가)－13억 1,600만 원

＝4,400만 원

총투자금 = 조합원분양가 + 프리미엄

　　　　= 13억 6,000만 원 + 7억 8,400만 원

　　　　= 21억 4,400만원

　　　　= 매매가 + 분담금

　　　　= 21억 원 + 4,400만 원

　　　　= 21억 4,400만 원

예상 수익 = 입주 시 예상 가격 − 총투자금

　　　　= (30억 원 + 15억 원) − 21억 4,400만 원

　　　　= 23억 5,600만 원 (취득비용 1억 1,600만 원 제외하면 22억 4,000만 원)

즉 입주 시까지 보유하면 투자기간 5년 만에 초기투자금 8억 원(취득비용 포함)을 투자해서 23억 원 이상의 수익이 예상된다. 하지만 이는 입주 시 자산가치로 계산했을 때(매도한다는 가정 하에) 그런 것이고, 실제로는 실거주할 한강변의 서울 핵심 입지 40평대 아파트와 매월 350만 원 이상의 월세가 나오는 상가를 보유하게 되는 투자를 한 것이다. 입주 후에 신축 효과로 기대되는 추가적인 가격 상승은 계산에 넣지도 않았다.

재개발 투자도 '상급지로의 이동'이라는 확고한 방향성을 갖고 한다면 이처럼 성공적인 투자에 다가갈 수 있다.

투자금액별 유망 지역

04

재개발 강의를 진행하면 수강생들에게서 가장 많이 듣는 말이 있다.

"조금만 더 빨리 재개발 투자를 배웠다면 얼마나 좋았을까요."

"이 구역 시세가 벌써 이 가격이라고요? 1년 전에 알아볼 땐 얼마였는데 그때 살걸."

서울 재개발구역의 프리미엄 상승 속도가 가파르기 때문에 다들 이런 생각을 하게 된다. 하지만 늦었다고 생각할 때가 때론 가장 빠를 때일 수도 있다. '과거에는 얼마였는데 이 가격에 어떻게 사나?'라는 생각을 하는 분들은 절대로 부동산 투자를 할 수 없다. 예전에 낮은 가격으로 샀다면 더할 나위 없이 좋겠지만 과거로 돌아가는 것은 불가능하기 때문에 현시점에서 최상의 선택을 하는 것이 중요하다.

이 책을 읽는 독자 여러분도 재개발 투자에 대해 공부하고 현장 조사를 한 후 예전 가격을 보며 아쉬워할 것이 아니라 현시점에서 본인의 투자 환경과 투자금액에 맞는 최적의 재개발 구역, 최적의 재개발 물건에 투자하는 것이 최선이다.

단, 초보투자자들은 관리처분인가 이후의 안전투자를 하되 투자금액이 가벼운 물건부터 시작하는 것이 좋다. 그렇게 재개발 공부와 투자 경험이 쌓이면 초기투자나 투자금액이 큰 물건에도 도전했을 때 실패 확률을 줄일 수 있다. 나 또한 그런 단계를 밟아 재개발 투자를 해왔다.

그럼 투자금 규모에 따른 재개발구역을 급지별로 알아보겠다. 상급지를 목표로 꾸준히 투자하는 동안 자산이 비약적으로 늘어나는 경험을 하게 될 것이다.

- **1급지(10억 원 이상)**

  한남뉴타운, 성수전략정비구역, 흑석뉴타운

- **2급지(8억~10억 원)**

  노량진뉴타운, 북아현 2,3구역, 행당 7구역, 문정136 재건축, 마천 4구역, 신당 8구역, 청량리 7구역

- **3급지(6억~7억 원)**

  마천 3구역, 청량리 6,8구역, 제기 4,6구역, 이문휘경뉴타운, 수색 8구역, 증산 5구역, 갈현 1구역, 봉천 14구역, 신림뉴타운, 영등포 뉴타운

- 4급지(4억~5억 원)

  상계뉴타운, 장위 14구역, 돈암 6구역, 광명뉴타운

- 5급지(1억~3억 원)

  인천 재개발, 덕소뉴타운, 기타 지방 재개발

STEP
8

서울 로또 지역 뽀개기

현정부는 2017년 출범 이후 2022년 2월까지 총 스물다섯 번의 부동산 정책을 발표했다. 하지만 '정책이 시장을 이길 수 없다'라는 말을 증명이라도 하듯 서울을 비롯해 전국의 집값이 들썩이고 있다.

정부 정책의 타당성을 따지기 전에 서울의 아파트값이 왜 계속 오르는지 생각해야 한다. 이유는 공급이 부족하기 때문이다. 공급 정책 없이 수요를 억제하는 정책에는 한계가 있다. 서울의 핵심 지역에 있는 아파트를 원하는 수요는 더 많아지는데 풍부한 수요만큼 공급이 뒷받침되지 않아서 생기는 현상이다. 인간의 욕심은 무한하고 집요하다. 서울에 아파트를 사고 싶은 열망은 커져만 가는데 공급은 하지 않고 사지 말라고만 하니 가격이 내려가지 않는 것이다.

지난 스물네 번의 부동산 정책이 대부분 수요 억제를 통한 집값 잡기를 시도했다면, 2021년 첫 부동산 대책이자 스물다섯 번째 대책인 2·4 대책은 서울 30만 호를 포함, 공급을 대폭 확대해서 집값을 잡겠다는 것이 핵심 내용이다. 2·4 대책에서는 재개발 예정지나 아직 조합설립이 안 된 재개발구역들 중에서 공공 직접시행자 방식으로 진행되는 사업지에 대해서 현금청산을 한다고 했다. 때문에 오히려 조합설립 전의 초기 재개발구역들은 현금청산의 리스크로 인해 투자 수요가 줄어들 것이다. 규제라는 것은 하면 할수록 규제에서 벗어난 안전한 상품들의 가치가 더 오를 수밖에 없다.

그렇다면 어느 곳에 투자 수요가 몰리게 될까? 규제를 피한 안전한 상품인 '신축 아파트'와 '조합설립인가 이후 단계의 재개발구역 물건'

의 가치가 올라가면서 가격이 큰 폭으로 상승할 것으로 보인다. 그래서 재개발에 대해 공부하고 미래의 새 아파트를 선점하는 투자를 당장 해야 한다. 시간이 지나도 서울 신축 아파트에 대한 수요는 줄어들지 않을 것이다. 그러므로 서울의 신축 아파트 가격은 계속 상승할 수밖에 없다. 자금 여력이 된다면 서울에 새 아파트를 최대한 빨리 사는 것이 좋다. 그리고 재개발 투자는 서울의 새 아파트를 가장 저렴하게 사는 효율적인 방법이다.

〈그림 8-1〉에서 보는 바와 같이 서울에서 재개발사업이 진행되는 곳은 많다. 재개발구역마다 입지나 진행 속도가 다르고 입주할 때까지 남은 기간도 다르다. 입지와 진행 단계에 따라 들어가는 초기투자금이나 총투자금도 다르다. 그러므로 자신의 투자금이나 활용 가능한 시간, 기대하는 수익 등을 고려해서 각자의 투자 환경에 맞게 접근할 수 있다. 재개발사업에 투자할 때 가장 중요하게 확인할 요소는 입지와 속도다. 입지가 좋을수록, 속도가 빠를수록 필요한 투자금이 많아진다. 입지가 좋지 않거나 사업이 초기일수록 적은 투자금으로 접근할 수 있다.

'나는 입지가 좋으면서 속도도 빠르고 투자금도 적게 들어가는 재개발구역에 투자하고 싶다'라는 생각은 욕심이다. 현실적으로 그런 투자처는 없다. 재개발구역에 투자하고 싶지만 투자금이 적다면 선택을 현명하게 해야 한다. 좋은 입지를 선택했다면 재개발사업 초기에 투자해야 한다. 위험 부담 없이 안전한 투자를 원한다면 입지가 좋지 않더라도 재개발사업이 어느 정도 진행된 후기에 투자하는 것이 현명하다.

입지를 보고 초기에 투자했다면 사업이 진행되는 단계에 따라 오르

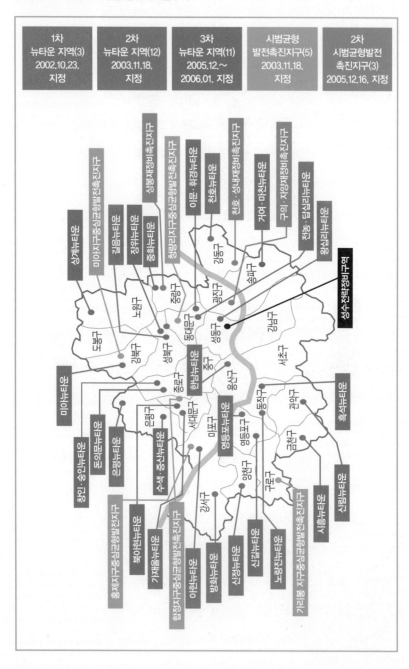

STEP
8

는 프리미엄을 취하는 단기투자를 할지, 시간을 자산으로 바꾼다는 마음으로 입주권이 나올 때까지 기다리는 장기투자를 할지 선택해야 한다. 입지보다는 짧은 시간에 새 아파트를 받는 것이 중요하다면 재개발사업 후기로 접어든 구역을 찾아 투자금 규모에 맞게 안전한 투자를 하는 것이 좋다. 서울의 재개발구역은 '서울'이라는 사실만으로도 입지의 우수성이 있다. 물론 서울 안에서도 우열이 갈린다. 서울에서도 입지가 좋은 재개발구역은 사업 초기(조합설립 전후)부터 프리미엄이 높게 형성된다. 그러므로 최대한 상급지를 선택하는 것이 좋겠지만, 투자금이 부족하면 상대적으로 입지가 좋지 않거나 사업이 아직 초기인 곳에 투자해야 한다.

지금부터 서울에서 진행되는 재개발구역에 대해 알아보겠다. 서울의 모든 재개발구역을 분석할 수는 없지만, 앞으로 명품 주거 단지가 될 최상급 입지로서 주목받는 구역과 실거주하기에 최적의 조건을 갖춘 구역 그리고 가장 적은 투자금으로 접근할 수 있는 대표적인 구역을 소개하고자 한다.

내가 소개하는 재개발구역을 보면서 분석하는 방법을 익히기 바란다. 무엇보다 자신의 투자 환경에 맞는 재개발구역을 찾아 꼼꼼하게 조사하고 분석해야 한다. 이런 노력이 쌓이면 그만큼 안정적이고 성공적인 투자를 할 수 있다.

성수전략정비구역

01

성수전략정비구역은 서울 재개발구역 중에서 한남뉴타운과 함께 최상급지로 분류되는 곳이다. 지리적으로 한강을 사이에 두고 압구정동과 청담동을 마주 보고 있으며, 서울숲이 바로 옆에 있고, 평지로만 이뤄져 있어 위치나 입지가 완벽하다.

2011년 서울시 도시계획위원회는 부지 일부를 기부하는 조건으로 용적률 314%를 적용해 최고 50층의 아파트를 짓는 정비계획안을 통과시켰다.

성수전략정비구역은 '한강 르네상스 계획'의 일환으로 발표된 5개 전략정비구역(성수, 여의도, 합정, 이촌, 압구정) 중 한 곳이다. 성수를 제외한 나머지 4곳은 전략정비구역에서 해제됐다. 그래서 성수전략정비구역은 현재 한강변에서 유일하게 50층 높이로 새 아파트를 지을 수 있는 지역이다. 게다가 재개발구역 중 드물게 평지로만 이뤄져 있다. 한강을 남향으로 바라보는 조망권을 가진 고층 아파트가 새로 지어지면 희소성은 더 커질 것이다.

아파트의 가치를 투자 관점에서만 판단할 수는 없다. 주거의 쾌적함 이 주는 만족감은 돈으로 환산할 수 없기 때문이다. 많은 이들이 시끌 벅적한 도심을 벗어나 새소리를 들으며 산책할 수 있는 '숲세권'에 살 고 싶어 하고, 아침에 일어나면 거실 소파에서 한강을 바라보며 커피를 마시는 여유를 즐길 수 있는 한강 조망권을 갖춘 아파트에 살기를 소 망한다. 사람들의 이런 바람을 충족하는 아파트가 생긴다는 것은 성수 전략정비구역의 큰 매력이다.

성수전략정비구역 1지구 옆에는 서울숲이 있다. 그리고 2지구 앞으 로 지나는 강변북로를 지하화해서 아파트 단지와 한강공원을 연결하 는 계획을 준비하고 있다. 성수전략정비구역은 두말할 것도 없이 투자 가치도 높고 주거의 쾌적성이 우수한 곳이다.

성수전략정비구역 인근에는 트리마제(47층), 갤러리아포레(45층), 아 크로서울포레스트(49층) 등의 고층 아파트가 있다. 이미 서울의 최고급 아파트라는 명성, 유명 연예인과 재벌가 자녀들이 사는 아파트라는 명 성을 얻기도 했다. 성수전략정비구역이 완성되면 이 아파트들과 함께 강남과 견줄 서울의 신흥 부촌이 될 것으로 기대한다.

◀◀ 입지 및 교통

성수전략정비구역은 한강 조망권과 강남 접근성이 우수한 최고의 입지를 자랑한다. 양쪽에 성수대교와 영동대교가 있으며, 성수대교를 건너면 압구정동이고 영동대교를 건너면 청담동과 삼성동이다.

성수 1지구에 있는 분당선 서울숲역에서 한 정거장 가면 압구정로데오역이다. 삼성역에 진행 중인 현대자동차 GBC 개발 호재의 영향을 직접적으로 받을 수 있다. 우리나라 3대 업무지구 중 하나인 강남에 쉽고 빠르게 접근할 수 있다는 점이 성수전략정비구역의 가치를 더 상승시킬 것이다. 교통 면에서는 말 그대로 사통팔달이다. 대중교통으로는 2호선 뚝섬역과 성수역이 있고, 분당선 서울숲역은 걸어서 갈 수 있다. 앞으로는 강변북로가 지나고 성수대교나 영동대교를 건너면 올림픽대로와 바로 연결된다. 성수동 뒤로는 내부순환도로와 동부간선도로가

▣ 그림 8-2 성수전략정비구역 입지 및 교통

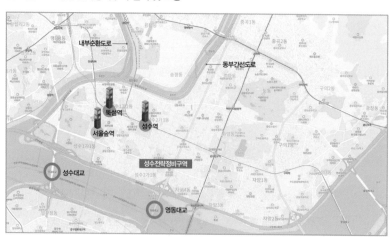

이어져 있어 어느 곳으로든 이동하기 편리하다.

◄◄ 개발 호재

성수전략정비구역 인근에는 개발 호재도 풍부하다. 가까이에 초고층 아파트들이 지어지는 것은 물론이고 부영건설사 소유의 대지에는 49층 높이의 고급 호텔이 들어설 예정이다. 성수동의 준공업지역에는 IT지식산업센터들이 생기고 있고, 최근에는 성수동 카페 거리도 예쁘게 형성됐다. 또한 서울숲 옆에 있는 삼표레미콘 공장용지 이전이 확정돼 2022년 6월 30일까지 철거가 완료될 예정이다. 철거 이후의 활용 방안에 대해서 공모전을 개최하는 등 서울시가 여러 가지로 고심하는 중이다.

◄◄ 구역별 사업 현황

성수전략정비구역은 1지구부터 4지구까지 모든 구역이 언덕이 없는 평지이고 한강 조망이 가능하다는 것도 큰 장점이다. 성수전략정비구역과 더불어 서울에서 최고 입지로 꼽히는 한남뉴타운도 한강 조망을 할 수 없는 곳이 더 많다. 속도가 가장 빠른 한남 3구역은 구릉지에 세대수가 워낙 많아 한강 조망을 할 수 있는 세대와 할 수 없는 세대의 가격 차이가 상당히 클 것이다. 하지만 성수전략정비구역은 한강 바로 앞에 위치한 평지여서 1지구부터 4지구까지 모든 구역에서 한강 조망이 가능할 것으로 예상된다.

그중에서도 1지구는 투자자들이 가장 선호하는 구역이다. 4개 지구 가운데 면적도 가장 넓고 건립하는 세대수도 가장 많다. 서울숲을 내 집 앞마당처럼 이용할 수 있고 분당선 서울숲역이 걸어서 갈 수 있는 거리다. 또한 트리마제, 갤러리아포레와 같은 초고층 아파트가 나란히 있어서 향후 가격의 시너지가 극대화될 것이다.

이처럼 장점이 많은 구역이다 보니 프리미엄도 비싸고 투자금도 가장 많이 들어간다.

1지구

2017년 7월 조합설립인가 이후 건축심의가 한 번 반려된 후 재신청 준비 중이다. 1지구는 4지구 다음으로 사업 속도가 빠른 편이었는데 건축심의에서 정체되면서 1·3·4지구 모두 속도 면에서 차이가 없어졌다. 입지의 강점 때문에 건축심의가 통과되면 4지구와 더불어 사업 속도가 가장 빠를 것으로 보인다. 재개발사업이 완료되면 4개 지구 중에서 새 아파트의 시세가 가장 높을 것으로 예상된다.

2지구

개발 속도가 가장 느리다. 일몰제 위기까지 갔다가 2020년 3월 6일에 조합설립인가가 났다. 늦게나마 조합설립인가가 난 것은 성수전략정비구역 전체의 사업 속도에 긍정적으로 작용할 것이다.

1지구와 4지구의 건축심의가 몇 년째 반려된 데는 2지구와 속도를 맞춰야 한다는 서울시의 의견이 한몫했다. 만약 2지구의 조합설립인가가 더 늦어졌다면 일몰제 위기로 성수전략정비구역 전체의 재개발사업에 지장을 주었을 수도 있다. 그러나 2지구의 조합설립인가로 그런 리스크는 해소됐다. 2지구는 사업 속도가 가장 느린 만큼 투자금이 가장 적게 든다. 위치로는 강변북로 지하화에 따른 수혜를 가장 많이 보는 구역이다. 성수전략정비구역에 투자하고 싶으나 투자금이 부족하다면 2지구가 좋은 선택지가 될 수 있다.

3지구

2019년 2월 조합설립인가를 받은 후 2020년 5월에 건축심의를 신청한 상태다. 이에 앞서 4지구는 2017년 6월에 첫 건축심의를 신청했고, 1지구는 2019년 4월에 건축심의를 신청했다. 하지만 모두 통과하지 못하고 있어서 사업 속도는 비슷해진 상황이다. 입지나 투자금 모두 성수전략정비구역에서 평균 정도에 해당하는 구역이다.

4지구

사업 추진 속도가 가장 빨랐지만 건축심의에서 정체돼 다른 구역들과 사업 속도가 비슷해졌다. 4지구의 최대 장점은 완벽한 한강 조망 세대의 비율이 가장 높다는 것이다. 다른 구역들은 한강을 바로 앞에 둔 동에서만 한강 조망이 완벽하고 뒤에 있는 동에서는 앞 동에 비켜서 한강을 보도록 설계해야 한다. 그러나 4지구는 삼면에서 한강을 조망할 수 있는 위치로, 대부분의 세대에서 완벽하게 한강을 보게 될 것으로 기대된다. 또 영동대교와 바로 이어져 있어서 영동대교를 건너 청담동,

삼성동으로 이어지는 현대자동차 GBC 개발 호재 영향을 직접 받을 수 있다. 그래서 1지구와 더불어 가장 선호된다. 투자금 역시 1지구 다음으로 많이 필요하다.

◀◀ 사업성 및 수익성

성수전략정비구역은 1지구에서 4지구까지 모두 일반분양 비율이 높다. 성수 1지구는 63%, 2지구는 45%, 3지구는 53%, 4지구는 65%다. 일반분양 비율이 높다는 것은 조합의 사업성을 높일 수 있다는 의미다. 서울시에서 이만큼 사업성이 좋은 재개발구역은 찾아보기 힘들다. 금상첨화로 한강변 중심지이기도 해서 투자금에 여력만 있다면 제일 먼저 추천하고 싶은 최고의 재개발구역이다.

구역별로 차이가 있지만 2021년 6월 현재 대지 지분이 적은 빌라는 초기투자금이 12~14억 원 정도 필요하고, 대지가 큰 다가구주택이나 상가주택 등은 15~20억 원까지도 들어간다. 물론 새 아파트 두 채를 받을 수 있을 만큼 대지가 넓은 근린생활시설이나 상가주택 등은 30억 원 가까운 초기투자금이 필요하기도 하다. 성수전략정비구역에 입주할 때까지 필요한 총투자금은 평균 20~22억 원 정도로 예상한다.

그렇다면 성수전략정비구역이 모두 완성되면 새 아파트의 시세는 얼마나 할까? 성수 1지구 바로 옆 2017년에 입주한 트리마제아파트 84m²의 시세가 이미 30억~35억 원 사이에 형성되어 있으므로 넉넉하게 10년 후 입주할 성수전략정비구역의 84m² 기준 가격은 보수적으로 봐도 35억~ 38억 원은 될 것이다. 지금 투자해도 13억~15억 원의 수익은 기대할 수 있다. 이는 시간과 기다림에 대한 대가가 될 것이다.

성수전략정비구역은 투자금이 많이 필요하지만 그만한 가치가 충분히 있다. 서울숲과 한강을 함께 누리면서 강남으로의 접근성도 좋은 명품 주거 단지로서 위용을 자랑하게 될 것이다.

노량진뉴타운

노량진은 2003년에 뉴타운 사업지로 지정됐다. 그러나 2008년에 미국에서 발생한 금융위기의 여파로 부동산시장이 침체하면서 재개발사업이 지지부진했다. 최근에는 서울 부동산시장이 급등하면서 가격이 가파르게 오르고 사업 속도도 빨라지고 있다.

노량진은 입지가 좋고 교통이 편리하며 개발 호재가 풍부한 지역이다. 게다가 좌우에 위치한 신길뉴타운과 흑석뉴타운의 성공으로 가치가 더욱 높아졌다. 노량진은 한강이 앞에 있고 주요 업무지구와의 접근성이 좋아 실거주와 재개발 투자를 동시에 원하는 투자자에게 가장 적합한 재개발구역으로 생각된다.

노량진뉴타운이 앞으로도 가격이 꾸준히 오를 지역으로 꼽히는 이유 중 하나는 풍부한 개발 호재다. 서부선과 신림선이 준공될 예정이고 노량진역사 개발, 노량진 수산시장 현대화, 장승배기 종합행정타운 개

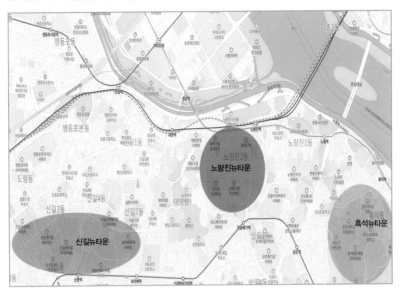

발, 노들섬 개발 등 다양한 호재가 기다리고 있다. 이러한 개발계획은 노량진의 뉴타운 개발사업과 맞물려 더욱 큰 시너지를 낼 것으로 기대된다. 노량진 뉴타운은 8개 구역으로 나뉘어 있고 총 9,000세대가 넘는다. 9,000세대는 작은 신도시에 버금가는 규모다. 노량진뉴타운의 서쪽에는 신길뉴타운이 있고 동쪽으로는 흑석뉴타운이 자리하고 있다.

신길뉴타운은 래미안에스티움, 래미안프레비뉴, 신길센트럴아이파크, 신길센트럴자이 등의 신축 브랜드 아파트가 들어서면서 재평가되고 있다. 흑석뉴타운 역시 아크로리버하임이 인기를 끌며 흑석 9구역과 3구역이 새롭게 주목받고 있다.

이 두 곳은 노량진뉴타운에 들어설 신축 아파트의 시세를 예측하는 잣대가 될 것이다. 성공적으로 이루어진 두 지역의 재개발사업이 노량

노량진뉴타운의 장점	● 서울 주요 업무지구 접근성 우수
	● 뛰어난 입지와 교통
	● 풍부한 개발 호재
	● 신도시 규모의 대단지
	● 인근 뉴타운 성공으로 동반 상승 기대

진뉴타운에 긍정적인 영향을 미치고 있다. 노량진뉴타운이 준공되면 앞으로 이 세 지역이 서로 시너지를 내면서 가격이 동반 상승할 가능성이 크다.

◀◀ 입지 및 교통

노량진뉴타운은 여의도와 용산을 마주 보고 있고 동쪽으로는 흑석, 반포, 강남으로 이어진다. 지하철 노량진역(1호선, 9호선)과 장승배기역(7호선)이 가까이 있으며 올림픽대로, 강변북로, 서부간선도로, 강남순환도로 등 서울의 큰 도로를 이용하기 편리한 위치로 서울 서남부의 핵심 지역으로 자리매김할 곳이다. 노량진뉴타운에서 도보로 오갈 수 있는 노량진역과 장승배기역을 이용해서 용산, 여의도, 마포, 영등포, 강남 등 주요 업무지구로 편리하게 이동할 수 있다. 아파트 가격을 좌우하는 가장 큰 요소 중 하나인 직장과 주거지의 근접성이 완벽한 입지다.

지금도 교통 환경이 좋지만 앞으로의 교통 호재도 많다. 2023년에 착공하는 새절역에서 서울대입구역을 잇는 서부선 경전철이 2028년에 준공될 예정이고, 이미 공사 중인 샛강역에서 서울대앞역을 잇는 신림

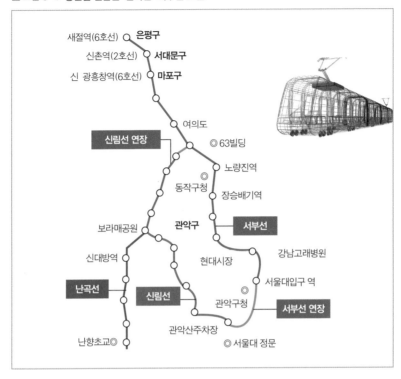

선 경전철이 2022년에 준공될 예정이다. 그뿐만 아니라 서울역부터 노
량진역까지 철도를 지하화하는 사업을 추진하는 중이고, 2021년에 노
들섬과 노량진을 보행하는 백년다리가 개통할 예정이다. 또 노량진 수
산시장과 여의도를 직접 이어주는 380m 길이의 연육교 건립을 추진하
고 있다. 이 다리가 준공되면 노량진에서 여의도로 걸어서 출퇴근할 수
있게 된다.

◄◄ 개발 호재

개발 호재 또한 많다. 노량진역사가 지하 2층, 지상 17층 규모로 쇼핑·문화·업무 시설을 갖춘 복합 테마 시설로 재탄생하여 미래가치를 창출할 것으로 기대된다. 노량진 수산시장 현대화사업도 1단계 공사는 완료돼 영업 중이고 2단계 공사를 하고 있다. 아시아 최대 규모의 수산시장을 목표로 호텔, 컨벤션, 해양 테마파크, 쇼핑몰, 공연장, 워터파크 등을 갖춘 복합 리조트로 개발하는 중이다.

지금의 영도시장 자리에 동작구청, 구의회, 경찰서, 보건소 등을 이전해 장승배기 행정타운을 만드는 사업도 진행되고 있다. 장승배기와 노량진을 동시에 개발하면서 6,900억 원의 생산 유발 효과와 연간 1만 3,000여 명의 취업 유발 효과를 기대하고 있다. 이 사업은 노량진 역세권은 상업지구로, 장승배기 역세권은 행정지구로 개발하는 것을 골자로 하며 2022년 말 준공 예정이다.

노량진과 가까운 노들섬에는 공연장, 음식점 및 판매시설을 유치해 서울 시민과 함께하는 복합 문화 관광지로 개발하는 중이다. 홍대 일대부터 여의도, 노량진, 노들섬, 용산까지 이어지는 '한강 관광 벨트'를 조성할 계획이다.

◄◄ 구역별 사업 현황

노량진뉴타운은 1구역부터 8구역까지 진행 단계, 진행 속도, 총세대수,

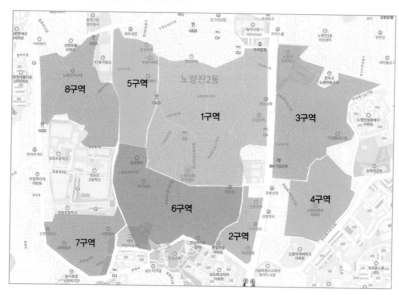

시공사, 지하철역과의 거리, 면적, 경사도, 투자금액, 입주까지 남은 기간, 입주 시 예상 시세가 모두 다르다. 그래서 구역별 특징을 잘 파악하고 투자해야 한다. 지금부터 소개할 각 구역의 진행 단계는 2021년 7월 기준이다. 재개발사업 진행 단계는 시간의 흐름에 따라 바뀌기 때문에 독자 여러분이 이 책을 읽는 시점과는 다를 수 있다.

1구역

노량진뉴타운의 대장주다. 면적이 가장 넓고 세대수가 가장 많으며 노량진역과의 거리도 가장 가깝다. 대부분이 평지로 이뤄져 있고 일반분양 비율이 높아 사업성도 우수하다. 노량진뉴타운이 완성되면 가장 높은 시세를 형성할 것으로 예상된다. 현재는 조합설립인가를 받은 후 건축심의를 최근에 통과했다(2021년 6월 기준). 사업 속도가 가장 느리고 투자금이 많이 들어가는 것이 단점이다. 총 2,992세대이며 조합원 수는 1,041명이다.

2구역

노량진뉴타운에서 면적은 가장 작지만 장승배기역과 가장 가깝고 사업 진행 속도가 빠른 편이다. 시공사는 SK건설로 주상복합으로 지어진다. 3개 동에 421세대로 지어질 예정이며 조합원은 143명이다. 관리처분인가를 완료하고 이주를 준비 중이다.

3구역

1구역과 더불어 노량진역과 가깝다는 장점이 있다. 면적도 넓고 세대 수도 많아 노량진뉴타운의 두 번째 대장주다. 지대가 높아 일부 동에서는 한강 조망도 기대할 수 있다. 사업시행인가가 완료하고 최근에 시공사 선정을 준비 중이다. 총 1,012세대이며 조합원 수는 598명이다.

4구역

3구역과 더불어 지대가 높아 일부 동에서 한강 조망이 가능하다. 사업시행인가를 완료하고 최근에 시공사를 현대건설로 선정했다. 총 860세대이며 조합원 수는 417명이다.

5구역

입지는 다른 구역보다 좋지 않지만 사업성이 좋은 구역이다. 다른 구역에 비해 투자금이 적게 들어가는 것도 장점이다. 사업시행인가를 완료하고 시공사 선정 준비 중이다. 총 746세대이며 조합원 수는 350명이다.

6구역

사업 속도가 가장 빠른 구역이다. 관리처분인가를 완료했고 2021년에 이주 및 일반분양을 계획하고 있다. 2025년 입주 예정으로 노량진뉴타운에서 가장 먼저 신축 아파트가 될 것이다. 시공사는 SK건설과 GS건설 컨소시엄이고 총 1,499세대이며 조합원 수는 882명이다.

7구역

다른 구역보다 입지가 좋지 않고 조합원 비율이 높아 사업성이 낮지만 학교와 가깝고 투자금이 적게 든다. 시공사는 SK건설이다. 사업시행인가 후 사업시행계획변경 신청 중이며 총 614세대로 조합원 수는 375명이다.

8구역

6구역 다음으로 사업 속도가 빠른 구역이다. 조합원분양 신청을 하고 관리처분인가를 준비 중이다. 시공사는 대림산업이고 총 1,007세대로 조합원 수는 435명이다.

투자 관점에서 구역별 특징을 정리하면 다음과 같다.

- 입지가 좋은 구역 : 1구역, 3구역, 4구역

- 속도가 빠른 구역 : 2구역, 6구역, 8구역

- 소액으로 투자할 수 있는 구역 : 5구역, 7구역

◀◀ 사업성 및 수익성 분석

노량진뉴타운은 구역별로 진행 속도와 초기투자금의 차이가 크다. 2021년 7월 현재 종전자산평가가 이루어진 구역은 2구역, 6구역, 8구역이다. 이 세 구역의 매물은 감정평가액과 신청한 평형 기준으로 거래되고, 나머지 구역은 추정 감정평가액과 추정 프리미엄으로 거래가 이뤄진다. 2구역과 8구역은 59m²를 신청한 매물의 프리미엄이 9억 원 이상, 84m²를 신청한 매물은 프리미엄만 10억 원 이상을 호가하고 있다.

속도가 가장 빠른 6구역은 빌라를 사도 초기투자금이 11억 원 이상은 들어간다. 6구역에서 59m²를 신청한 매물은 프리미엄이 10억 원대로 형성돼 있고 84m²를 신청한 매물은 프리미엄이 11억 원까지 오른 상태다.

입주 예상 시기를 2025~2026년으로 봤을 때 남은 기간은 5년에서 6년으로 총투자금은 15억~16억 원이다. 입주가 시작되면 시세는 20억 원 전후로 예상되며, 예상 수익은 5억 원 전후로 추정할 수 있다. 한편 가장 속도가 느린 1구역의 경우 초기투자금이 9억~10억 원 정도 든다. 입주 예상 시기를 2030년 전후로 본다면 총투자금 15억~16억 원 정도에 입주 시 신축 아파트의 시세를 23억 원 이상으로 예상하기 때문에 예상 수익 역시 7억~8억 원이 넘을 것으로 보인다.

리스크를 피하고 6구역에서 짧은 기간에 안전한 투자를 할지, 리스크를 감수하고 1구역에 장기간 투자하면서 큰 수익을 기대할지 선택하는 것은 각자의 몫이다. 투자는 자신의 상황에 맞게 선택하는 것이다.

실거주를 위한 투자라면 수익이 적더라도 리스크가 없고 기간이 짧은 투자를 권한다. 자산 증식을 목적으로 시간을 돈으로 바꾸는 투자를 하고 싶다면 기간이 길더라도 큰 수익을 올리는 투자를 권한다.

노량진뉴타운은 입지, 교통, 호재, 거주 환경 등이 잘 갖춰진 종합선물세트 같은 재개발구역이다. 서울에 실거주하면서 자산도 함께 키우는 투자를 하기에 가장 적합한 재개발구역 중 한 곳이다.

상계뉴타운

03

상계뉴타운은 서울에서 진행되는 재개발구역 중 가장 적은 투자금으로 접근할 수 있는 곳이다. 2021년 7월 기준 초기투자금은 3억 원 후반에서 4억 원 중반에 형성되어 있다. 입지나 미래가치도 경쟁력이 있어서 투자금 대비 높은 수익이 기대되는 곳이다.

현재 서울 동북권의 최대 이슈인 창동상계 창업문화산업단지 조성 사업을 진행하는 중이다. 베드타운 이미지에서 벗어날 계기가 마련된 것이다. 앞으로 4호선과 8호선이 연장될 예정이고, GTX-C 노선과 동북선 경전철이 개통되는 등 교통 여건도 눈에 띄게 좋아질 것이다. 서

상계뉴타운의 장점	• 서울 입성의 마지노선 • 쾌적한 주거환경 • 풍부한 개발 호재 및 교통 호재

울에서 가장 저평가된 재개발구역 중 하나로 투자나 실거주를 목적으로 눈여겨볼 만하다.

◀◀ 입지 및 교통

상계뉴타운은 서울 동북권의 가장 대표적인 재개발구역 중 한 곳으로 4호선 상계역과 당고개역 사이에 있다. 4구역과 6구역은 상계역과 가깝고 1구역, 2구역, 5구역은 당고개역과 가깝다.

지금은 종착역이 당고개역인 지하철 4호선을 별내역까지 연장하고 있는데, 이 공사가 마무리되면 별내역에서 8호선으로 환승해 잠실역으로 이동할 수 있어 강남 접근성이 좋아질 전망이다.

동북선 경전철도 큰 교통 호재다. 동북선 경전철은 상계역에서 왕십리역까지 16개 역을 지나며 그중 환승역이 7개다. 하루 이용객이 21만 명으로 예상되는 인기 노선으로 주목받고 있다. 2020년에 착공했고 2024년 준공이 목표다.

상계뉴타운이 있는 노원구는 강북에서 우수한 학군으로 유명하다. 상계뉴타운은 노원구 제2의 대치동이라는 중계동 학원가와 가까워서 새 아파트가 들어선 후 실거주를 원하는 수요가 충분할 것으로 예상된다. 불암산과 수락산이 있어 주거환경도 쾌적하다.

실거주 선호도를 예측할 때 가장 중요하게 꼽는 학군, 교통, 자연환경이라는 세 가지 요소를 모두 만족하는 곳으로 투자뿐 아니라 직접 거주하기에도 적합하다.

◁◁ 개발 호재

서울 동북권의 최대 개발사업으로 꼽히는 창동 역세권 개발이 가장 큰
호재다. 이곳에는 창업 및 문화 산업단지, 창동역 복합환승센터가 들어
서고 수도권광역급행철도 C(GTX-C) 노선과 KTX 노선이 들어온다. 베
드타운이었던 노원구가 동북권의 중심업무지구로 탈바꿈하는 것이다.
K-Pop 전용 공연장인 서울아레나와 글로벌 비즈니스 존, 창업센터,
상업시설, 문화시설 등이 들어오면 1,000여 개 기업, 8만 개의 일자리
창출을 기대할 수 있다.

여기에 상습적인 정체 구간이었던 동부간선도로가 지하로 들어가고

⬇ 그림 8-6 상계뉴타운의 각종 호재

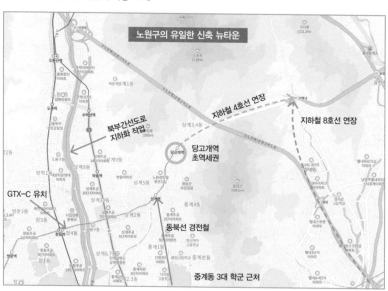

동북선 경전철이 개통되면 교통환경이 획기적으로 개선되면서 청동역과 상계역, 당고개역으로 이어지는 지역이 다 같이 새롭게 바뀔 것이다. 특히 상계주공아파트의 재건축사업이 속도를 내지 못하는 상황에서 상계뉴타운이 완성되면 노원구의 유일한 신축 아파트 단지로서 그 가치가 더욱더 빛날 것이다.

◀◀ 구역별 사업 현황

1구역

1구역은 2020년 10월에 사업시행인가를 받았다. 총 1,400세대인데 조합원 700명 중 400여 세대가 무허가 주택이다. 무허가 주택이 많아 투자금이 가장 적게 들고 일반분양 비율이 높아 사업성이 좋을 것으로 예상된다. 예상 입주 시기는 2026년이다.

2구역

사업시행인가를 신청한 상태로 2021년 하반기에 승인될 것으로 보인다. 시공사는 대우건설과 동부건설 컨소시엄으로 진행된다. 상계뉴타운에서 가장 면적이 넓고 세대수가 많으며 당고개역과 가까워서 대장주가 될 것으로 예상된다. 총 2,200세대로 조합원 수는 1,400명이다. 총세대수 대비 조합원 수가 많은 것이 단점이다.

2구역은 특별건축구역으로 건축심의를 통과해서 우수 디자인으로 설계되고 발코니 삭제 등의 혜택을 받는 단지로 공동시행 방식을 채택

했다. 공동시행 방식은 장단점이 확실하다. 공동시행 방식으로 진행하면 사업기간이 단축되고, 금융비용을 절약할 수 있으며, 협력업체 선정 과정이 투명해진다. 또한 특화 설계 등의 과정이 간결해지며 무엇보다 미분양의 리스크를 시공사가 떠맡는다는 장점이 있다. 하지만 사업의 이익을 시공사와 나누며 이로 인해 진행 과정에서 주도권이 시공사로 넘어갈 수 있다는 단점도 있다. 예상 입주시기는 2027년이다.

3구역

3구역은 재개발구역에서 해제됐다. 그러나 2021년 3월 29일에 발표한 2차 공공재개발 후보지로 선정되면서 다시 재개발로 진행될 수 있는 길이 열렸다. 하지만 공공재개발은 현금청산의 리스크가 있기 때문에 신중하게 접근해야 한다.

4구역

2020년 1월 총 810세대가 상계역센트럴푸르지오라는 브랜드로 입주를 완료했다. 최근에 브랜드명을 노원센트럴푸르지오로 바꿨다. 2021년 7월 기준 59m²의 호가는 11억 원이고 84m²의 호가는 13억 5,000만 원이다. 서울 신축 아파트의 폭발적인 가격 상승에 편승해서 최근에 많이 올랐다.

5구역

총 2,000세대이며 조합원 수는 800명이다. 2구역과 더불어 입지는 가

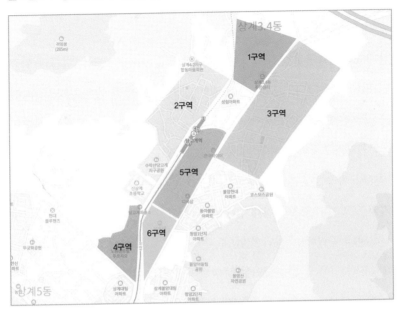

장 좋지만 사업 속도가 가장 느리다. 조합설립 후 건축심의를 통과하지
못하고 있어서 1구역, 2구역보다 속도가 1~2년가량 늦어질 것으로 보
인다.

6구역

총 1,163세대이며 2020년 7월에 높은 경쟁률로 일반분양을 완료하고
착공에 들어갔다. 시공사는 롯데건설로 노원롯데캐슬시그니처라는 이
름의 새 아파트가 될 예정이다. 6구역의 모든 주택은 멸실돼 입주권으
로 거래된다.

◀◀ 사업성 및 수익성

상계뉴타운 4구역은 이미 입주를 완료했고 6구역은 모두 멸실돼 입주권 형태로 거래되고 있다. 입주권이 아닌 재개발 물건에 투자할 수 있는 구역은 1구역, 2구역, 5구역이다.

1구역과 2구역은 사업 속도가 비슷하고 프리미엄도 비슷하다. 2021년 7월 기준 1구역의 프리미엄은 3억 원 후반에서 4억 원대이고, 2구역의 프리미엄은 3억 원대 중반이다. 초기투자금 역시 3억 원 후반에서 4억 원대 중반에 형성되어 있다.

5구역은 아직 건축심의를 통과하지 못하고 있어서 1, 2구역에 비해 1~2년 이상 사업속도가 뒤쳐져 있다. 하지만 뛰어난 입지로 프리미엄의 차이는 크지 않다.

상계뉴타운이 완성되면 7,000세대 이상의 대단지가 조성된다. 동북선 경전철이나 창동역 개발 등이 때 맞춰 완료되면 신축 아파트의 시세는 더욱 상승할 것이다. 아직 저평가된 상계뉴타운은 서울에서 가장 저렴한 금액으로 타진할 수 있는 재개발지역으로 여러 가지 개발호재가 있어 투자금 대비 높은 수익이 예상된다.

영등포뉴타운

04

2003년 뉴타운 지정 당시에는 26개 구역으로 나뉘어 있었지만 지금은 7개 구역에서 재개발사업이 진행되고 있다. 영등포뉴타운의 최대 장점은 여의도와 가깝다는 것이다. 여의도까지 직선거리로 2km가 채 되지 않아 여의도 생활권을 누릴 수 있다.

서울시가 발표한 '2030 도시기본계획'을 보면, 영등포와 여의도를 묶어서 서울 3대 도심으로 개발한다는 내용이 있다. 여의도의 아파트 재건축사업 속도가 더디기 때문에 영등포뉴타운에 신축 아파트가 들어서면 영등포와 여의도 권역의 주거중심지역은 영등포뉴타운이 될 것이다.

영등포뉴타운 바로 옆의 신길뉴타운은 주택을 재개발하는 사업을 해서 용적률이 250%에 그쳤다. 하지만 영등포뉴타운은 도심형 복합 뉴타운으로 개발해서 용적률이 400~800%에 달해 최고 23~43층까지

☑ 그림 8-8 2030 도시기본계획

서울 3도심, 7광역 중심, 12지역 중심 체계로

- ● 도심
- ● 광역 중심
- ● 지역 중심

서울 중심지 체계 어떻게 달라지나?

2020 서울도시기본계획(현행)		2030 서울플랜(초안)
도심(1도심)	도심	한양도성, 강남, 영등포·여의도(3도심)
용산, 청량리·왕십리, 상암·수색, 영등포, 영동(5부도심)	부도심	용산, 청량리·왕십리, 상암·수색, 잠실, 마곡, 가산·대림, 창동·상계(7광역 중심)
망우, 미아, 상계, 신촌, 공덕, 연신내, 목동, 대림. 사당·남현, 잠실, 천호·길동(11지역 중심)	지역중심	동대문, 망우, 미아, 성수·건대, 신촌·홍대, 마포·공덕, 연신내·불광, 목동, 봉천, 사당·이수, 수서·문정, 천호·길동(12지역 중심)
53지구 중심	지구중심	미정(자치구 의견 반영해 추후 지정)

계획돼 있다. 영등포뉴타운이 신길뉴타운보다 더욱 기대되는 이유다.

영등포뉴타운은 구역 내에 영등포시장이 있어 상가 매물이 많은 것이 특징이다. 상가를 사서 아파트를 받는 전략을 구사할 수 있는 구역이다. 7·10 대책으로 취등록세가 인상되고 다주택자의 세금 부담이 커지면서 주택 수에 포함되지 않는 상가 물건을 찾는 수요가 증가하고

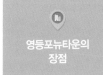

영등포뉴타운의
장점

● 여의도 생활권을 자랑하는 최고의 입지
● 상가로 아파트를 받는 전략 가능
● 대출 레버리지 활용 가능

있다. 그래서 영등포뉴타운의 가치도 함께 오르는 분위기다.

영등포시장을 비롯한 상가와 대지 물건이 상대적으로 많아 청약 가점이 높은 무주택자는 청약 기회를 살려두면서 재개발 투자를 할 수 있다. 1주택자는 보유한 주택의 양도소득세 비과세 전략을 활용하면서 재개발 투자를 할 수 있고, 다주택자는 일반적인 12%보다 낮은 4.6%의 취득세를 적용받는다. 영등포뉴타운은 전략적으로 접근하면 재개발 투자의 훌륭한 선택지가 될 수 있다. 재개발구역 상가에 투자해도 권리가액이 최소 평형 조합원분양가 이상이면 아파트를 분양받을 수 있다.

부동산 정책에서 대출 규제는 주택에만 적용된다. 재개발구역 상가를 구입할 때는 일반적으로 매매가의 40% 전후로 대출이 가능하다. 레버리지를 활용해 효율적인 투자를 할 수 있다. 대출을 잘 활용하면 투자금 대비 수익률은 당연히 높아진다.

◀◀◀ 입지 및 교통

여의도는 서울 3대 업무지구로 금융권에 종사하는 고소득 직장인이 많다. 한강공원을 자유롭게 이용할 수 있으며 각종 편의시설이 잘 갖춰져 있고 교통도 훌륭하다. 5호선 영등포시장역 바로 앞에 위치한 영등포뉴타운은 여의도 KBS 본관까지 도보 15분 거리로 여의도 생활권이라고 볼 수 있다. 또 지하철 1호선과 KTX를 이용할 수 있는 영등포역과 롯데백화점, 신세계백화점, 타임스퀘어 등 각종 편의시설을 걸어서 이용할 수 있다. 입지와 교통 여건이 훌륭한 재개발구역이다.

◀◀ 개발 호재

2019년 8월에 착공한 신안산선이 2024년 개통할 예정이다. 신안산선이 영등포역을 경유하게 되어 앞으로 교통은 더욱 좋아질 전망이다. 또한 상업지역의 주거용지 대 상업용지 비율이 50 대 50에서 90 대 10으로 변경된 점도 영등포뉴타운의 투자가치를 높이는 큰 호재로 작용할 것이다. 주거 비율을 90%로 상향하면 그만큼 분양 물량이 늘어나 사업성이 높아지기 때문이다.

◀◀ 구역별 사업 현황

1-2구역

조합이 설립됐지만 대형 지분을 가진 일부 조합원의 반대로 속도를 내지 못하고 있다.

1-3구역

2020년 10월 한화건설의 한화포레나가 준공됐다. 아파트 2개 동 185

세대를 비롯해 오피스텔 111채, 오피스 120실로 구성된 단지로 지하철 5호선 출입구와 직접 연결되는 최상의 동선을 자랑한다.

1-4구역

영등포뉴타운 7개 구역 중 규모가 가장 크다. 2017년 8월에 입주를 완료한 아크로타워스퀘어 59m²의 시세는 13~14억 원, 84m²는 16~17억 원이다. 나머지 구역의 향후 시세는 아크로타워스퀘어의 가격을 기준으로 예상할 수 있다.

1-11구역

추진위원회가 설립된 후 지지부진하다가 2020년 11월에 조합설립인가를 받았다.

1-12구역

2019년 11월 조합을 설립해 사업에 박차를 가하고 있다. 1-14구역과 해제된 1-18구역을 통합해서 구역을 확대해 개발하려고 추진하는 중이다. 주거 비율이 90%로 상향됐고 건폐율 59%, 용적률이 750%이며, 최고 38층 3개 동 700세대 이상으로 지을 예정이다. 여기에 1-14구역과 1-18구역을 통합하면 1,200~1,400세대 대단지로 건립할 수 있다.

1-13구역

2021년 7월에 관리처분인가를 받고 이주를 준비 중이다. 시공사는 대우건설과 두산건설 컨소시엄이다. 조합원 수는 182명인데 임대아파트 261세대를 포함해 659세대로 지어질 예정이어서 사업성이 우수하다. 예상 입주시기는 2024~2025년이다.

◀◀ 사업성 및 수익성 분석

영등포뉴타운에 초기투자하려면 1-12구역(통합 재개발 추진 중인 1-14구역, 1-18구역 포함)이 적합하다. 안전투자를 원한다면 1-13구역을 추천한다. 이미 2017년에 입주한 1-4구역 아크로타워스퀘어가 시세를 이끌고 있다. 아크로타워스퀘어 $84m^2$ 시세가 2021년 1월 현재 17억 원인 점을 참고하면 1-12구역이나 1-13구역에 투자할 때 얻을 수익을 예상할 수 있다. 초기투자를 하게 되는 1-12구역의 프리미엄은 예상 권리가액에 따라 2억 5,000만 원에서 4억 5,000만 원까지 다양하다. $84m^2$의 예상 조합원분양가인 6억 5,000만 원을 더하면 총투자금은 9억~11억 원이다. 1-13구역은 $84m^2$를 신청한 물건의 프리미엄이 4억 5,000만 원 전후이고 조합원분양가가 7억 7,000만 원으로 총투자금은 12억 2,000만 원이다.

여의도 생활권을 누리기에 완벽한 입지를 자랑하는 영등포뉴타운은 상가에 투자해 아파트 입주권을 받는 전략을 쓸 수 있는 재개발구역이다. 상권이 발달한 지역이므로 아파트뿐만 아니라 상가나 오피스텔을 선택해서 받을 수도 있다. 본인의 투자 성향이나 목표에 맞게 접근한다면 재개발 투자로 훌륭한 선택지가 될 것이다.

문정동 136 주택재건축

강남 3구에 재건축단지는 많지만 재개발구역은 거의 없다. 송파구의 거여·마천 뉴타운이 강남 3구에서 유일한 재개발구역이다.

많은 이들이 빌라나 단독주택을 정리하고 새 아파트를 지으면 재개발, 오래된 아파트를 새 아파트로 다시 지으면 재건축이라고 생각한다. 그러나 재개발과 재건축은 주택의 종류에 따라 나뉘는 것이 아니라 주택과 함께 기반시설까지 새롭게 바꾸는지에 따라 나누어진다. 즉 재개발은 낙후된 지역을 개발하되 기반시설까지 모두 바꾸는 사업이고, 재건축은 양호한 주변 기반시설은 그냥 두고 오래되어 낡은 주택만 새로 짓는 사업이다.

강북과 달리 강남은 처음부터 계획도시로 조성됐다. 구획된 도로망을 갖추고 기반시설도 잘 정비된 상태에서 아파트를 주로 지었다. 그래서 강남 3구는 재개발사업보다 재건축사업이 많다. 강남의 기반시설은 여전히 건재한데 주택은 날이 갈수록 낡기 때문이다. '문정동 136번지 일대 단독주택 재건축 정비사업(문정동 136 주택재건축)'업이 대표적인 예다. 기반시설은 좋은데 해당 번지 일대 주택이 오래되어 다시 짓는 사업이 진행되는 것이다.

문정동 136 주택재건축 조합원은 827명이다. 일반분양 286세대, 임대 80세대로 총 1,265세대를 새로 짓는다. 시공사는 현대엔지니어링과 대림산업 컨소시엄이고 2020년 하반기에 이주와 철거를 진행했다. 예상 입주시기는 2024년이다.

강남 3구 중 하나인 송파구에 새 아파트를 짓는 사업으로 입지가 나무랄 데 없고 투자 수요도 많다. 문정동 법조타운과 지식산업센터, 가든파이브 등에서 일하는 사람들의 기대가 크다. 인근에서도 재건축과 리모델링 단지의 정비사업을 함께 진행해서 시너지도 기대할 수 있다. 학군이 우수하고 단지 좌우로 공원을 끼고 있어 주거환경 역시 쾌적하다. 강남 3구의 새 아파트를 가장 저렴하게 살 기회인 문정동 136 주택재건축에 대해 더 자세히 알아보자.

	· 강남 3구 안에 있는 신축 아파트
문정동 136 주택재건축의 장점	· 인근 신축 아파트와 시너지 기대 · 풍부한 개발 호재 주의! 재개발구역이 아닌 재건축단지는 재건축개발이익환수제와 분양가상한제를 적용받음.

◀◀ 입지 및 교통

문정동은 동쪽으로는 거여·마천 뉴타운, 남쪽으로는 위례신도시, 서쪽으로는 잠실과 접해 있다. 인근에 수서역, 가락시장, 문정 법조타운, 가든파이브 등이 있어 주변 인프라가 훌륭하고 아파트 수요가 풍부하다.

문정동에 신축 아파트가 없는 상황에서 문정동 136 주택재건축사업이 완료되면 법조타운에서 근무하는 고소득 직장인과 자영업자의 수요가 많을 것으로 예상된다. 8호선 문정역까지 10분 정도 걸어야 하지만, 문정역에서 단지 입구까지 이어진 철도공원길을 산책하는 기분으로 이용할 수 있는 것도 장점이다. 문정역에서 한 정거장만 가면 가락

⊡ 그림 8-9 문정동 136 주택재건축 지역의 위치

시장역에서 3호선으로 환승할 수 있고 석촌역에서는 9호선으로, 잠실역에서는 2호선으로 환승할 수 있다.

◀◀ 개발 호재

문정동 136번지 일대는 수서역 역세권 복합 개발, 중앙전파관리소 개발, 성동구치소 이전, 문정동 지식산업센터, 가락시장 현대화 사업 등 개발 호재가 풍부하다. 또 인근에서 프라자아파트, 극동아파트, 삼환가락아파트, 미륭아파트가 재건축을 진행하고 있다. 문정시영아파트는 서울시가 시범 리모델링을 진행하고 있기도 하다. 앞으로 이 주변은 신축 주거단지로 탈바꿈할 예정이다.

◀◀ 사업성 및 수익성 분석

문정동 136 주택재건축 조합원의 분양가와 프리미엄(2021년 7월 기준)은 다음과 같다.

- $49m^2$ 조합원분양가 5억 4,000만 원, 프리미엄 5억 원 초반
- $59m^2$ 조합원분양가 6억 4,000만 원, 프리미엄 6억 원
- $74m^2$ 조합원분양가 7억 7,000만 원, 프리미엄 7억 5,000만 원
- $84m^2$ 조합원분양기 8억 5,000만 원, 프리미엄 8억 5,000만 원 중반

따라서 총투자금은 49m²가 10억 4,000만 원, 59m²가 12억 4,000만 원, 74m²가 15억 2,000만 원, 84m²가 17억 원이다.

문정동 인근의 대표적인 신축 아파트는 헬리오시티다. 9,500세대 대단지에 지하철역이 가깝다. 문정동 136 주택재건축 단지는 1,265세대이며 초역세권은 아니다 하지만 예상 수익을 구할 때 헬리오시티의 현재 가격을 기준으로 삼을 수 있다. 2021년 7월 기준 헬리오시티 시세는 49m² 16억 5,000만 원, 59m² 18억 원, 84m²가 22억 원이다. 헬리오시티와 문정동 136 주택재건축 아파트의 상품성과 연식을 고려해 수익을 계산할 수 있다.

사람들은 서울에 있는 새 아파트에 살기를 희망한다. 서울에서도 강남 3구에 살고 싶어 한다. 문정동 136 주택재건축사업은 강남 3구의 새 아파트를 가장 저렴하게 매수할 기회가 될 것이다.

장위 14구역

장위뉴타운은 총 1만 5,000세대의 대단지로 동북선 경전철과 GTX 등의 호재가 있는 서울 강북권의 대표적인 재개발구역이다. 처음에는 15개 구역이 지정됐으나 8·9·11·12·13·15구역은 해제됐고 1·2·5·7구역은 이미 입주를 완료했다. 현재는 3·4·6·10·14구역에서 재개발 사업을 진행하고 있다.

이 중에서 장위 14구역은 임대아파트 404세대를 포함해 2,370세대의 대단지로 조성될 예정이며, 시공사는 SK건설과 현대산업개발 컨소

장위 14구역의 장점

- 서울에서 4억 원대로 투자할 수 있는 재개발구역
- 장위뉴타운 1만 5,000세대, 장위 14구역 2,370세대의 대단지 아파트
- 2024년 동북선 경전철이 개통되면 초역세권 아파트
- 저렴한 조합원분양가, 아직 저평가된 사업 단계

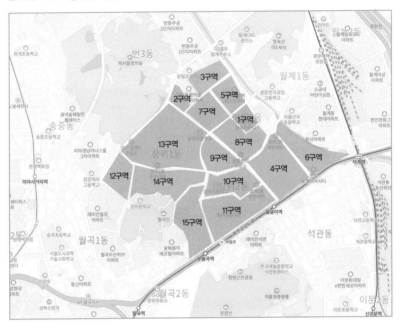

시엄이다. 2010년 5월 조합설립인가를 받았으나 비대위의 심한 반대로 사업 진행이 지지부진하다가 인근 구역의 개발 호재를 경험한 조합원들의 호응을 얻어 사업에 다시 박차를 가하고 있다.

6호선 상월곡역과 현재 공사 중인 동북선 경전철 창문여고역(가칭)을 도보로 이용할 수 있는 역세권 단지로, 인근에 '북서울꿈의숲'이 있어 주거 환경도 쾌적하다. 1만 5,000여 세대에 이르는 장위뉴타운이 모두 완성되면 주변 인프라도 개선돼 실거주 만족도가 매우 높아질 것이다.

◄◄ 수익성 분석

장위 14구역은 2021년 사업시행인가를 목표로 하고 있으며 현재는 건축심의를 신청하고 결과를 기다리는 중이다. 이후부터는 프리미엄이 많이 상승하는 구간이기 때문에 현재 단계가 매수 적기라고 할 수 있다. 2020년 11월 현재 부동산에 나와 있는 실제 매물을 기준으로 수익성을 분석해보자.

59m^2 아파트의 예상 조합원분양가는 3억 8,500만 원, 84m^2 아파트는 4억 8,700만 원이다. 여기에 프리미엄을 더하면 새 아파트를 구입하는 데 들어가는 총비용이 나온다. 같은 장위뉴타운의 신축 아파트인 래미안장위포레카운티와 래미안장위퍼스트하이의 84m^2가 12억~13억 원을 호가하고 있다. 이 가격을 참고로 입주 시 시세를 예상할 수 있고, 그 금액에서 총투자금을 뺀 것이 예상 수익이다.

아직 사업시행인가 전이어서 입주하려면 6~7년의 시간이 걸리겠지만 서울에서 소액으로 접근할 수 있는 재개발구역 가운데 모든 면에서 훌륭한 투자처다.

■ 표 8-1 장위 14구역 매물 정보

매물 유형	매매가	보증금	초기투자금	비고
빌라	5억 2,000만 원	1억 3,000만 원	3억 9,000만 원	추정 감정평가액 1억 5,000만 원 추정 프리미엄 3억 7,000만 원

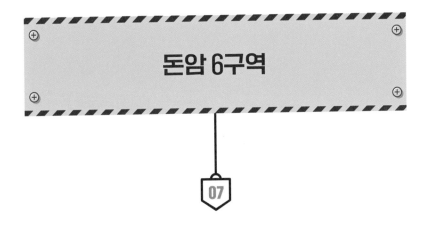

돈암 6구역

07

성북구에는 장위뉴타운, 길음뉴타운, 미아뉴타운 등 대규모 정비사업이 몰려 있다. 돈암 6구역 또한 재개발사업이 완료되면 성북구의 신축 아파트 대열에 합류하면서 시너지를 기대할 수 있다.

2011년에 재개발구역으로 지정됐으나 지지부진하다가 서울의 아파트값이 급등하면서 조합원들의 호응을 얻어 2019년 9월에 조합설립인가를 받고 2021년 5월에 건축심의를 통과하였다.

2020년 5월 정기총회를 통해 공동사업 시행 방식으로 진행하게 됐

돈암 6구역의 장점

- 서울에서 4억 원대로 투자할 수 있는 재개발구역
- 길음뉴타운의 성공으로 시너지 기대
- 종로, 광화문, 동대문 등 서울 주요업무지구 접근성 우수
- 공동사업시행 방식으로 빠른 속도 기대

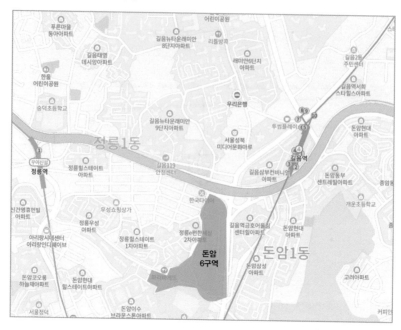

다. 공동사업 시행 방식은 시공사를 재개발사업의 공동시행자로 선정해 함께 사업을 진행하는 것이다. 사업 진행에 필요한 시간과 비용을 줄일 수 있다는 점에서 조합과 조합원들에게 호재라고 할 수 있다.

돈암 6구역은 지하철 4호선 길음역 인근에 위치하고 주변에 학교가 많아 교육환경도 우수하다. 백화점, 대형마트 등의 편의시설도 잘 갖춰져 있다.

특히 돈암 6구역과 인접한 길음뉴타운이나 미아뉴타운보다 종로, 광화문, 동대문 등 주요 업무지구와 더 가깝다. 조합원 수는 527명이며 임대아파트 152세대를 포함해 총 737세대로 지어질 예정이다.

매물 유형	매매가	임대보증금	초기투자금	비고
빌라	5억 2,000만 원	1억 원	4억 2,000만 원	추정 감정평가액 1억 5,000만 원 추정 프리미엄 3억 7,000만 원

◀◀ 길음뉴타운 돈암 6구역

수익성 분석

돈암 6구역은 건축심의를 통과하고 사업시행인가를 준비 중이다. 사업시행인가 전후가 프리미엄이 크게 상승하는 구간이기 때문에 현 단계가 매수 적기라고 할 수 있다. 2021년 6월 부동산에 나와 있는 실제 매물을 기준으로 수익성을 분석해보자.

59m² 아파트 예상 조합원분양가는 4억 2,000만 원, 84m²는 5억 2,000만 원이다. 여기에 프리미엄을 더하면 새 아파트를 구입하는 데 들어가는 총비용이 나온다.

길음뉴타운의 신축 아파트 래미안길음센터피스 84m²가 14억~15억 원이다. 이 가격을 참고해서 입주 시 시세를 예상하고, 그 가격에서 총 투자금을 빼면 예상 수익이 나온다. 사업시행인가 전이므로 입주할 때까지 6~7년이 남아 있긴 하지만 아직 저평가돼 있다. 서울에서 4억 원대의 소액으로 투자하기 좋은 재개발구역이다.

내 인생을 완전히 바꾼 재개발 투자

평범한 직장인이었던 나는 부동산 투자를 통해 1차적인 경제적 자유는 이루었다. 여기서 말하는 1차적인 경제적 자유란, 서울 핵심지역에 한강이 조망되는 아파트로 내 집 마련을 하고 임대사업자로서 매년 직장에서 받는 근로소득의 몇 배에 달하는 임대수익이 들어오는 수익 구조를 만들어놨으며 주변 사람들에게 먼저 베풀 수 있는 여유를 갖게 된 것이다. 하지만 직장은 그만두지 않았다. 1차적인 경제적 자유를 이룬 후 직장 다니는 것이 더욱 즐거워졌다. 승진, 고과, 희망퇴직, 노후준비, 대출이자, 내 집 마련, 벼락거지 탈출 등 직장 동료들이 두려워하고 걱정하는 이슈들과 이미 상관없는 사람이 되었기 때문이다. 그로 인해 윗사람 눈치 보지 않고 회사 일을 더욱 즐기게 됐다. 운동, 여행 등 내가 좋아하는 일들도 돈에 구애받지 않고 마음껏 할 수 있게 됐다.

처음 부동산 투자를 시작할 때 나의 자산 목표는 50억 원이었다(이 정도 금액이면 평생 돈 벌지 않고 하고 싶은 것만 하며 살 수 있다고 계산했었다). 지금은 순자산만 당초 목표의 3배를 뛰어넘었다. 나에게 목표 이상의 자산을 선물해주고 지난 8~9년간 치열하게 쌓아온 투자 경험과 지식을 사람들과 나누며 하루하루 행복한 삶을 가능케 해준 것은 재개발 투자였다. 요즘 매슬로의 욕구단계설이 얼마나 정확한 이론인지 몸소 경험하는 중이다. 1차적인 경제적 자유는 나로 하여금 1단계 생리적 욕구, 2단계 안전 욕구, 3단계 애정과 소속 욕구를 충족시킬 수 있도록 해주었다. 나는 유명 맛집에 가서 가격을 고려하지 않고 원하는 메뉴를 고르고, 한강이 바라다 보이는 넓은 아파트에 거주하며 행복감을 누리며, 사랑하는 사람들에게 먼저 베풀고 그들과의 유대관계를 유지하며 사랑 표현을 한다. 가령 내가 모든 경비를 부담해 가족 모두와 해외여행을 떠난다.

그리고 요새는 더 상위 단계의 욕구를 채우려 하는 내 모습을 발견하게 된다. 많은 사람들이 나에게 묻는다.

"아직도 더 이루고 싶은 것이 남았나요?"

나는 대답한다.

"네, 아직 많이 남았어요."

내가 19년간 몸담아온 직장, 외국인 카지노에서의 일을 생각해본다. 카지노에는 돈을 따는 사람보다 잃는 사람들이 당연히 훨씬 많다. 그러니 카지노 딜러로 일한 19년 동안 나는 얼마나 많은 사람들을 거지로 만들었을까 생각해본다.

그렇다면 지난 몇 년간 내 삶은 어땠는가. 내가 쓴 부동산 투자 서적을 통해, 재개발 투자 강의를 통해, 그리고 투자 상담과 컨설팅을 통해 사람들을 부자로 만들고 있다. 나에게 상담과 컨설팅을 받은 사람들은 대부분 자산이 증가하고, 내 집 마련을 이루고, 잘못된 자산 포트폴리오를 수정하고, 새어나가고 있는 세금을 줄이고 있다. 심지어 본인이 부자가 된 후 가족, 친구까지 소개하며 내 강의나 상담 프로그램을 열렬히 홍보해주고 있다. 이런 분들은 진심으로 나에게 감사 표시를 해주신다. 그때마다 얼마나 큰 보람과 기쁨, 삶의 희열을 느끼는지 모른다.

카지노 딜러로서는 나에게서 돈을 잃은 손님들로부터 세계 각국의 언어로 욕을 먹으며 일하지만, 부동산 투자 멘토로서는 사람들에게 감사 인사를 들으며 하루하루 보람되게 일하고 있다. 내 주위에 있는 사람들, 내 책을 읽은 독자들, 내 강의를 들은 수강생들을 부자로 만들어주는 일을 하고 있는 지금이 내 인생에 있어서 가장 행복한 시간들이다. 4단계 존경 욕구, 5단계 자아실현 욕구를 충분히 채워가며 매일매일 즐겁게 살고 있다. 하지만 나에게는 아직도 꿈이 있다. 배움과 발전에는 끝이라는 것이 없다. 더 배우고 더 발전해서 더 많은 사람들에게 선한 영향력을 미치는 사람으로 남은 인생을 살고 싶은 것이 나의 마지막 꿈이다.

이 책이 세상에 나오도록 조언과 희생을 마다하지 않은 영혼의 단짝 윤동주 본부장님, 평범한 직장인에서 사업가이자 멘토로 설 수 있도록 아낌없이 도와주신 월용이님, 자본가님, 시루님, 서울휘님께 깊이 감사드린다. 책을 쓰고 사업 준비를 하느라 바빠서 제대로 된 아들, 오빠, 삼촌, 남편, 사위 역할을 못해도 한결같이 응원해주는 가족들에게 고마움과 사랑을 전한다.

첫 번째 책은 하늘나라에서도 부족한 아들을 응원하고 계실 어머니께 바쳤으니 두 번째 책은 세상에서 가장 존경하고 사랑하는 아버지께 바친다.

부록

—

아이언키의
실전 투자 분석표
양식 3종

⬛ 부록 1 아이언키의 재개발 임장 보고서 양식

1. 물건 개요	
재개발구역명	
매물 구분	
주소(연식)	
대지 및 건물 면적	
공시지가 (m^2당)	
매도 계획	

2. 시세 분석	
매매가/감정가/프리미엄	
인근 신축 시세	
조합원분양가/일반분양가	
입주 시 예상 시세(평형별)	
예상 배정 평형	
임대보증금(전세/월세)	
대출/이주비대출	
(예상)추가분담금	
기타 비용(재초환…)	

3. 구역 분석	
현재 진행단계	
향후 단계별 예상 달성 시기	
입주까지 예상기간	
조합 방문 시 얻은 정보	
매물 현황	
프리미엄 흐름 및 현시세	
예상 비례율	
조합원 비율	
총분양세대 / 일반 / 조합원분양세대 (평형별 세대 구성)	
서비스제공품목	

4. 호재 및 악재	
지역 호재	
지역 악재	

5. 종합평가	
구역평가	
물건평가	
투자가치평가	

📌 부록 2 아이언키가 실제 쓴 재개발 임장 보고서 예시

1. 물건 개요	
재개발구역명	상계 2구역 / 노량진 7구역 / 성수 4지구 / 주안 3구역
매물 구분	빌라 / 연립주택 / 다가구주택 / 단독주택 / 상가주택 / 상가 / 도로 / 아파트
주소(연식)	
대지 및 건물 면적	
공시지가(m^2당)	
매도 계획	조합설립 후 / 사업시행인가 후 / 이주 시 / 입주 시 / 입주 후 전세 2년 후

2. 시세 분석	
매매가/감정가/프리미엄	
인근 신축 시세	
조합원분양가/일반분양가	
입주 시 예상 시세(평형별)	
예상 배정 평형	
임대보증금(전세/월세)	
대출/이주비대출	
(예상)추가분담금	
기타 비용(재초환…)	

3. 구역 분석	
현재 진행단계	사업시행인가 전 단계, 2020년 6월 예상(조합 의견)
향후 단계별 예상 달성 시기	2020년 6월 사업시행인가 2022년 하반기 관리처분인가 2023년 상반기 이주, 철거 2027년 상반기 입주 예상
입주까지 예상 기간	7년
조합 방문 시 얻은 정보	
매물 현황	
프리미엄 흐름 및 현시세	2년 전 (조합 설립 전) : 2,000만 원, 1년 전(조합 설립 후) : 4억 원, 현재 : 5,000만 원
예상 비례율	
조합원 비율	40% (총 1000세대, 조합원 400세대)
총분양세대 / 일반 / 조합원분양세대 (평형별 세대 구성)	총 1,000세대 (일반분양 500세대 / 조합원분양 400세대 / 임대주택 100세대) 총 1,000세대 ($84m^2$ 500세대 / $74m^2$ 200세대 / $59m^2$ 300세대)
서비스제공품목	발코니 확장, 거실 시스템 에어컨, 50인치TV, 세탁기, 식기세척기

4. 호재 및 악재	
지역 호재	예시) 노량진뉴타운 서부선 경전철, 노량진수산시장 현대화, 장승배기 종합행정타운
지역 악재	예시) 문정동136 주택재건축 분양가상한제 적용, 재건축초과이익환수제 적용 2025년 인근 송파동 입주 물량 2,000세대 예정

5. 종합평가	
구역평가	
물건평가	
투자가치평가	초투(초기투자금) = 소유권이전등기할 때까지 필요한 자금 초투 = 매매가 − 레버리지(임대보증금, 대출금액) 총투(총투자비용) = 미래의 새 아파트를 구입하는 데 필요한 총비용 총투 = 매매가 + 추가분담금 = 조합원분양가 + 프리미엄 예상수익 = 입주 시 예상 시세 − 총투 매도시기 = 재개발의 어느 단계에 매도할지 결정 (예 : 조합설립인가 후, 관리처분인가 후, 입주시기, 입주 후 전세 2년 후) 투자기간 = 매도까지 기간 투자수익률 = 초투 대비 수익률, 총투 대비 수익률 초투, 총투, 투자기간, 투자수익률 내용 포함

■ 부록 3 아이언키의 초기투자(추정감정평가액) 분석표 양식

물건번호	구역	매물구분	매매가	대지면적 (㎡)	대지면적 (평)	공시지가 (㎡당)	평당 땅값	대지 감정가	건물면적 (㎡)	건물면적 (평)	연식	건물 감정가	공동 주택 가격	추정 감정가	추정 프리 미엄	조합원 분양가	분담금	보증금	대출 금액	초기 투자금	신청 평형	번지수	중개사

□▶ 부록 4 아이언키가 실제 쓴 초기투자자(추정임정평가액) 분석표 예시

물건번호	구역	매물구분	매매가	대지면적 (㎡)	대지면적 (평)	공시지가 (㎡당)	평당 땅값	대지 감정가	건물면적 (㎡)	건물면적 (평)	연식	건물 감정가	공동주택 가격	추정 감정가	추정 프리미엄	조합원 분양가	분담금	보증금	매출 금액	초기 투자금	신청 평형	번지수	중개사
1	노량진 6구역	상가 주택	208000	109	33.0	527	6308	91909	178	53.8	1990	6461		98370								노량진동 294-169	

중개사	구역	매물 구분	번지수	매매가	대지 (평)	평단가 (평당)	건평가	포리 미름	보증금 월세	대출금 비용	취득 실투금 비용	조합원 분양가	일반 분양가	입주 예상 시세	추가 분담금	신청 평형	투자 기간	투자 수익	투자 수익률	연 수익률	비고

📌 부록 6 아이언키가 실제 쓴 재개발 수익분석표 예시

중개사	구역	매물 구분	번지수	매매가	대지 (평)	평단가 (평당)	감평가	프리 미엄	보증금	월세	매출금 취득 비용	실투금	조합원 분양가	일반 분양가	입주 예상 시세	추가 분담금	신청 평형	투자 기간	투자 수익	투자 수익률	연 수익률	비고
중앙 공인	흑석 3구역	입주권		206000	42	4905	85800	120200			32700	173300	99600		330000	13800	84 +상가	2	110200	64	55100	건물 가치 = 연 임대수익/0.03+ 보증금 5,000/300 = 125,000
스마트 공인	노량진 6구역	상가 주택		208000	33	6303	108500	99500	40000			168000	115500		390000	6800	84+59	5	175200	104	35040	상도파크자이0/84, 17억 원, 2016년시, 6구역, 26년 입주 예정 10년 차*3%= 130% 17억 원*130%= 22.1억 원 59, 15억 원, 15억 원*130%= 19.5억 원 흑석 84 신청, 매물 프리미엄 10억~10.5억 원

3년 만에 150억대로 부의 퀀텀 점프

재개발 모르면 부자될 수 없다

제1판 1쇄 발행 | 2021년 8월 4일
제1판 11쇄 발행 | 2024년 3월 18일

지은이 | 최진성
펴낸이 | 김수언
펴낸곳 | 한국경제신문 한경BP
책임편집 | 윤효진
저작권 | 백상아
홍보 | 서은실 · 이여진 · 박도현
마케팅 | 김규형 · 정우연
디자인 | 권석중
본문디자인 | 디자인 현

주소 | 서울특별시 중구 청파로 463
기획출판팀 | 02-3604-590, 584
영업마케팅팀 | 02-3604-595, 562   FAX | 02-3604-599
H | http://bp.hankyung.com   E | bp@hankyung.com
F | www.facebook.com/hankyungbp
등록 | 제 2-315(1967. 5. 15)

ISBN 978-89-475-4743-7   03320